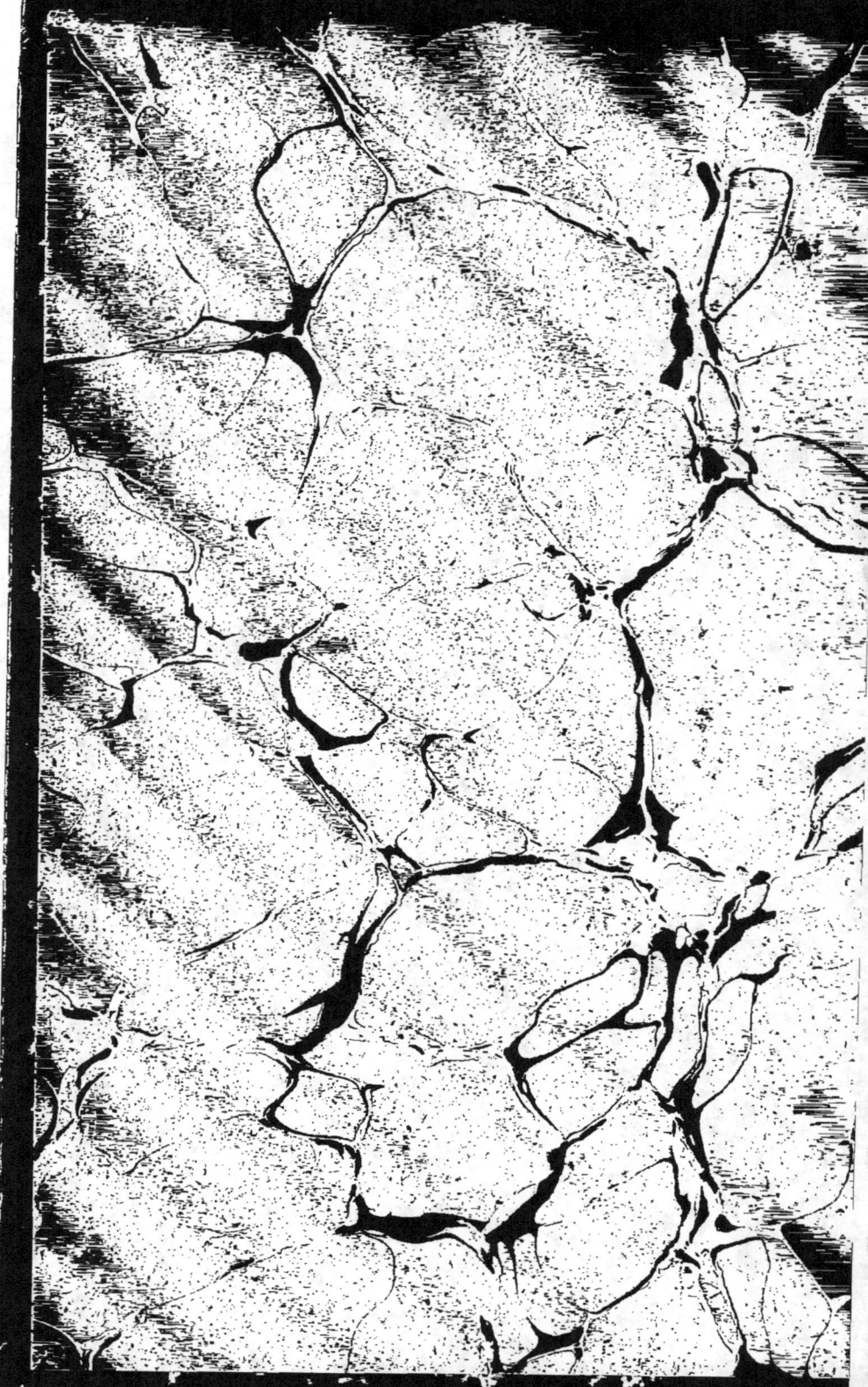

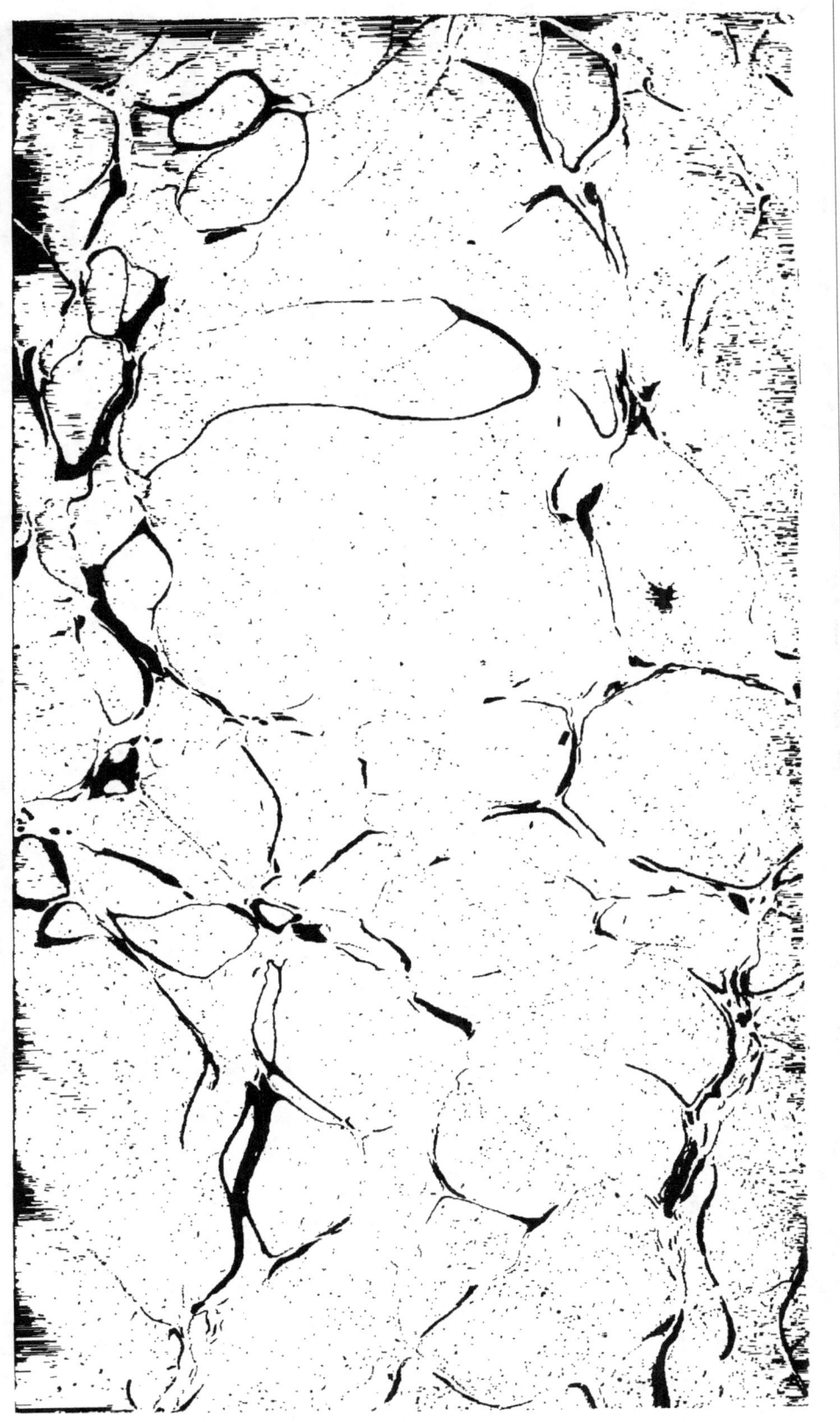

LE PORC

ET LES

PRODUITS DE LA CHARCUTERIE

PRINCIPAUX TRAVAUX DU MÊME AUTEUR

Hygiène et Inspection de la volaille, du gibier et du poisson. 1 vol.

L'Exploration rectale chez les animaux domestiques. (Epuisé.)

Des Couleurs dans l'inspection des substances alimentaires d'origine animale.

La Consommation de la viande de cheval.

Ce travail a été couronné par la Société nationale d'Agriculture de France.

La Société pour la propagation de la viande de cheval l'a également honoré d'une médaille en argent grand module.

LE PORC

ET LES
PRODUITS DE LA CHARCUTERIE

HYGIÈNE, INSPECTION, RÉGLEMENTATION

PAR

TH. BOURRIER

Vétérinaire-Inspecteur Principal de la Boucherie, Lauréat et Membre
de plusieurs Sociétés savantes

« Le cochon est l'animal de boucherie du pauvre. »
F. PILON.

PARIS

ASSELIN ET HOUZEAU

LIBRAIRES DE LA SOCIÉTÉ CENTRALE DE MÉDECINE VÉTÉRINAIRE

Place de l'École-de-Médecine

1888

AU LECTEUR

Les connaissances hygiéniques modernes ouvrent chaque jour un horizon nouveau en démontrant les nombreux dangers d'une alimentation malsaine.

La viande de porc, fraîche, salée et préparée de mille manières par l'habileté du charcutier, exige un contrôle de tous les instants.

Ces pages sont inspirées par le désir de combattre certains préjugés et d'éviter la transmission à l'homme de maladies toujours difficiles à guérir. Nous croyons à leur utilité, car tous les sujets du domaine de l'hygiène publique contribuent à la richesse et à la prospérité nationales.

TH. BOURRIER

Abattoir de la Villette, 6 juin 1887.

INTRODUCTION

L'homme, en venant s'asseoir au banquet de la création, a reconnu la nécessité d'approprier à ses besoins les animaux placés à la surface du globe. Bien des siècles ont disparu avant la domestication des nombreuses espèces qui enrichissent nos étables et nos fermes. A l'origine du monde nous voyons les animaux poursuivis, traqués et détruits par des ennemis impitoyables. Puis ces destructeurs acharnés, ayant marché dans la voie de la civilisation, sont devenus pasteurs et agriculteurs. Dès cette époque lointaine l'homme a dompté, nourri et gardé les bêtes sauvages pour les sacrifier au fur et à mesure de ses besoins. C'est alors que s'est fait sentir l'influence bienfaisante des espèces domestiques. Au nombre des animaux qui semblent être venus au-devant de leur esclavage par certaines modifications imprimées à leur nature nous trouvons le porc.

De fait, il s'est plié de si bonne grâce à la servitude, il s'est montré tellement ductile et malléable qu'il a toujours joué un rôle très important dans notre alimentation.

En Europe, ce précieux pachyderme a été réduit à l'état domestique dès la plus haute antiquité. Les ossements trouvés dans certaines cavernes autorisent à croire qu'il était bien connu à l'âge du renne.

Les peuplades de ces temps reculés ignoraient peut-être la domestication des espèces utiles, mais ils leur faisaient une chasse extraordinaire pour en consommer les chairs.

A l'âge de la pierre polie et à l'origine de l'âge de bronze, on ne peut plus contester l'existence du cochon domestique. Les os découverts en grand nombre dans les *tumuli* anglais prouvent d'une façon indiscutable qu'il comptait parmi les animaux sacrifiés sur les tombeaux et qu'il faisait partie des funérailles.

D'après Le Hon, le porc vivait en Angleterre, à l'état privé, dans l'âge de la pierre polie, concurremment avec le chien, le bœuf, le mouton, la chèvre et la poule. On le signale encore en Suisse à la même époque mais à l'état sauvage. Dans l'âge de bronze il devient plus commun ainsi que d'autres animaux, ce qui indique les réels progrès de l'humanité. Stanislas Julien avance que chez les Chinois la domesticité du porc remonte au moins à quarante-neuf siècles. Les nombreux avantages qu'il offre au point de vue alimentaire ont certainement contribué à en élever des troupeaux considérables dans presque toutes les parties du monde.

Les Aryas primitifs qui, descendant des plateaux du Gange, ont peuplé presque toute l'Europe, possédaient le porc et mangeaient sa viande. Il est maintenant établi que les populations des cités lacustres l'avaient domestiqué peu de temps après le chien.

Rutimeyer distingue même deux races parmi les cochons de l'âge de pierre : l'une identique à celui des vieilles races d'Europe et l'autre plus petite qui a complètement disparu.

Les hommes primitifs étaient frugivores et les animaux qu'ils élevaient ne servaient qu'à les vêtir et à fournir des victimes pour les sacrifices. On rapporte que Prométhée commença à faire cuire les chairs du bœuf. Nous lisons dans Nonius que le premier animal de cette espèce fut immolé par Diomus, sous le règne d'Erichtonius roi d'Athènes [1].

Porphyre fait remonter l'origine de la consommation de la viande à l'époque de Pygmalion. Le sacrificateur s'étant aperçu qu'un morceau de la victime était tombé de l'autel le ramassa. Mais, s'étant brûlé, il porta les doigts à sa bouche et le goût du jus lui parut savoureux. A partir de ce moment les prêtres sacrifièrent les animaux pour l'usage de la table.

Cette inclination naturelle de l'homme pour la nourriture animale a progressé avec la civilisation et les nécessités matérielles de l'existence. La viande est la source où les populations viennent puiser les éléments indispensables à l'entretien de leurs forces. Elle a pour mission de réparer les pertes subies par les diverses parties de l'économie et de reproduire la quantité de calorique nécessaire au jeu des organes. La viande renferme une forte dose d'azote

---

[1] *De re cibariâ*, livre II, chapitre 1er.

réductible en protéine que l'assimilation transforme en tissus vivants. Le carbone qui doit fournir le calorique indispensable à l'entretien de la chaleur animale est fourni par les matières grasses. Celles-ci, déposées dans la trame du tissu cellulaire par le torrent circulatoire, constituent en quelque sorte une réserve pour maintenir constamment le même degré de température. L'élément essentiel destiné à réparer la machine humaine et à tenir l'équilibre dans le budget de la santé est donc puisé dans la chair des animaux. Cette dernière donne à nos muscles l'accroissement, la fermeté et la vigueur indispensables à l'organisme. Nous trouvons, cité partout, le fait des ouvriers anglais et des ouvriers français travaillant ensemble au chemin de fer de Rouen. Les Anglais qui avaient une bonne ration de viande donnaient une somme de travail beaucoup plus grande que celle de nos compatriotes. Ceux-ci, mis au régime animal, perdirent leur infériorité et produisirent la même quantité de force musculaire que les Anglais. Du reste, les médecins déclarent que l'alimentation animale doit entrer en grande proportion dans notre nourriture. Le docteur Bouchard affirme même que les savants, les penseurs, tous ceux en un mot qui se livrent aux travaux intellectuels doivent consommer de la viande. Donc elle ne constitue pas un aliment de luxe mais de vie rationnelle.

Des Sociétés végétariennes existent dans plusieurs parties du globe ; les plus nombreuses ont été fondées en Allemagne, en Angleterre et aux Etats-Unis. La France possède également ces étranges réformateurs du régime alimentaire qui cultivent la haine de la nourriture animale. Ils proscrivent la viande sous prétexte que le corps d'un animal sacrifié est un cadavre repoussant à consommer. Ils invoquent l'exemple des peuples qui suffisent à leur existence par l'emploi des végétaux. Ils citent également les animaux herbivores comme fournissant une proportion de travail supérieure à celle des carnivores. Enfin les végétariens prônent leur doctrine en affirmant qu'elle a déjà fourni le plus grand nombre de cas de longévité humaine.

Il est bien facile de réfuter tous ces arguments et de montrer où se trouve la vérité.

Les premiers hommes, avons-nous dit,

étaient frugivores, mais les conditions de la vie ont été modifiées avec le temps et les progrès scientifiques.

Nos ancêtres ne connaissaient ni chemin de fer, ni électricité, ni les nombreuses découvertes qui sont du domaine de la médecine ou de l'industrie. Nous vivons à toute vapeur et notre machine a besoin d'être alimentée avec les matériaux qui donnent force et chaleur.

Or la viande est la substance réclamée en plus grande abondance par les populations des villes et des campagnes. Les expérimentateurs qui tentèrent de s'en abstenir d'une manière absolue ne furent pas toujours heureux. Stark, d'Edimbourg se mit au régime exclusif du pain, de l'eau, du sucre et des aliments végétaux. Le trop rigoureux savant succomba le huitième mois. Le docteur Marchant relate les effets produits par le manque de matières animales.

« Le premier jour, dit-il, je sentais des tiraillements d'estomac, il me semblait que j'avais toujours faim. Je ressentais des palpitations en marchant ; à cette époque, mon pouls était de 86 et habituellement il est de 72 à 76. Vers la troisième semaine j'avais diminué de poids et j'étais décoloré. J'essayai pendant quelques jours de ne manger que des pommes de terre pour me priver totalement de substances azotées et la sécrétion rénale devint si abondante que je crus prudent de cesser l'expérience. Les maux d'estomac et les palpitations cédèrent comme par enchantement à l'usage de la nourriture animalisée. J'avais diminué en un mois de douze kilogrammes. »

Ces faits sont concluants, et, rationnellement, nous ne pouvons admettre la comparaison avec les animaux herbivores et carnassiers puisque les caractères de l'homme le distinguent de tous les êtres de la création.

En outre, la vie humaine est beaucoup plus intellectuelle que celle de l'animal et le travail cérébral amène une grande déperdition de calorique. Aussi bien nous avons la conviction que les peuples déshérités sous le rapport du régime alimentaire accepteraient avec enthousiasme une nourriture plus substantielle avec les viandes de boucherie et de charcuterie.

L'alimentation végétale rend l'estomac paresseux, provoque la dyspepsie flatulente, l'obésité, l'athérôme artériel et plusieurs autres maladies. La longévité invoquée par les adeptes du végétarisme est toute relative car les zoophages parvenus à une vieillesse digne d'envie forment une nombreuse famille. Vouloir proscrire de nos tables les chairs des animaux constitue une doctrine pernicieuse et déprimante que réprouvent les enseignements de la science. Les médecins, soucieux de la santé publique, sont tellement convaincus de ses dangers qu'ils recommandent généralement l'usage des côtelettes, jambons, rôtis, etc...

L'excès dans le régime est une faute grave dans laquelle il faut bien se garder de tomber. « Le premier principe de l'hygiène alimentaire, dit Husson, est la variation dans la nourriture. Si la Société végétarienne de Paris se propose de combattre l'abus de la viande et de montrer la nécessité d'introduire dans notre régime une certaine proportion de végétaux, son but sera excellent; si au contraire, de l'homme carnivore elle veut faire un herbivore, elle dépassera la mesure et tombera dans l'erreur, car la civilisation a détruit pour jamais l'homme frugivore des temps primitifs. »

En résumé, l'alimentation incomprise, de

même que celle qui est insuffisante, développe cet état organique déplorable appelé misère physiologique. Au contraire la nourriture mixte dans laquelle entrent les matières animales et végétales est celle qui s'adapte le mieux à notre organisme. Elle est favorable à la santé, assure les avantages d'une longévité justement appréciée et quelquefois capable de faire oublier le tombeau.

La nécessité de l'alimentation animale fait regretter que dans bien des localités de notre belle France les ouvriers ne mangent pas suffisamment de la viande. C'est une question de premier ordre d'où dépend la prospérité d'un pays. Bouchardat veut que chez nous chaque travailleur consomme par jour au moins 500 grammes de viande désossée. Malheureusement la production diminue ou tout au moins reste stationnaire tandis que la population augmente. De là, provient en partie la cherté progressive qui est encore augmentée par l'avilissement constant de l'or et de l'argent. Nous devons concentrer tous nos efforts pour établir l'équilibre entre la production et la consommation.

« Ce n'est pas, disait Vauban, la grande quantité d'or et d'argent qui fait les grandes et véritables richesses d'un Etat, puisqu'il y a de très grands pays dans le monde qui abondent en or et en argent et qui n'en sont pas plus à leur aise, ni plus heureux. Tels sont le Pérou et plusieurs États de l'Amérique et les Indes orientales et occidentales, qui abondent en or et en pierreries et qui manquent de pain. La vraie richesse d'un pays consiste dans l'abondance des denrées dont l'usage est aussi nécessaire au soutien de la vie des hommes qui ne sauraient s'en passer. »

De tous les animaux domestiques, le porc est celui qui est le plus facile à élever et qui donne le plus de ressources dans l'économie domestique. Il transforme en graisse et en viande les résidus, les débris, les substances diverses et tous les aliments de rebut qui sans lui seraient complètement perdus. Avec des soins, une bonne hygiène et un régime bien entendu, il devient la source des meilleurs bénéfices. Son sang, ses viscères, sa tête, ses pieds, sa queue, son lard et sa chair fournissent des mets aussi nombreux que remarquables. Sa peau, après avoir été tannée, sert à faire des cribles, à relier des livres, etc. On utilise les soies dans le commerce de la brosserie ; les os renferment de la gélatine et du phosphate de chaux. Signalons encore les onglons et le fumier qui fournissent un engrais recherché. Nous voyons donc que toutes les parties de l'animal sout utilisées. Il a surtout reçu de la nature le monopole exclusif de l'axonge et du lard qui sont des substances indispensables à la science culinaire. Enfin l'espèce porcine présente des avantages si considérables qu'elle doit être le pivot de l'élevage dans tous les pays éclairés.

PREMIÈRE PARTIE

ÉTUDE DU PORC

CHAPITRE PREMIER

HISTORIQUE

Dans notre siècle de lumières, les préjugés, le dédain, nous dirons même la répugnance d'un grand nombre de personnes à l'égard du porc devraient avoir complètement disparu. De fait, professer pour cet utile animal des idées issues de l'ignorance nous retourne aux époques les plus arriérées de notre histoire et la place importante qu'il occupe dans l'économie domestique doit être bien connue.

Les Romains élevaient et engraissaient de nombreux troupeaux de porcs. Obéissant à des mœurs barbares, ils faisaient subir à ces animaux des traitements inouïs pour rendre leur chair plus délicate.

Ils foulaient aux pieds les truies pleines et introduisaient dans leur corps des fers rougis au feu. D'un autre côté, ce peuple inhumain prenait le porc pour l'emblème de la paix et sculptait son image sur les enseignes. Les agronomes latins en parlent avec complaisance. Varron croit faire un compliment en appelant ses compatriotes des *porchers*. Il dit aussi que cet animal nous a été donné pour faire bonne chère : *Suillum pecus donatum naturâ dicunt ad epulandum* [1].

Caton donne la manière de préparer, de saler et de fumer les jambons pour leur bonne conservation. Horace et Juvénal nous montrent cette viande en grand honneur. Les athlètes en faisaient presque leur nourriture exclusive dans l'espoir d'acquérir la force et la souplesse nécessaires au combat. Sous le règne de plusieurs empereurs, elle était servie sur les tables avec grand apparat. Le cuisinier de Néron imitait toutes les viandes avec du porc bien préparé et présenté en guise de tourterelles, poulardes, canards et même de poisson. Les personnes riches dépensaient des sommes fabuleuses pour inventer des modes de cuisson fantastiques.

On servait sur les tables des cochons entiers

---

[1] *Porculatores. De re rusticâ.*

rôtis d'un côté, bouillis de l'autre, et préalablement bondés d'ortolans, de becsfigues, de grives, d'huîtres et de poissons rares.

Apicius mentionne ce mets extraordinaire, appelé porc à la troyenne — *porcus trojanus* — pour lequel les cuisiniers dépensaient tout leur génie. Ainsi que son nom l'indique, c'était une imitation bouffonne du cheval de Troie. « J'ai vu, dit cet auteur, servir des truies accommodées de cette façon et qui contenaient des boudins, des saucisses et jusqu'à des oiseaux tout vivants qui, s'envolant au moment où le découpeur crevait le ventre de l'animal, étaient tués par les convives dans la salle même du festin[1]. »

Nous sommes loin d'approuver ces repas pantagruéliques qui poussent à manger outre mesure, nécessitent des dépenses onéreuses et portent préjudice à la santé. Cicéron connaissait bien les règles de l'hygiène alimentaire quand il a formulé ce précepte : La sensualité est plus mortelle que l'épée puisqu'elle est la source de tous les maux. — *Plures occidit gula quam gladius, est enim fons omnium malorum.* — Les différentes manières très ingénieuses d'accommoder la chair de

---

[1] Apicius. *De obsoniis et condimentis, sive de arte coquinariâ.*

porc entraînaient la ruine des grandes familles patriciennes. On décréta alors les lois somptuaires suivies de beaucoup d'ordonnances pour interdire la consommation de certains plats préparés avec la hure, les mamelles, la vulve, etc., des animaux et qui exigaient des sommes d'argent considérables. Mais les amateurs trouvaient les moyens de se soustraire à ces défenses et, comme de nos jours, bon nombre de lois restaient *lettre morte*.

Le peuple ne connaissait pas ces luxueuses préparations; il mangeait la viande simplement hachée, salée et assaisonnée d'aromates.

En Grèce, le cochon était très estimé et de nombreux troupeaux enrichissaient ce pays. Athénée dit que Cérès immola le premier porc parce qu'il gâtait les blés. — *Prima Ceres avida est sanguine porca.* — Nous voyons, dans le même auteur, Eumée faire rôtir un animal entier pour recevoir dignement le héros de Troie et quatre officiers de sa suite.

Homère montre Achille, le guerrier aux pieds légers — ποδας ωχυς Αχιλλευς — préparant lui-même sa nourriture en faisant rôtir le dos d'un cochon gras. Ulysse avait douze cours contiguës renfermant chacune cinquante truies pour la reproduction. Les glands composaient leur nourriture et les animaux gras étaient sacrifiés pour les festins.

L'immortel auteur de l'*Odyssée* donne au porcher d'Eumée l'épithète de *divin*.

Pline mentionne le nombre de 20,000 porcs que, chaque année, l'Étrurie seule envoyait à Rome. Il fait remarquer qu'aucun animal ne fournit à la gourmandise autant de ressources ; sa substance, dit-il, présente environ cinquante saveurs différentes, tandis que celle des autres espèces n'en présente qu'une [1].

Les deux vers suivants prouvent que la viande de porc était estimée chez les anciens :

> Ulysse fut, dit-on, régalé chez Eumée
> De deux cochons qui sentaient la fumée.

La Gaule avait la réputation bien méritée de fabriquer les meilleurs produits de charcuterie, car les jambons et les salaisons étaient préparés avec délicatesse. Un procédé de conservation, alors en usage, consistait dans l'emploi de vastes fosses capables de contenir jusqu'à quatre mille pièces de toutes sortes. Malgré l'élevage en grand du porc, la Gaule demandait encore des produits à d'autres pays. Sous ce rapport, l'Italie était leur plus grand tributaire.

Quand les Celtes furent repoussés sur le terri-

---

[1] *Histoire naturelle*, VIII.

toire de l'ancienne Gaule, ils se livrèrent aussi à la production de l'espèce porcine. D'immenses troupeaux peuplaient les parties boisées de ce pays. D'après Sulpice Sévère, les chênes des forêts fournissaient dans les glands une nourriture très recherchée des animaux. Ceux-ci, dit Strabon, n'étant jamais rentrés, acquièrent une taille, une vigueur et une vitesse si grandes qu'il y a du danger à s'en rapprocher quand on n'est pas connu, et qu'un loup lui-même courrait de grands risques à le faire.

Les emblèmes et les monnaies de l'époque portent l'image de ces animaux; c'est le *sus gallicus* des numismates.

Les Francs s'occupaient aussi de cet élevage et des lois lui accordaient protection.

Le second chapitre de la loi salique est exclusivement consacré à traiter du vol de ces animaux [1]. Un porc châtré était estimé quinze sols; les porcets étaient défendus par une amende de trois sols.

D'après la loi bourguignonne, le meurtrier d'un porcher doit payer trente sols pour racheter sa peine.

Nous savons que la reine Frédégonde, pour perdre un courtisan dans l'esprit de Chilpéric,

---

[1] *De furtis porcorum.*

l'accusa d'avoir volé plusieurs morceaux de porc dans le garde-manger du roi.

Les premiers rois de France mirent beaucoup de soins à répandre l'élevage des cochons, et le droit de pâture dans les bois qu'ils réservaient en faveur de leurs troupeaux démontre bien les avantages qu'ils en retiraient. Clotaire (717-720) renonça à ce privilège. Charlemagne recommandait toujours à ses intendants de nourrir une grande quantité de porcs [1].

Selon plusieurs auteurs, l'abbaye de Reims possédait 415 de ces animaux. Dans son testament, saint Rémy indique le nombre qui revient à chacun de ses héritiers. Tous les ans, Philippe le Hardi en donnait à l'abbaye Saint-Antoine à Paris. Lequieu de la Neufville rapporte que Humbert, Dauphin du Viennois, avant de partir pour l'île de Rhodes (1345), réglementa la maison de la Dauphine qui se composait de trente personnes. Chaque semaine, on devait donner un porc frais et annuellement 30 cochons salés ; ces chiffres représentent environ trois animaux par tête et par an.

Au moyen âge, c'était la principale richesse des grands et l'Église en tirait une source de revenus.

[1] *Capitulaires (De villis*.

Nous lisons, en effet, dans un capitulaire de l'année 885, concernant l'église de Reims, la disposition suivante :

« Le chapitre de l'église prélèvera, sur le territoire de Saint-Protais, la dîme d'un cochon de lait par six habitants et celle d'un cochon gras par dix habitants, lesquels animaux seront portés à l'économat du chapitre tous les ans, à partir de la Toussaint jusqu'au premier jour de carême. Récépissé en sera donné nominativement aux habitants du territoire dixmaire. Lesquels cochons de lait et engraissés seront vendus au profit de l'église pour en être le produit consacré à la construction de la Basilique. »

Or, la chair du porc étant la plus répandue dans toutes les classes de la société, nous devons comprendre les grands bénéfices de cette dîme.

Nos ancêtres estimaient beaucoup cette viande que l'on servait exclusivement dans les agapes appelées baconiques [1].

Le chapitre de Notre-Dame fêtait ainsi plusieurs jours de l'année, notamment à Noël et à l'Epiphanie. On prétend que ces solennels banquets forment l'origine de la foire aux Jambons qui se

---

[1] Cette expression a pour étymologie le vieux mot *bacon* qui signifie porc.

tenait le jeudi saint sur le parvis de la Cathédrale.

A cette époque, un grand nombre de porcs vivaient en liberté en plein Paris.

Philippe, fils de Louis le Gros, passant le 2 octobre 1131, rue du Martroi, entre l'hôtel de ville et l'église Saint-Germain, fut renversé par un cochon qui s'était jeté entre les jambes de son cheval. Cet accident, suivi de mort, amena l'interdiction de laisser les animaux circuler librement dans les rues.

Il était d'usage, dans les campagnes, aux environs de Noël, de tuer un cochon qui était salé pour servir pendant l'année. Plusieurs ménages pauvres se réunissaient afin de se procurer un animal que l'on partageait après avoir longtemps banqueté. On confectionnait d'excellente charcuterie.

Avec le sang, la panne et le boyau on faisait le boudin noir. Le boudin blanc renfermait de la volaille rôtie et de la panne hachées bien menues, arrosées de lait, saupoudrées de sel et de poivre et mêlées avec du blanc d'œuf. Les boyaux de mouton servaient d'enveloppe aux saucisses rondes et les crépines étaient utilisées pour les saucisses plates. Les andouilles de gelée avec le sanglier aux marrons et le porcelet farci étaient des mets de premier choix.

Les saucissons étaient surtout très estimés.

Le premier soin, dit un auteur de l'époque, est de choisir la chair de saucisson de bonne qualité et surtout tendre pour être servie avantageusement. Nous trouvons, dans le *Menager de Paris*, le menu très curieux des repas où figurait la viande de porc préparée :

1° Un cochon à côté d'un esturgeon cuit au persil et au vinaigre ;

2° Des saucisses, des cervelas et une hure de sanglier ;

3° Une tarte de farcissure de cochon ;

4° Des andouilles de fressure de porc ;

5° Un arboulastre de chair de porc et des pipefarces :

6° Des sous de porcelet et de mortereul (mortadelle), etc...

Nous voyons donc que cette viande était en grand honneur. Malheureusement, la superstition fut un des fléaux de ces temps d'obscurantisme. A l'exemple des nations païennes, les animaux ont joué un rôle immense dans les fictions et les aberrations de l'esprit humain. Nous voyons partout magie et sorcellerie. Ces sciences chimériques étaient en grand honneur et la crédulité accordait créance aux présages et à la divination. Le peuple voyait dans certains animaux et même dans certains hommes des diables ou esprits malins qu'il fallait réduire à l'impuissance.

Les sorciers s'accordaient des pouvoirs surnaturels comme le don de faire périr les hommes et les animaux ou de les frapper de toutes sortes de maladies. En 1685, nous voyons le sénat de Savoie condamner plusieurs individus comme coupables d'avoir ensorcelé des cochons. On opposait aux sortilèges l'influence des saints. Dans les campagnes, les porcs voués à saint Antoine étaient regardés comme plus intelligents que les autres. Les animaux eux-mêmes trouvent des juges graves qui les accusent de connivence avec le démon. Les sujets reconnus coupables par ces grotesques tribunaux sont brûlés vifs ou écartelés en place publique par la main du bourreau. « Les animaux qu'on voit figurer dans ces procès, dit Mangin, sont principalement des porcs, des boucs, des chèvres, des mulets, des chevaux, des chats, des chiens et des coqs. »

« Ils sont appréhendés au corps et mis en prison; ils comparaissent devant le tribunal; on les interroge; comme ils ne répondent pas — au moins d'une façon intelligible — on leur applique la question, et les cris que la torture leur arrache sont reçus comme des aveux. Le procès se termine donc nécessairement par une sentence de mort, et l'exécution a lieu au sortir de l'audience, après lecture donnée au coupable de l'arrêt qui le condamne[1]. »

Plus loin, le même auteur cite des animaux envoyés au supplice pour des méfaits qui leur sont propres, pour avoir tué ou blessé des personnes.

L'espèce porcine est celle qui fournit le plus fort contingent à cette catégorie de criminels. Voici des exemples :

En 1268, par arrêt des officiers du monastère de Sainte-Geneviève de Paris, « Porcel ars », c'est-à-dire petit cochon brûlé, pour avoir mangé un enfant ; en 1386, truie condamnée par le juge de Falaise à être mutilée à la jambe et à la tête, puis pendue, pour avoir déchiré au bras et au visage, puis tué, un enfant. La truie fut exécutée en habit d'homme sur la place de la ville. Nous citons textuellement un arrêt prononcé en 1499 par le bailli de l'abbaye de Josaphat, commune de Sèves, près Chartres, contre un cochon :

« Vu le procès criminel fait devant nous à la requeste du procureur des religieux, abbé et couvent de Josaphat, près Chartres, au sujet de la mort d'un enfant du nommé Gilon, âgé d'un an et demi, à peu près, qui a été mis à mort par un porc âgé de trois mois ; vu l'instruction faite

[1] A Mangin. *L'Homme et la Bête.*

par le procureur fiscal de cette juridiction ; tout vu et entendu ; en ce qui regarde ledit porc et pour les motifs résultant du procès, nous l'avons condamné et condamnons à estre pendu à l'isseue de l'audience, dans l'étendue de la juridiction des sieurs demandeurs. Donné sous le scel de nostre bailliage, le 19ᵉ jour d'apvril de l'an de grâce mil quatre cent nonante neuf. — Signé Brisc. »

Lecture de cet arrêt fut donnée à haute voix au condamné.

Dans l'Inde le culte des animaux s'est conservé à travers les siècles et le principal dogme du brahmanisme a pour fondement la croyance à la métempsycose. Suivant ce dogme, les dieux prenaient la forme de différents animaux. Les incarnations les plus célèbres sont celles du grand Vishnou, qui est chargé de sauver l'univers et d'empêcher les hommes de tomber dans de mauvais pas.

Pour remplir son rôle, il s'est incarné sous la forme d'un cochon.

Cet animal avait aussi sa place marquée dans les religions grecque et latine. En Thessalie et à Athènes, on immolait des porcs à Vénus. A Poitiers, on offrait à Cérès des cochons de lait. Les victimes étaient couronnées de fleurs ; on leur versait sur la tête un mélange de farine d'orge grillé et de sel ; enfin le sacrificateur (*cultrarius*) leur plongeait un glaive dans la gorge.

Les Egyptiens immolaient des porcs en l'honneur de Bacchus. Après l'holocauste, ils brûlaient la queue, la rate, la crépine et la graisse des intestins, puis mangeaient le reste.

Malgré cela, l'image de ces animaux ne figure pas dans les peintures sépulcrales du temps des premières dynasties ; on constate sa présence sur les monuments de la dix-huitième où elle symbolise la dégradation. On suppose que la religion déclarait impur cet animal parce que les prêtres étaient chargés de langueyer celui qui était offert aux dieux. On brûlait le porc en effigie quand la personne était trop pauvre pour se procurer la victime. A part ces sacrifices, la viande était bannie de leur alimentation et les porchers formaient une caste méprisée. Ils ne se mariaient qu'entre eux et l'entrée des temples leur était rigoureusement interdite.

Les Hébreux suivirent les prescriptions religieuses des Egyptiens. Voici ce que dit le *Lévitique* :

« De toutes les bêtes à quatre pieds, vous pourrez manger celles dont la corne du pied est fendue et qui ruminent. Quant à celles qui ruminent, mais dont la corne n'est point fendue, comme le chameau et les autres, vous n'en mangerez point et vous les considérerez comme impurs.

Le lapin qui rumine, mais qui n'a point la corne fendue, est impur.

Le lièvre est aussi impur, parce qu'il rumine et qu'il n'a pas la corne fendue.

Le *pourceau est aussi impur*, parce que, quoiqu'il ait la corne fendue, il ne rumine point. »

Moïse proscrit également l'usage du sang. « Vous ne prendrez point, dit-il, pour nourriture du sang d'aucun animal. ».

Pour mieux accentuer l'horreur que lui inspire le sang, il ajoute : « La vie de toute chair est dans la chair; c'est pourquoi j'ai dit aux enfants d'Israël : Que nul d'entre vous, ni même des étrangers qui sont parmi vous, ne mange de sang [1]. »

Le sanglier était également frappé d'ostracisme.

Les Sémites eurent les mêmes préjugés.

Quant à la Genèse, elle n'en fait aucune mention. Dans l'île de Crète le porc était considéré comme un animal sacré.

Les Aryas primitifs le cultivaient avec beaucoup de soins et les noms qu'ils lui donnaient ont passé dans les langues indo-européennes ; plusieurs même se sont conservés dans les idiomes finno-tartares.

Le musulman qui veut obéir à Mahomet, suit

---

[1] *Lévitique*, XI, 7.

les préceptes de la loi hébraïque. Le *Coran* exclut à jamais du paradis des houris celui qui mange du porc. Nous devons dire qu'un certain nombre d'adeptes de cette religion ne se conforme pas toujours à cette défense. Selon Tacite, une lèpre ayant ravagé l'Egypte, on en attribua la cause à la consommation de cette viande. Ce fait prouverait que les lois n'étaient pas toujours suivies d'une manière bien rigoureuse.

Voltaire prétend que rien dans leur religion n'autorisait les Juifs à se nourrir de substances animales, et que s'ils mangeaient la chair des animaux, c'était par suite d'une fausse interprétation des textes.

Toussenel attribue la répugnance des Orientaux pour la viande de porc à trois causes principales :

1° A la similitude intérieure du corps de cet animal avec celui du corps humain;

2° A l'identité complète de saveur entre la chair de porc et celle de l'homme. Cette identité aurait été constatée, au rapport de Gessner, par une foule d'expériences;

3° Enfin, à cette propension singulière qui porta de tout temps les démons chassés du corps de l'homme à élire domicile dans le ventre des pourceaux, propension mentionnée en vingt endroits de l'Ecriture sainte, ce qui doit révéler une antique tradition. Enfin, le même auteur fait une réflexion qui a une grande valeur : « Puisque le porc n'est bon qu'après sa mort, et n'est bon qu'à être mangé, comment un peuple qui ne mangeait pas le porc et qui regardait cet animal comme immonde, a-t-il pu se livrer à l'éducation de cette espèce [1] ?

D'après Hérodote, les Lybiens ne consommaient pas la chair du porc, qui était considérée dangereuse dans les pays chauds où cet animal est affecté ordinairement de certaines maladies contagieuses.

Il est peu probable que le rôle des trichines, des cysticerques et des infiniment petits ait été connu à ces époques lointaines ; c'est pourquoi nous pensons qu'il faut ranger, parmi les causes réelles de prohibition, la température élevée, l'excès de graisse dans l'alimentation qui prédisposaient à contracter certaines affections.

En Chine, le cochon est signalé à une date extrêmement reculée. Le *Chou-King,* livre très ancien du Céleste Empire, établit sa domesticité aux temps les plus séculaires. Les habitants de ce vaste territoire engraissent une grande quantité de ces animaux.

---

[1] Toussenel. *L'Esprit des Bêtes.*

En Russie, les races porcines jouissent d'une juste considération et leur élevage se fait sur une vaste échelle.

Nous savons que les Anglais ont créé des races très précoces qui font l'objet de transactions très importantes.

En Allemagne, la viande du porc est estimée par toutes les classes de la société et dans quelques localités il existe des restaurants d'un genre particulier. Ils consistent dans des locaux divisés en trois parties. Dans le premier compartiment se trouve le cochon que l'on engraisse ; le second forme la cuisine où l'animal est transformé en produits variés ; enfin, la troisième pièce est réservée aux consommateurs toujours fort nombreux. Nous ne dirons rien des Américains qui inondent le monde entier de leurs envois en viande de porc.

Au Mexique, la multiplication de l'espèce porcine est l'objet des plus grands soins. Le choix des animaux, l'alimentation et l'hygiène donnent des résultats heureux. Cette industrie est productive et largement rémunératrice. Lorsque les cochons sont dans un état d'engraissement satisfaisant, ils sont bottés avec de la paille enroulée autour des membres et dirigés sur les centres de commerce.

En France, la viande de porc prend chaque jour

une plus large place dans l'alimentation ; elle constitue la base de la nourriture de nos robustes campagnards.

Dans les villes, elle est généralement consommée après avoir subi diverses préparations de nature à flatter les goûts les plus difficiles. Nous pouvons dire que les nombreux avantages fournis par le porc le vengent de la proscription dont il a été frappé par quelques peuples. La facilité de nourrir cet animal, les bénéfices qu'il procure doivent encourager son élevage ; l'exemple des autres nations, les progrès de l'hygiène et de l'alimentation doivent nous faire comprendre son importance. Du reste, nous savons que le porc a été l'objet de nombreuses études, car les naturalistes, les zootechniciens, même les poètes et une nombreuse phalange de savants, ont publié sur lui des travaux remarquables. Nous connaissons les œuvres immortelles des Cuvier, des Buffon, des Lacépède, des Geoffroy Saint-Hilaire et de tant d'autres qui ont illustré la science.

Tout le monde connaît les Sanson, Gayot, Joigneaux, Heuzé, de la Trehonnais, Lecouteux, etc., dont les savantes recherches ont éclairé l'étude de l'espèce porcine.

Le maréchal Vauban fit un traité qu'il appela spirituellement : *Ma Cochonnerie*. Il a calculé qu'une seule truie pouvait donner dans l'espace de onze ans 6,434,838 cochons.

Le sénateur François de Neufchâteau a fait connaître les avantages nombreux donnés par l'élevage du porc.

Toussenel le place au nombre des animaux qu'il importe de conserver et d'améliorer. Il est, dit-il, une des principales sources de la richesse des nations et l'un des plus précieux éléments de la première de toutes les industries, l'industrie culinaire.

Le spirituel auteur de l'*Esprit des Bêtes* proteste contre la déplorable réputation qu'ont faite au porc les estomacs malades ou faibles et les anathèmes ridicules des législateurs orientaux.

Il reconnaît que cet omnivore, d'une fécondité prodigieuse, est le don le plus précieux que le navigateur européen puisse faire aux peuples sauvages ; en un mot, qu'il est un des éléments les plus puissants de la civilisation et du progrès.

Grimod de la Reynière le gratifie du nom d'animal encyclopédique.

E. Zola, dans un style finement ciselé, nous initie aux plus intéressants détails de l'art du charcutier ; chaque page du *Ventre de Paris* nous charme et pique notre curiosité.

Ch. Monselet, surnommé le Père de la Table,

a chanté le porc qu'il appelle le roi des animaux :

> Car tout est bon en toi : chair, graisse, muscle, tripe !
> On t'aime galantine, on t'adore boudin.
> Ton pied, dont une sainte a consacré le type,
> Empruntant son arome au sol périgourdin,
> Eût réconcilié Socrate avec Xantippe.
> Ton filet, qu'embellit le cornichon badin,
> Forme le déjeuner de l'humble citadin ;
> Et tu passes avant l'oie au frère Philippe.

Nous pourrions encore faire nombre de citations ; les membres du Caveau, par exemple, ont poétisé les produits du porc par de charmants sonnets, mais nous ne pouvons dépasser les limites de notre cadre.

CHAPITRE II

ORGANISATION DU PORC

Le porc domestique (*sus scrofa, porcus domesticus*) appartient à l'embranchement des vertébrés, à la classe des mammifères, à l'ordre des pachydermes et au genre cochon.

Ce genre renferme plusieurs espèces dont l'origine est contestée. Cuvier considère le sanglier d'Europe comme la souche du porc domestique. Geoffroy Saint-Hilaire incline à croire qu'il descend du sanglier d'Asie. Cette opinion semble démontrée par ce fait que des cochons domestiques, mis en liberté dans les forêts, reprennent l'état sauvage du sanglier.

D'après les recherches de M. Sanson, toutes les espèces de suidés ont des origines distinctes. Ce savant zootechnicien base sa théorie sur le nombre variable des vertèbres lombaires.

Le sanglier d'Europe en possède cinq, tandis

que le cochon oriental n'en a que quatre ; enfin le porc de l'Europe occidentale et méridionale serait pourvu de six vertèbres lombaires. Quand on s'appuie sur ces différences ostéologiques, il est difficile d'admettre que la constitution anatomique de l'animal soit aussi profondément modifiée par la domesticité ou l'état sauvage.

« Du reste, dit le même auteur, l'espèce ou sanglier d'Europe diffère des autres autant par son crâne que par son rachis, car, au lieu d'avoir comme elles le profil plus ou moins angulaire rentrant, elle l'a tout à fait rectiligne. »

Nous estimons que le porc domestique, comme un grand nombre d'autres animaux, doit son origine à des espèces variées qui possèdent des caractères zoologiques différentiels depuis une époque lointaine.

Quoi qu'il en soit, le squelette de cet animal plus ou moins charpenté se compose d'os réunis les uns aux autres par des attaches très flexibles. Il est constitué par une partie centrale et une partie secondaire.

La première forme la tête, le rachis et le thorax ; la seconde renferme les membres ou extrémités. La région du cou a une longueur peu considérable et une mobilité restreinte causée par la brièveté des vertèbres. Celles-ci ont leurs éminences peu développées et leurs surfaces articulaires présentent une obliquité très prononcée.

Le dos se compose de 14 vertèbres qui diminuent de largeur et de longueur depuis la première à la dernière.

Les apophyses épineuses sont fort allongées tandis que les transverses sont rudimentaires. La longueur de la région dorsale est généralement à celle du cou comme 55 est à 25.

Inutile d'ajouter que ces proportions varient selon les races.

Les vertèbres lombaires, au nombre de sept, sont plus longues et plus larges que les dorsales. Leurs apophyses transverses, longues et très incurvées, donnent à cette région une solidité remarquable. Sa longueur comparée à celle du dos est comme 18 est à 27. L'os triangulaire appelé sacrum relie la région lombaire au coccyx. Il se compose de vertèbres soudées entre elles par leur corps et leurs apophyses articulaires.

Enfin les vertèbres coccygiennes constituent la base de la queue.

Le deuxième appareil est formé par les quatre extrémités distinguées en antérieures et en postérieures.

Les premières comprennent le scapulum, l'humérus, le radius, le cubitus, le carpe, le métacarpe et la région du pied.

Les extrémités postérieures sont formées par le coxal, fémur, tibia, péroné, rotule, tarse, métatarse et les phalanges.

Ces différents os, longs ou courts, plus ou moins renflés aux extrémités, présentent des caractères en rapport avec leur destination. Chacun d'eux est creusé d'un canal médullaire très développé dans la partie moyenne et nul aux extrémités. Cette cavité, entourée d'une couche épaisse de substance compacte, va en diminuant à mesure qu'on s'éloigne de la partie moyenne.

L'épaule ou scapulum se distingue par le développement considérable de son cartilage. Le bras ou humérus courbé en S d'avant en arrière porte à son extrémité supérieure le trochiter qui se trouve séparé du trochin par une coulisse simple. Sa longueur, comparée à celle du scapulum, est comme 22 est à 25.

Le cubitus et le radius forment l'avant-bras. Le premier, très grand, est complètement distinct du radius.

Le carpe comprend une rangée d'osselets qui forment la région du pied concurremment avec le métacarpe. Celui-ci est constitué par autant d'os qu'il y a de doigts.

La région digitée a quatre doigts, dont deux fort longs et deux autres latéraux plus petits et plus courts que les premiers en arrière desquels ils sont placés.

Dans les membres postérieurs nous avons d'abord le coxal qui forme la cavité pelvienne courte, oblique et étroite en arrière chez tous les pachydermes. Sa longueur est inférieure à celle du fémur dans la proportion de 33 à 28.

Le fémur, le plus volumineux des os du corps, constitue la cuisse ; dans sa partie supérieure il s'articule avec le coxal et dans sa partie inférieure dans le tibia.

Le tibia soudé à ce dernier os présente toujours un développement considérable.

La rotule est liée au tibia par un ou plusieurs ligaments très solides.

Le tarse, constituant la première région du pied postérieur, est formé par six ou sept pièces dont les plus remarquables sont l'astragale et le calcanéum.

Quant au métatarse, il comprend quatre osselets intimement unis entre eux, qui concourent à la formation de la seconde rangée du pied.

Enfin, les prolongements des membres antérieurs et postérieurs se nomment doigts.

Il nous reste à faire la description de la tête. Encore appelée *hure*, elle est plus ou moins volumineuse, pyramidale, quadrangulaire et terminée par le groin. Celui-ci, désigné sous le nom de museau ou boutoir, est formé par un os plat, épais, court, trifacié, mobile et possédant une force considérable.

La boîte crânienne offre relativement un faible volume. Les yeux sont petits et à pupilles rondes, ce qui nous indique la faiblesse dans la vue. Le développement des oreilles varie sensiblement suivant les races. La bouche, largement fendue, est pourvue de 44 dents, dont 12 incisives, 4 canines, 28 molaires divisées en vraies et en fausses. Les six incisives supérieures longues et mousses forment un angle droit avec leurs similaires de la mâchoire inférieure. Les fausses molaires sont bien tranchantes ; les vraies se trouvent munies d'une couronne tuberculeuse. Les canines ou défenses sont courbées et saillantes chez le mâle. Quand l'animal a été châtré elles diminuent de longueur et peuvent même disparaître complètement.

La peau ou couenne est garnie extérieurement de soies de couleur variée. Son épaisseur est quelquefois si considérable que le lard n'est plus comestible.

La langue est un organe musculeux long, étroit et pourvu sur les côtés de cinq plis transversaux de la menbrane muqueuse. Celle-ci, mince et lisse à la face inférieure, est épaisse et rugueuse à la face supérieure.

L'estomac renfermé dans la cavité abdominale constitue un sac musculo-membraneux simple et peu développé. Il présente l'aspect globuleux et l'œsophage s'ouvre dans cet organe par un large infundibulum.

La capacité de l'estomac est de sept à huit litres.

L'intestin est long dans sa partie grêle; le cœcum gros, court et bosselé à sa pointe tournée en arrière. Nous citerons encore comme particularité de l'intestin grêle la présence d'une immense glande de Peyer qui figure sur la partie terminale.

Le cœcum offre à son intérieur quelques plaques gaufrées. Le colon est muni de deux bandes longitudinales dans une partie de sa longueur et de trois près du cœcum avec quelques plis transversaux.

D'après Colin, les tableaux suivants donnent l'étendue de surface, la capacité et la longueur des diverses parties du tube gastro-intestinal du porc :

1° ÉTENDUE

Parties de l'Appareil.	Surface partielle.	Surface totale.	Rapport entre la surface de l'estomac et celle de l'intestin.
Estomac	0,19.78		
Intestin grêle	1,65.73	2.81.24	: : 1 : 13.22
Cœcum	0,11.50		
Côlon	0,83 23		

2° LONGUEUR

PARTIES.	RAPPORT.	MOYENNE.	Rapport entre la longueur du corps et celle de l'intestin
Intestin grêle	0,78...	18 m 29	
Cœcum	0,01...	0 23	: : 1 : 4
Côlon	0,21...	4 99	
Longueur totale	1,00...	23 51	

3° CAPACITÉ

PARTIES.	RAPPORT.	MOYENNE.
Estomac	0,292...	8 lit. 00
Intestin grêle	0,335...	9 20
Cœcum	0,055...	1 55
Côlon et rectum	0,317...	8 70
Capacité totale	1,000...	27 45

Le foie ou appareil sécréteur de la bile présente trois lobes bien tranchés et la vésicule biliaire de forme oblongue est adhérente au lobe moyen. Le lobe droit porte en haut de sa face postérieure le lobule de Spigel. Le canal cholédoque s'ouvre isolément à deux ou trois centimètres du pylore. Le foie se distingue par sa couleur brune caractéristique ; son tissu est constitué par des granulations polyédriques denses et serrées d'une friabilité remarquable. La rate, de couleur violacée, offre une molesse et une élasticité considérables.

Le pancréas, de forme irrégulièrement triangulaire, s'insère à 10 ou 12 centimètres derrière le canal cholédoque.

Le poumon constitue le principal organe de l'appareil respiratoire. Il offre deux moitiés appelées lobes qui se comportent comme dans les espèces bovine et ovine. On remarque deux lobes dans la partie gauche et quatre dans celle de droite. La surface de ce viscère est quadrillée, mais à lignes très espacées.

Nous trouvons les reins et la vessie dans l'appareil de la dépuration urinaire.

Les reins sont deux organes glanduleux situés dans la cavité abdominale, à droite et à gauche de la région sous-lombaire.

Leur conformation extérieure rappelle celle d'un haricot très aplati. Leur couleur est d'un brun clair plus ou moins foncé ; ils ont environ 14 centimètres de longueur sur 10 centimètres de largeur. Les reins sont généralement recouverts par du tissu adipeux. Nous avons observé que le rein gauche est presque toujours plus à découvert que son congénère du côté opposé.

Cependant, chez les vieilles truies et les verrats âgés, ces organes ne présentent pas de graisse de couverture.

La vessie est une poche membraneuse qui sert de réservoir à l'urine. Chez le porc elle se fait remarquer par la grande étendue de son enveloppe séreuse. Le liquide qu'elle contient est alcalin et renferme de l'urée. Boussingault en donne la composition suivante :

Urée.	4,9
Bicarbonate de potasse.	10,7
Carbonate de magnésie.	0,9
Sulfate de potasse.	2,0
Chlorure de sodium.	1,3
Silice.	0,1
Phosphate.	1,0
Eau et matières indéterminées. . .	979,1
	1000,0

Le cœur est un organe conoïde occupant à peu près le milieu du thorax, et incliné en arrière et à gauche par sa pointe qui est inférieure. Le cochon présente cette particularité que le péricarde s'attache à la fois sur le sternum et le diaphragme. De plus, la scissure longitudinale du bord antérieur est très profonde. Enfin le tissu adipeux garnissant les scissures n'a pas les mêmes caractères que celui des autres animaux.

La cervelle représente une masse ovalaire déprimée de dessus en dessous dans sa partie supérieure, par une scissure longitudinale, en deux parties nommées lobes ou hémisphères.

Nous terminerons ce chapitre en disant que le porc mâle non châtré se nomme *verrat;* la femelle devenue mère est appelée truie ou laie ; quand elle a fait plusieurs portées, elle est désignée sous le nom de *coche*. Enfin, les petits sont appelés *cochons de lait*, puis gorets et porcelets.

L'INTELLIGENCE DU PORC

Un de nos grands naturalistes a dit :
« De tous les quadrupèdes, le cochon paraît être l'animal le plus brut : les imperfections de la forme semblent influer sur le naturel ; toutes ses habitudes sont grossières, tous ses goûts sont immondes, toutes ses sensations se réduisent à une luxure furieuse et à une gourmandise brutale, qui lui fait dévorer instinctivement tout ce qui se présente, et même sa progéniture au moment qu'elle vient de naître. Sa voracité dépend apparemment du besoin continuel qu'il a de remplir la grande capacité de son estomac, et la grossièreté de son appétit, de l'hébétation des sens du goût et du toucher. »

Cette opinion, injuste et fausse, prouve que Bufl'on connaissait mal cet intéressant pachyderme.

Des observateurs judicieux ont étudié de plus près ses mœurs, ses sens, ses intincts et ont constaté chez lui des facultés réellement supérieures. Il possède au plus haut degré le sentiment de la conservation qui lui enseigne mille ruses pour échapper à ses ennemis. Quand il est traqué et poursuivi, dans l'état sauvage, il se dérobe par une course prodigieuse ; blessé il se sert courageusement de ses défenses et produit parfois des blessures terribles. A la vérité, la domestication le rend plus souple, plus docile et plus sociable, mais il est loin d'être aussi stupide qu'on s'est plu à le dire. Plusieurs explorateurs rapportent avoir vu des porcs entretenus dans les bois, en pleine liberté et sans aucun gardien, revenir au logis chaque samedi parce que ce jour-là on leur distribuait une ration de maïs. Nous pouvons donc présumer avec assez de fondement que la mémoire existe à un certain degré. Les animaux reconnaissent après une absence les lieux qu'ils ont habités, les chemins qu'ils ont parcourus ; ils n'oublient pas les caresses reçues et les châtiments essuyés. Ils se souviennent des leçons qu'on leur a données et perçoivent les impressions extérieures comme tous les êtres organisés. « Le porc, dit Colin, donne peut-être encore plus que le bœuf des preuves de réflexion et de jugement. » D'après Cuvier, il n'est guère inférieur à l'éléphant pour l'intelligence. Dugès va plus loin en avançant qu'il deviendrait aussi intelligent que le chien si l'on prenait le soin de l'élever de la même manière ; et, pour prouver cette assertion, il fait remarquer que les chiens entretenus pour être mangés dans les îles de l'Océanie se montrent aussi stupides que les porcs de nos pays. Nous lisons dans Pline que des cochons emmenés par des pirates reconnurent leur maître à sa voix, firent chavirer le bateau en se jetant tous du même côté et regagnèrent le rivage. Ceux élevés à l'école vétérinaire d'Alfort distinguent parfaitement de loin, par le bruit qu'elle fait, la voiture qui leur amène des aliments, et viennent à sa rencontre jusqu'à la porte de la cour où ils sont enfermés. Brehm mentionne qu'un garde forestier possédait un cochon dressé à faire mille tours plaisants. Il suivait son maître comme un chien, répondait à sa voix et arrivait en trottinant quand il l'appelait. Il se tenait debout pendant quelques instants et se courbait quand il entendait ces paroles : « Viens, tu vas être mangé. » Nous savons qu'un particulier trouva le moyen d'amuser Louis XI en faisant danser devant le roi malade de petits cochons somptueusement habillés et parés avec des chapeaux, des écharpes et des épées. Au reste, nous avons vu maintes fois dans certains théâtres plusieurs de ces animaux bien dressés et habiles à faire des tours et des exercices surprenants. Ils sont très impressionnables et éprouvent des sentiments de peur. On a constaté la calvitie arrivée en quelques jours chez un cochon noir qui avait été épouvanté par les cris d'un autre porc châtré dans une loge voisine.

Ils ont l'odorat infiniment meilleur que l'homme.

Un Anglais avait dressé un porc à la chasse et son nez était si fin qu'il sentait une piste à une distance de plus de vingt mètres.

Le sens du toucher, assez développé, réside dans la corne du pied, ce qui lui permet d'explorer le sol et d'éviter les obstacles dans la marche.

On lui reproche sa voracité et l'absence de sensation gustative. C'est encore une erreur profonde et le goût, loin d'être imparfait, est peut-être plus sûr que chez l'homme.

Quand la faim ne le tourmente pas, qu'il n'est pas famélique, il a une répugnance invincible pour les aliments nuisibles.

Au contraire l'homme, s'il n'était averti, ne discernerait pas toujours les bons et les mauvais aliments ; il consommerait les fruits du mancenillier comme la pomme, et la ciguë comme le persil.

Nous pouvons donc affirmer, sans aucune exagération, que le porc est un animal perfectible ayant toutes les facultés instinctives et intellectuelles qui font l'apanage des mammifères.

CHAPITRE III

LES RACES PORCINES

La division de l'espèce porcine en races asiatique, celtique et ibérique est celle généralement adoptée ; nous indiquerons également les principales variétés obtenues par le croisement de ces races.

RACE ASIATIQUE (sus asiaticus)

Originaire de l'Asie, cette race présente les caractères suivants : tête peu volumineuse, oreilles petites et dressées, cou épais et court, corps cylindrique et peu allongé, membres courts et fins, peau fine et souvent pigmentée, soie rare, blanche, pie ou rousse.

Le cochon asiatique a perfectionné plusieurs

races bien connues par leur conformation et leur précocité remarquables. Il comprend trois variétés qui font l'objet d'un commerce important dans l'Europe orientale.

Le porc de Siam a les soies fines et rares ; sa couleur est rousse ou pie avec taches plus ou moins rougeâtres.

Le chinois ou tonkinois a les jambes courtes et fines, les oreilles petites et dressées, la soie fine et peu abondante, couleur noire ou blanche, quelquefois pie.

Le cochon turc a les membres fins et courts, la tête pointue, le corps trapu, les soies noires, grises ou brunes, parfois frisées et toujours peu fournies.

PORC MÉTIS ANGLAIS

L'Angleterre avait conservé, pendant longtemps, la race celtique pure avec une sorte d'orgueil, mais elle a modifié l'élevage depuis nombre d'années. Les croisements multipliés avec les races orientales ont donné naissance à divers produits qui se distinguent par une grande aptitude à l'engraissement. Nous mentionnerons seulement les principaux types.

Yorkshires. — La couleur de cette race est généralement blanche ; elle fournit des animaux fortement charpentés et qui donnent les poids vifs les plus élevés.

Ces porcs améliorés par des croisements présentent les caractères suivants : corps allongé en cylindre, dos presque droit, jambes fortes, oreilles larges et demi-inclinées, couleur blanc jaunâtre.

Les jambons d'York jouissent d'une réputation universelle.

New-leicesters. — Cette race, appelée autrefois race de Dishley, se distingue par des formes symétriques, tête courte, museau droit, joues saillantes, cou très court, oreilles petites et dressées, jambes courtes et fines, corps épais, soies fines et rares, peau rosée et presque transparente. A dix ou douze mois l'animal atteint un état d'engraissement très élevé. Sa viande est très estimée.

Essex. — Ce porc a la tête fine, le museau pointu, les joues larges, le dos presque droit, le ventre très descendu, le corps épais et cylindrique, les membres grêles, les os petits, les soies noires peu abondantes et fines. Croisé avec le yorkshire et le berkshire, il produit une variété demi-noire assez répandue.

Berkshires. — Tête fine, oreilles dressées, groin légèrement allongé, corps épais et cylindrique, taille moyenne, jambes fortes mais courtes, couleur plus ou moins noire avec marques blanchâtres sur diverses parties du corps, tels sont les caractères distinctifs de cette race.

Hampshires. — Les animaux appartenant à cette race, dite des forêts, ont le corps allongé et la côte assez plate relativement aux précédents. Tête courte, museau relevé, oreilles dressées, taille ordinaire, pelage blanc et noir. La conformation de ces porcs laisse à désirer.

Coleshill. — Cette race, introduite chez nous en 1849 par Lefebvre de Sainte-Marie, est basse sur jambes. Le corps est très allongé, de forme cylindrique, la tête petite et fine, les soies blanchâtres et bien fournies.

Les races mildlessex existent en France depuis 1855. Dans plusieurs départements du nord et du centre elles sont croisées avec la race craonaise.

La race de Windsor, provenant de croisements variés, est de taille moyenne, peu élevée sur jambes avec soies blanches plus ou moins abondantes. Elle se fait remarquer par sa grande aptitude à l'engraissement.

En résumé, ces différentes races sont le produit d'une immixtion plus ou moins considérable du sang chinois ou du sang napolitain dans les races indigènes. Les différences qui existent entre elles, dit Tanner, proviennent de la proportion de chaque espèce de sang dans la lignée de l'animal. « Plus le porc est grand et grossier, plus cela prouve qu'il est d'extraction anglaise primitive ; au contraire, plus il est petit, délicat, plus le sang chinois ou napolitain domine. Nous possédons, il est vrai, tous les degrés intermédiaires de qualité entre les deux extrêmes ; mais les mêmes résultats sont évidents partout et toujours ; l'aptitude à l'engraissement, la précocité, la finesse et l'exiguïté sont en raison de la quantité de sang chinois ou napolitain infusé par le croisement. Plus cette infusion est grande, plus les qualités se trouvent développées ; la chair est aussi plus délicate, la taille plus réduite.

« D'autre part, plus la prépondérance du sang anglais primitif est grande, plus l'engraissement dans les produits est lent et difficile ; les animaux sont de plus grande dimension, plus forts ; leur viande est de qualité plus grossière. »

Ces faits démontrent que pour obtenir les meilleurs résultats, il faut nous laisser guider dans le choix des espèces de porc qui nous conviennent le mieux, ainsi que dans le meilleur système d'élevage, par l'objet que nous avons en vue et le but que nous nous proposons.

Dans ces métis divers qui existent un peu

partout, nous pouvons comprendre les porcs lorrains, ceux de Mayence, de Westphalie, qui fournissent des produits estimés dans le monde entier.

RACE CELTIQUE (sus celticus)

Crâne brachycéphale [1], front court et aplati. Sus-naseaux longs, étroits ; face longue, angle facial presque droit. Corps élancé et plus ou moins ample pourvu de quatorze vertèbres dorsales et de six lombaires. Tête forte, oreilles larges et pendantes ; groin large, bouche grande ; arcades incisives larges, rangées molaires très peu divergentes. Jambes longues, peau rosée, soies abondantes et rudes, de couleur blanchâtre ou jaunâtre. Taille variable, mais généralement grande ; physionomie un peu sauvage.

Tels sont les caractères de cette race bien conformée pour la marche et le parcours dans les bois. Sa fécondité est remarquable, mais l'aptitude à l'engraissement est relativement faible ; en revanche, elle fournit une viande ferme et savou-

[1] βραχυς, court, κεφαλη, tête.

reuse. Quant au lard, il offre une grande densité, s'imprègne bien de sel et se conserve facilement. La domesticité et les croisements ont modifié avantageusement cette race et plusieurs variétés sont très remarquables; nous nous occuperons des principales.

Porc craonais. — Cette variété tire son nom de la ville de Craon (Mayenne); les animaux qui en proviennent se distinguent par leur taille, leurs formes et leur fécondité. Ils ont la tête petite, le museau court et droit, la côte ronde et le dos large; peau fine et transparente, soies courtes et peu abondantes.

Porc angevin. — Ainsi nommé parce qu'on l'élève en grand dans l'Anjou, ce porc se fait remarquer par la brièveté de la tête et des oreilles, la forte musculature des membres et la qualité supérieure de la viande.

Porc normand. — Nous trouvons en Normandie des cochons bien musclés, mais à ossature un peu développée. Tête assez volumineuse, oreilles pendantes et repliées vers l'angle postérieur; la base de la conque est cylindrique.

L'augeron, le cotentin, l'alençonnais, etc... constituent d'excellents produits quand l'élevage est bien entendu.

Porc manceau. — Corps grand, épais, museau

court, oreilles de largeur moyenne, membres courts, jambes bien fournies : tels sont les caractères de la variété mancelle.

On appelle montagnards, les individus élevés aux environs de Mortagne.

Ceux du Perche sont plus à l'est.

Les saumurois sont également estimés.

Tous ces types, qui se ressemblent, possèdent les mêmes défauts et les mêmes qualités.

RACE NAPOLITAINE ou IBÉRIQUE (sus ibericus)

Encore appelée espagnole, cette race se reconnaît à des caractères bien tranchés. Crâne *dolicocéphale*[1], front aplati en losange, arcades orbitaires peu saillantes, chanfrein droit, arcades incisives courtes, rangées molaires presque parallèles ; tête petite, groin étroit, oreilles droites et pointues, cou épais et court ; corps allongé, large, pourvu de quinze vertèbres dorsales et quatre lombaires ; jambes fines et de moyenne longueur, muscles des fesses bien développés, peau très pigmentée, soies fines peu nombreuses, pres-

---

[1] δολιχός court, κεφαλή, tête.

que toujours de couleur noire ou d'un roux foncé.

Le porc napolitain, encore nommé romanique parce qu'il habite surtout la Romagne (ancienne province d'Italie), est très répandu en Angleterre ; plus fort et plus allongé que celui d'Asie, il est précoce à l'engraissement et donne une viande très estimée.

Il contribue à former, avec le porc d'Asie, de nombreuses variétés ; nous nous occuperons seulement des plus connues.

Porc toscan. — Nous apercevons, de temps à autre, sur le marché de la Villette, des cochons hauts sur jambes, à corps élancé, à forte ossature, et expédié des provinces italiennes où ils ont vécu dans les forêts à l'état sauvage. Cependant, nous savons que des importations anglaises ont déjà modifié cette variété rustique et vigoureuse.

Porc hongrois. — La race, dite hongroise, westphalienne, croate, valaque ou turque, a la taille élevée, le corps épais, la tête forte, le museau allongé, le cou relativement long et grêle. Pour compléter cette description, nous dirons qu'elle possède de grandes oreilles dressées dont les extrémités sont dirigées en avant, des soies abondantes, épaisses, d'un gris foncé jaunâtre ou roux ; grande aptitude à l'engraissement, finesse et saveur de chair.

Porc bressan. — Cette variété existe principalement sur la rive gauche de la Saône, dans les départements de l'Ain et de Saône-et-Loire.

Elle a la tête relativement volumineuse, le cou long, les extrémités des oreilles pendantes, le dos un peu voussé, les jambes longues et grossières, les soies généralement noires, mais souvent le corps marqué de taches blanches ; chair peu délicate, à moins que les animaux n'aient été nourris avec le lait et les résidus provenant de la fabrication des fromages.

Porc limousin. — Ces cochons, qui habitent en grand nombre le Limousin, ont la tête longue, le museau droit et les oreilles moyennes ; les jambes allongées, minces et fines ; les soies peu abondantes, assez fines, presque toujours noires et blanches. La viande du limousin est fine et de très bon goût quand l'animal a été nourri dans l'abondance des châtaignes et des pommes de terre.

Porc périgourdin. — Ce cochon a le corps épais et bien conformé, les soies brillantes, lisses et toujours mélangées de noir et de blanc, cependant cette dernière nuance domine le plus souvent. Engraissement facile, viande fine et savoureuse. On le dresse pour la recherche de la truffe ; les femelles sont préférées pour cet usage.

parce que, étant plus affamées, elles montrent plus de courage dans cette découverte.

Porc agenais. — Cet animal, qui vient du département de Lot-et-Garonne, a la taille plus forte que les précédents, le corps mince et aplati, les soies grossières, de couleur pie souvent presque noire ; il est vigoureux, bon marcheur et fournit une viande de bonne qualité.

Porc quercinois. — Ce type a le corps plus petit et plus épais que le précédent ; tête forte, oreilles plus petites et plus droites, membres plus courts et plus charnus. Sujets vigoureux et sobres ; bonne viande.

Porc du Rouergue. — Cet animal résulte du croisement des races quercinoise et limousine.

Les individus, peu différents les uns les autres, sont engraissés, surtout en hiver, avec des châtaignes et des pommes de terre ; leurs chairs se valent comme qualité.

Porc béarnais. — Cette variété, élevée dans les départements des Hautes et des Basses-Pyrénées, présente généralement un corps peu épais, des membres longs et grêles, des soies assez abondantes, de couleur pie où la teinte noire prédomine. Son lard est peu épais et sa chair de très bon goût ; elle fournit les fameux jambons de Bayonne dont la réputation est universelle.

Nous mentionnerons, pour mémoire, d'autres variétés qui paraissent, en plus ou moins grand nombre, sur nos marchés. Les porcs du Gers, des Landes, de Lot-et-Garonne, de la Haute-Garonne, de l'Aude et de l'Ariège ; les porcs gascons et languedociens sont de taille élevée et de conformation assez grossière.

Les animaux qui habitent le nord-est de la France méritent peu notre attention, car leur conformation est généralement défectueuse. Corps mince, ossature développée, tête volumineuse et longue, museau droit, oreilles pointues, membres forts, soies blanches, longues et grossières : tels sont les caractères des porcs non améliorés de la Meuse, de la Haute-Marne, etc...

Nous nous bornerons à ces généralités.

CHAPITRE IV

MULTIPLICATION DU PORC

Le choix des animaux, pour la reproduction e l'élevage du porc, doit toujours constituer la principale préoccupation de l'agriculteur. Les opinions sont partagées entre les partisans du croisement et ceux de la sélection. Au demeurant, les deux principes présentent des avantages et des inconvénients. Nous allons essayer de jeter un rayon de lumière sur cette importante question.

Nous possédons, en France, plusieurs races régionales bien déterminées ayant des qualités précieuses acquises par la continuité des producteurs, par l'alimentation bien entendue et par l'action du temps. Nous savons que la sélection imprime aux produits des caractères immuables parmi lesquels se trouvent les défauts et les qualités inhérents aux reproducteurs.

Dans le but de conserver la fixité de l'espèce,

il est indispensable d'accoupler les mêmes types. Ce *modus faciendi* tend constamment à modifier et à perfectionner les animaux par eux-mêmes. On suit, ainsi, l'exemple des espèces libres ou sauvages qui conservent leur intégrité et se perpétuent d'autant mieux que leur génération s'opère entre des individus semblables.

A la vérité, les êtres créés de cette manière ne donnent pas cette précocité remarquable et ces amas de tissu graisseux qui causent une véritable surprise des yeux. En revanche, nous trouvons chez eux une robusticité bien précieuse pour résister aux causes nombreuses de mortalité. La qualité de la viande et du lard donne une large compensation à l'absence relative de tissu adipeux. En comparant, après la cuisson, 1 kilo de chair provenant d'un porc anglo-chinois et celui d'un indigène de vieille race, on sera convaincu par la différence des poids obtenus. Le morceau du premier noyé dans de la graisse plus ou moins dense aura subi un déchet considérable, tandis que le second n'aura éprouvé qu'une perte peu sensible. La même remarque est faite sous le rapport de la saveur, de l'arome et de la conservation, car ces qualités sont à l'actif de nos races indigènes. Aussi le consommateur de viande fraîche ne recherche pas l'abondance de la graisse. Il en est de même pour celui qui désire préparer des salaisons, car la conservation est mieux assurée.

En introduisant dans nos races du sang étranger, on désorganise tout le mécanisme chez les produits. Et de fait, le croisement transforme la constitution organique des individus en donnant des caractères qui seront toujours contre-balancés par les lois de l'atavisme.

Nous ne pouvons nier que ce procédé donne des sujets d'une apparence plus belle, d'une venue plus parfaite et d'une précocité plus remarquable, mais il ne laisse pas de fixité proprement dite.

Nous dirons mieux, il conduit au décousu et à la confusion des belles races locales qui font la gloire de notre pays ; or, ce serait une faute irréparable de perdre des types aussi précieux par leur nature et leurs qualités. Plusieurs races étrangères nous éblouissent par une accumulation prodigieuse de graisse qui les transforme en grosses boules vivantes. Les illusions disparaissent bientôt, car on reconnaît que les apparences sont extérieures seulement : la cuisson réduit beaucoup les tissus qui conviennent médiocrement aux préparations de charcuterie ; de plus, leurs qualités sont très inférieures sous tous les rapports. Nous estimons donc que le croisement avec les races étrangères a sa raison d'être seulement dans les usines ayant en vue la production forcée de matières grasses et voulant fournir la quantité des produits aux dépens de la qualité. Cependant, loin de nous la pensée de proscrire systématiquement la multiplication d'une race reconnue précoce et apte à donner des sujets recommandables. Aussi bien, nous croyons rationnel de maintenir cette race à part, de l'élever avec les soins qu'elle réclame en évitant tout mélange contraire aux principes zootechniques. Suivons l'exemple des animaux qui obéissent à la grande voix de la nature en se reproduisant entre eux. Si nous recherchons la pureté des types, il sera toujours facile de corriger certains défauts. On obtiendra sûrement les transformations organiques recherchées dans l'espèce par une alimentation appropriée et des soins hygiéniques. Il résulte des travaux de M. Sanson que la précocité du développement ne doit pas être considérée comme un privilège de race, car elle se trouve réalisée par les divers éléments que nous venons d'indiquer.

Dans la reproduction du porc, ne perdons jamais de vue les principes nécessaires pour assurer de bons résultats. Il est absolument indispensable de choisir les sujets les plus parfaits et réunissant les qualités que nous cherchons à développer dans les animaux. Ensuite nous nous appliquerons à perfectionner la conformation par une nourriture abondante et substantielle.

Le mâle est apte à l'accouplement à partir de huit mois ; la fécondation de la truie peut se faire à cette même époque.

Le verrat doit se faire remarquer par l'ampleur de la poitrine, la largeur du dos et des reins, la rondeur des côtes et le développement des fesses. Une belle conformation consiste dans un corps court, ramassé, plutôt carré que long, des membres forts et courts, une tête fine et peu volumineuse. Enfin, les organes génitaux bien apparents ne doivent pas avoir de défauts.

La femelle présentera l'ampleur du bassin et de l'abdomen, la largeur des flancs et le développement des mamelles. Plus celles-ci seront nombreuses, plus les petits trouveront, à leur naissance, la nourriture nécessaire à la croissance.

Ajoutons à ces qualités un naturel tranquille, un bon tempérament et une santé parfaite pour réunir les conditions désirables dans cette circonstance.

En principe, on doit s'attacher à produire des animaux précoces tout en conservant la fécondité, la robusticité, le poids et la qualité du lard et de la chair. Nos variétés indigènes jouissent de tous ces avantages et il est inutile d'avoir recours aux espèces étrangères. L'essentiel est de faire un bon choix dans la race et en prenant, pendant plusieurs générations, les sujets les mieux conformés on arrivera à la perfection.

La santé, chez les reproducteurs, est une des conditions premières à la réussite des produits : il faut sacrifier, sans délai, tout sujet qui présenterait les symptômes d'une affection contagieuse ou héréditaire.

Lorsque le verrat a été utilisé pendant deux ans pour la reproduction, il faut le châtrer et le soumettre à l'engraissement; autrement, il devient sauvage et dangereux. On doit également tirer parti de la viande des femelles vers 3 ou 4 ans au plus.

Le rut ou chaleur se manifeste chez la truie à l'âge de six mois et même de quatre, et cette passion se reconnaît à des signes non équivoques. La bête grogne, mange peu; une bave écumeuse sort du groin, les lèvres de la vulve sont rouges et enflées. Elle saute continuellement sur les autres porcs, elle recherche et provoque le verrat. Pour faciliter l'accouplement, on laisse le mâle et la femelle en liberté pendant une demi-heure environ dans une loge ou une cour particulière.

L'époque la plus favorable pour la reproduction varie suivant les intérêts de l'éleveur. En général, on choisit la saison qui permet de nourrir convenablement les petits. En mars, ils trouvent de la verdure et du laitage ; en septembre, ce sont les tubercules et les racines de toute espèce qui fournissent une excellente alimentation.

Le verrat chargé de l'œuvre de la reproduction doit être bien nourri, mais sans chercher à l'engraisser. Le grain, l'avoine, le sarrasin, le seigle en petite quantité, avec un local clair et chaud, produisent parfaitement l'effet désiré.

La truie porte en moyenne cent quatorze jours. Chez celle qui est bien nourrie la durée de la gestation est un peu moins longue que chez celle qui est vieille et maigre. La pratique enseigne que, pour éviter l'épuisement, il faut se contenter de faire porter tous les six mois seulement. On prévient les avortements en nourrissant convenablement les animaux et en les plaçant dans des endroits tranquilles.

Les boissons très froides, les courses rapides, les coups, les chutes et d'autres causes plus ou moins directes provoquent cet accident.

La parturition est presque toujours normale, cependant la mise-bas doit être surveillée. On enlève les gorets au fur et à mesure de leur naissance pour les rendre à la mère après le part terminé et l'enlèvement de l'arrière-faix. Quelques truies ont la déplorable habitude de dévorer leur progéniture ; la réforme de ces animaux s'impose naturellement.

La mère doit être l'objet des plus grands soins concernant la propreté et l'alimentation. Pendant trois ou quatre jours, il faut donner des boissons tièdes ou chaudes avec de la farine d'orge et des pommes de terre cuites écrasées.

La bonne venue des petits dépend du lait de la mère. Pendant les trois premiers jours qui suivent la naissance on les fait téter cinq à six fois par jour ; à dater du quatrième jour, on peut les abandonner à eux-mêmes dans la loge de la mère. Quand leur nombre est trop considérable, il est bon d'en engraisser quelques-uns pour qu'ils ne dépérissent pas faute de nourriture.

On leur donne du lait mélangé de farine d'orge et de maïs. Le lait doit être bouilli car il est démontré que celui provenant des vaches atteintes de phtisie possède des propriétés contagieuses. Des porcelets et d'autres animaux sont devenus tuberculeux après avoir consommé pendant plusieurs semaines du lait non soumis à l'ébullition.

La nourriture donnée en plus de celle fournie

par la mère développe rapidement les petits sujets. Souvent, ils sont frappés d'une éruption caractérisée par de petites vésicules envahissant différents endroits du corps. Quand elle siège autour des yeux, les paupières sont collées ensemble. On l'attribue à une nourriture trop substantielle. Dans ce cas, il est prudent de diminuer la ration et de faire, chaque jour, des lotions d'eau tiède sur les parties malades.

Le lait, le petit-lait et les eaux de lavage qui proviennent de la fabrication du fromage et du beurre conviennent bien aux nourrissons. Progressivement, on augmente la ration et on utilise les eaux grasses, les débris de la cuisine, les levures, les drèches et les résidus de brasserie. Le petit-lait exerce une influence favorable sur la digestibilité de certaines matières alimentaires telles que : les pommes de terre, l'orge, les pois, le maïs. Il vaut mieux le donner refroidi et déjà aigri que lorsqu'il est encore doux et chaud. Plus tard, on distribue des orties, de la chicorée, les salades montées des jardins, et notamment la laitue qui est très appétée. Nous verrons plus tard le profit que l'on retire des racines dont les propriétés nutritives sont encore augmentée par la coction. Il est toujours préférable de les donner cuites, écrasées et délayées avec les eaux de cuisine. En y mêlant des farineux ou du son, on a la certitude d'obtenir d'excellents résultats.

Au moment du sevrage, c'est-à-dire au bout de six semaines ou deux mois, les gorets réclament de grands soins avec une bonne nourriture.

On doit avoir soin de séparer les mâles des femelles, quand ils n'ont pas été castrés à la mamelle, parce que leurs désirs sont un obstacle à leur croissance. La séparation entre les plus forts et les plus faibles est également nécessaire pour éviter de voir les uns s'approprier la nourriture des autres.

On fait châtrer les porcelets pendant leur allaitement ou 15 jours avant leur sevrage ; plus ils sont jeunes, moins l'opération est douloureuse et mieux elle réussit.

AGE ET HYGIÈNE DU PORC

Cet animal peut vivre quinze ou vingt ans, mais comme il ne rend aucun service pendant sa vie, à l'exception du fumier qu'il produit, il n'y a pas lieu de le laisser parvenir à ce terme.

L'âge se reconnaît aux dents comme chez les

autres espèces domestiques. A l'état adulte le porc est pourvu de 44 dents, dont 12 incisives, 4 à chaque mâchoire, 4 canines et 28 molaires.

Dans les sujets en liberté, le sanglier par exemple, les canines, longues, fortes et très saillantes, constituent une arme redoutable dont ils se servent contre les attaques de leurs ennemis.

On a encore signalé la longueur prodigieuse acquise avec l'âge, chez des cochons domestiques, par les deux crocs de la mâchoire inférieure qui en se contournant en spirale finissent par gêner les mouvements des mâchoires.

Le 14 juillet 1870, M. Goubaux a présenté à la Société centrale vétérinaire la mâchoire d'un cochon de Mésopotamie remarquable par le développement des dents canines. Cette mâchoire était armée de deux défenses fort longues. A partir de la sortie de l'alvéole, elles se renversaient de bas en haut et de dehors en dedans en traversant une gouttière formée par la chute des molaires correspondantes.

On est généralement disposé à ne donner des soins de propreté qu'aux chevaux. Les autres animaux de la ferme, surtout les porcs, sont complètement abandonnés à eux-mêmes. Cette pratique est tout à fait contraire aux connaissances hygiéniques.

L'observation démontre que l'élevage de ce pachyderme réussit rarement dans la malpropreté.

L'engraissement est plus certain et surtout plus rapide dans une porcherie bien tenue. Lorsqu'elle est imparfaitement nettoyée et la litière rarement renouvelée, le porc s'agite et grogne sans cesse ; il ne se repose qu'après une abondante distribution de paille fraîche. Il faut, si on veut le voir jouir d'une bonne santé, débarrasser la peau de la poussière et de la boue ; en un mot, il est nécessaire de l'étriller, bouchonner et laver souvent à l'eau tiède. On ne doit pas calculer la perte de temps causée par ces précautions qui ont l'immense avantage d'être extrêmement favorables à la santé par l'excitation qu'elles déterminent à la surface du corps. Aussi bien, l'animal s'y accoutume aisément et au bout de quelque temps il vient pour ainsi dire de lui-même au-devant de la main qui le soigne.

Les ordures et la malpropreté de la peau engendrent les poux, les insectes, les acares qui produisent des démangeaisons sur toutes les parties du corps.

Les lotions à l'eau tiède, les lavages au savon et une alimentation convenable font cesser l'irritation et le prurit si nuisibles au repos du sujet.

Les bains lui sont salutaires, surtout en été, où

il est spécialement exposé à certaines maladies. A cette époque de l'année il recherche l'eau fraîche avec empressement, et on le voit, quand il est libre, passer une partie des journées chaudes couché dans les mares ou les ruisseaux qui sont à sa portée. Pour lui donner la facilité de satisfaire ce besoin impérieux, il est bon d'établir à proximité de la porcherie un bassin où le porc viendrait se baigner. Il sait très bien nager et pour le familiariser avec l'eau, il suffit de jeter sur le liquide des châtaignes desséchées ; comme il appète cet aliment, il se met aussitôt à nager pour aller le chercher.

Il est sensible au froid dont il faut le préserver soigneusement ; son habitation, placée sur un terrain sec un peu élevé, doit être convenablement aérée. Le sol sera pavé ou en bois avec un peu de pente, de manière à permettre l'écoulement des urines. Les auges seront lavées de temps en temps à l'eau chaude ; sans cette précaution les matières alimentaires qui restent deviennent acides et amènent le dégoût. Quand les animaux sont l'objet de tous les soins, ils reposent bien, deviennent vigoureux et jouissent d'une quiétude favorable à l'engraissement.

Autant que possible il faut empêcher le porc de vaguer dans les rues, cours et voies publiques, où il pourrait ingérer des substances susceptibles de servir de véhicules aux microbes et aux parasites.

Son instinct le porte à fouiller la terre pour chercher des racines, tubercules et autres aliments; il cherche et réussit même à dépaver et à démolir sa loge. Pour remédier à ces inconvénients on traverse le boutoir, vers son bord antérieur, par deux anneaux en fer ou en cuivre. Un fil de fer et simplement un clou de fer à cheval suffit pour le bouclement. Il n'y a que les porcs faméliques et vagabonds qui fougent; ceux qui sont bien nourris n'y songent pas; cette opération toujours douloureuse leur est donc épargnée.

Quoi qu'il en soit, l'éleveur ne doit jamais oublier que les soins donnés à ces animaux ont une influence considérable sur leur santé; en outre, leur entretien devient plus facile et beaucoup moins coûteux.

CHAPITRE V

DE L'ENGRAISSEMENT

L'engraissement du porc est un problème dont la solution présente de nombreuses difficultés. Il ne suffit pas d'obtenir, au prix de grandes dépenses, de la viande et de la graisse ; il faut surtout remplir plusieurs conditions afin d'acquérir économiquement la quantité et la qualité des produits. Le succès dépend de causes diverses qui résident dans l'appropriation climatérique, le choix des animaux et le mode d'alimentation.

Le climat a, évidemment, une importance notoire. Aussi bien, une race transportée d'un pays chaud dans une localité froide doit retrouver les conditions premières dans lesquelles la nature l'avait placée.

Une hygiène bien entendue et des soins spéciaux corrigeront la température, car l'engraissement est subordonné à l'application rigoureuse de ces principes.

Chacun sait que les animaux bien acclimatés ne redoutent nullement la mauvaise influence des terrains marécageux. Ils se nourrissent avec les plantes aquatiques, les racines charnues, tout en ne dédaignant pas les vers et les mollusques qu'ils y trouvent en abondance.

L'âge le plus favorable pour mener l'engraissement à bonne fin est celui où le sujet a acquis le développement propre à son espèce. Cette époque une fois passée, il consomme sans gagner autant, parce que l'activité des fonctions digestives est beaucoup moins grande. Le jeune cochon doit avoir trois mois au moins, être sevré et jouir d'une santé parfaite. Dans le cas contraire, il réclame des soins spéciaux, des aliments choisis qui deviennent coûteux, exigent des pertes de temps et qui, parfois, ne sont pas à la portée de tout le monde.

En principe, il est rationnel de mettre le porc à l'engrais vers dix ou douze mois quand il appartient à une race précoce ; les races anciennes non améliorées demandent un âge plus avancé, deux ans au minimum. Mais nous croyons utile de se procurer les animaux plus jeunes quand on a le temps devant soi.

Plusieurs personnes donnent la préférence aux individus femelles, sous prétexte qu'ils sont plus aptes à prendre la graisse. Sous ce rapport, nous n'établissons aucune distinction entre les sexes, puisque la castration rend les conditions égales pour l'élevage. Cependant, il nous semble avantageux de choisir les mâles qui sont plus faciles à castrer. Bien souvent, nous avons vu des truies rebelles à l'engraissement, parce que l'opération avait été imparfaite ou qu'elle n'avait pas été pratiquée.

Les marchands peu scrupuleux simulent la castration de la femelle par une incision du flanc ; chez le mâle, la fraude est absolument impossible.

Le porc doit aussi réparer les pertes de l'économie et, en outre, conserver la graisse qui excède la réparation de ces mêmes pertes. Ces conditions essentielles à l'engraissement ne sont pas remplies si les fonctions organiques ne s'exécutent pas dans toute leur intégrité.

La peau doit être rigoureusement examinée, car elle est le reflet de l'organisation interne. On la recherche fine, souple, rosée avec des soies fines et douces. La peau épaisse, les soies grossières et dures dénotent un mauvais tempérament et parfois des maladies internes. Les signes principaux indiquant la santé sont : la marche libre, la gaieté, l'appétit qui dégénère même en gloutonnerie ; le tube digestif fonctionne normalement, la respiration est ample et facile, le pouls est régulier, enfin le repos fait suite aux repas.

Une constitution faible et des lésions dans les organes ne sont pas compatibles avec l'élaboration de la graisse. Lorsque l'animal est débile, ses chairs sont molles, ses membres vacillent, la partie postérieure du corps flageole, l'épine dorsale et lombaire accuse de la raideur. Nous rencontrons souvent chez les jeunes sujets des fractures et des déviations des membres ou de la colonne vertébrale. Ces accidents, à la vérité rarement mortels, sont des obstacles qui s'opposent à l'engraissement.

Ils produisent, à leur origine, de vives souffrances, le défaut de souplesse du corps, la difficulté dans les mouvements et la diminution de l'appétit.

Autant que possible, on doit éviter d'entreprendre l'engraissement de ces animaux. Le repos absolu accélère l'élaboration du tissu adipeux, mais un exercice modéré rend les chairs plus fermes et plus savoureuses. C'est pour cela que les animaux engraissés à la glandée fournissent des produits d'une grande délicatesse. La fatigue, le bruit, les tourments amènent des résultats contraires. L'expérience a prouvé d'une manière indiscutable que les porcs grogneurs engraissent difficilement et troublent leurs compagnons. Il est nécessaire de les mettre à part et de les tenir dans des locaux éloignés de tout bruit.

Nous demandons que l'animal gagne le plus possible en poids, que la graisse et la viande soient de bonne qualité. Ces conditions sont placées sous la dépendance de la nourriture et elles exigent des aliments abondants, de bonne qualité et distribués régulièrement.

La saison la plus favorable est l'automne parce qu'on trouve, à cette époque, une alimentation abondante et variée. Le froid qui commence stimule l'appétit et le dégoût se fait moins tôt sentir. En outre, les animaux ne sont pas incommodés par les grandes chaleurs et par les insectes ; ils jouissent, en conséquence, d'une quiétude relative qui favorise l'assimilation. On met à profit les localités riches en vastes forêts pour l'engraissement du cochon. Celui-ci doit être robuste, bon marcheur, capable de résister à la fatigue et de supporter les intempéries. Sans aucun doute, il serait préférable de recueillir la glandée et de la donner à la porcherie. L'animal ne fait, ainsi, aucune dépense de forces, repose bien et profite beaucoup mieux de la nourriture.

La culture de la pomme de terre, des navets,

des carottes et autres racines très appétées devient notamment avantageuse. Presque partout, on récolte le blé, l'avoine et l'orge. Depuis plusieurs années, l'agriculteur ne trouve plus dans la culture des céréales un prix rémunérateur ; dans ce cas leur emploi est nettement indiqué. Les grains vides, le son, les farines mélangées ou de qualité inférieure constituent une nourriture excellente. Les résidus de distillerie, de malterie, etc..., engraissent avec rapidité et, sous ce rapport, le voisinage des villes est très profitable. Nous parlerons plus tard de l'utilisation des matières d'origine animale.

L'engraissement doit être lucratif, soit que l'animal ait été réservé pour les besoins du particulier, soit qu'il ait été livré au commerce. Les bénéfices sont subordonnés à la race et à l'état d'embonpoint du sujet. Dans les grandes exploitations, il est avantageux de donner la préférence aux races étrangères améliorées qui se recommandent par leur précocité. Malheureusement, les femelles de ces variétés sont peu fécondes et les jeunes cochons offrent moins de résistance aux chances de mortalité.

En outre, si les animaux fournissent beaucoup de poids, on constate que la quantité de graisse l'emporte considérablement sur la viande. Le porc anglo-chinois, par exemple, véritable boule de graisse, cause une réelle surprise des yeux ; mais ce monstre cylindrique, cloué à terre, sans force ni vigueur, fournit un lard mou, insipide et difficile à conserver. Sa chair flasque, molle et sans aucune saveur ne trouvera pas acquéreur au même titre que celle provenant de nos races indigènes.

Les faits qui se passent chaque semaine au marché de la Villette démontrent ce que nous avançons. Le commerce établit une différence bien tranchée entre les porcs étrangers et les porcs français, entre les animaux d'un engraissement moyen et ceux où il est poussé à un haut degré. Nous savons que les races anglaises produisent surtout du lard ; le peu de viande qui reste ne possède pas une grande délicatesse.

Le charcutier recherche, même dans nos races indigènes, les animaux dont les chairs réunissent toutes les conditions de fermeté, de couleur et de bon grain. Celles qui sont pâles, molles, décolorées, grossières se paient un prix peu élevé parce qu'elles déchètent à la cuisson et qu'elles prennent difficilement le sel. Voilà pourquoi les animaux dont l'engraissement est exagéré sont l'objet de transactions difficiles et le plus souvent perdent, relativement aux autres, trente et quarante centimes par livre.

Le charcutier de la capitale achète les porcs d'un embonpoint ordinaire pour débiter la viande spécialement à l'état frais. Le consommateur préfère une échinée, un filet, un jambon provenant d'un porc gras ordinaire aux morceaux garnis par des amas de graisse.

Les autres parties sont utilisées pour la chair à saucisses et la confection des saucissons de premier choix ou bien sont vendues comme petit-salé.

Aussi, parmi les animaux les plus estimés et dont l'élevage a pour but le travail de la charcuterie, nous pouvons citer : les races normande et mancelle, les races milddlesey-craonais, milddlesey-aujeron françaises les races angevine et limousine.

Puisque la chair de nos porcs fournit des produits alimentaires supérieurs à ceux qui se fabriquent avec la viande des races anglaises, il y a tout intérêt à engraisser les variétés indigènes. Les petites exploitations, les cultivateurs et les journaliers, qui veulent réaliser des bénéfices certains, doivent s'inspirer des résultats connus. La perfection ne consiste pas dans l'excès de la graisse, mais dans la production la plus abondante d'une viande de bonne qualité. Le but à atteindre est la précocité avec la bonne conformation, l'engraissement bien réparti et obtenu au plus bas prix possible.

Nous terminerons ces considérations en exposant les caractères principaux qui distinguent les types recommandables pour l'élevage.

L'animal dur à l'engraissement se reconnaît aux signes suivants : tête volumineuse, oreilles grosses, épaisses, longues ; cou long ; dos et reins étroits et voûtés ; épaules étroites et maigres ; croupe courte, membres longs ; ossature très développée, queue grosse, peau épaisse, soies dures et grossières.

Dans ces conditions, la bonne nourriture, les soins affectueux et hygiéniques paraissent produire peu d'amélioration. La peau reste dure et adhérente, les os font saillie et les muscles ne s'empâtent presque pas : en un mot, on ne remarque ni l'épaisseur ni l'élargissement des diverses régions du corps.

Au contraire, le porc dont la description suit, mérite de fixer le choix de l'éleveur : Tête petite et courte, oreilles minces, cou très court, dos et reins larges, côte arrondie ; épaules rebondies et écartées, derrière large, squelette peu développé peau fine et rosée, soies rares et fines, queue amincie ; enfin, jambes grêles et courtes.

L'animal qui possède une bonne disposition à l'engraissement éprouve bientôt des modifications dans son aspect extérieur. La peau prend une plus grande étendue, les soies sont douces au toucher et toutes les formes s'arrondissent. On voit les saillies musculaires disparaître progressivement ; les éminences osseuses présentent des enfoncements produits par la graisse des parties environnantes. Le dos, les reins se recouvrent d'un lard épais et ferme, le corps devient plus lourd, les mouvements plus lents et l'animal, sans perdre la gaîté et l'appétit, reste plus longtemps couché que debout. Lorsque le sujet arrive à cette période, nous pouvons dire qu'il perd ses instincts primitifs et qu'il existe uniquement pour manger et dormir.

L'engraissement étant un état anormal pour les animaux, il importe de ne pas le pousser trop loin afin d'éviter de nombreux accidents et le point essentiel est de conserver leur santé jusqu'au jour du sacrifice. L'asphyxie, l'hypertrophie des viscères, la dégénérescence des organes et une foule d'autres maladies produisent, malheureusement, une mortalité considérable. Le propriétaire doit avoir constamment les yeux sur ses animaux ; il ne faut rien outrer car les lois naturelles ne sont pas violées impunément. On ne tarderait pas à subir les conséquences déplorables d'une négligence coupable et d'un engraissement défectueux.

CHAPITRE VI

PRODUCTION DU PORC

L'espèce porcine, lancée dans la voie du progrès, se multiplie si aisément dans nos mains qu'elle peut donner des bénéfices certains dans un temps relativement fort court. Le porc présente sur le bœuf de grands avantages, car son engraissement exige à peine douze ou quinze mois tandis que celui de l'espèce bovine demande cinq à six années. C'est une viande économique à fabriquer parce que l'animal assimile admirablement les aliments.

D'après Lawes et Gilbert, on obtient 1 kilo de bœuf avec 12 ou 13 kilos de matière sèche ; 1 kilo de mouton est obtenu avec 9 kilos d'aliments supposés secs ; et 1 kilo de porc est produit avec 4 ou 5 kilos seulement de matières supposées desséchées.

Ces chiffres, qui ont une grande valeur, doivent

encourager l'élevage de nos bonnes races indigènes très estimées dans le commerce. La statistique publiée par la consommation des valeurs de douane fait connaître le prix moyen pour l'espèce porcine.

1826	30 fr.	»
1870	120	»
1882	115	»

Depuis dix ans notre richesse en porcs s'est considérablement accrue. En 1876, la France possédait 5,810,141 animaux ; aujourd'hui nous en comptons 7,100,000.

Voici le recensement de la population porcine dans différents pays :

Etats-Unis	34.500.000
Russie	10.332.000
Allemagne	7.320.800
Autriche-Hongrie	6.995.000
Espagne	4.352.000
Angleterre	2.863.000
Suisse	2.000.000

Dans ce dernier pays le nombre des porcs relevé en 1827 accusait seulement 20,000 animaux.

COMMERCE DES PORCS

La vente des porcs a lieu dans les foires, sur les marchés, chez les cultivateurs et fermiers. Les anciens règlements de police interdisaient le commerce des animaux de boucherie et de charcuterie destinés à l'alimentation parisienne ailleurs que sur les marchés dits d'approvisionnements. Jusqu'en 1610, la foire aux cochons se tenait sur la butte Saint-Roch qu'on appelait la *foire aux pourceaux*. A cette époque, le boulevard Saint-Marcel fut désigné pour la vente de l'onctueux compagnon de saint Antoine. Plus tard furent créés les marchés d'approvisionnements. Ceux affectés à l'espèce porcine se trouvaient à la Chapelle, à Saint-Germain, aux Batignolles et à la Maison-Blanche. Aucun animal ne pouvait être introduit dans la capitale sans être accompagné d'un certificat délivré par les inspecteurs de la police attestant l'achat sur un de ces marchés (ordonnance de police du 25 septembre 1815).

Sous le régime du deuxième Empire, le commerce des bestiaux est rentré dans le droit commun et le décret du 24 févirer 1858 rend absolument libres l'achat et la vente des bestiaux destinés à la consommation de Paris.

L'ordonnance du 18 février 1859 supprime les anciens règlements et accorde toute liberté relative au commerce des porcs.

Les marchés d'approvisionnements offraient aux producteurs et marchands de nombreux inconvénients. Aussi le décret impérial du 6 avril 1859 sanctionnant le projet de créer un marché central a-t-il été favorablement accueilli.

L'emplacement choisi se trouve au nord-ouest de Paris et le vaste établissement a été construit en 1865 en même temps que les abattoirs généraux de la Villette. Ces bâtiments grandioses, reliés ensemble par un pont qui traverse le canal de l'Ourcq, occupent une superficie totale de 396,000 mètres carrés. Le marché proprement dit a son entrée principale par la rue d'Allemagne ; un chemin de fer branché à Belleville sur celui de ceinture amène à l'intérieur du marché les animaux expédiés de toutes les parties du monde. On est d'accord pour dire que le marché de la Villette, le plus beau du continent, forme une des nombreuses curiosités de la capitale. Des parquets nombreux situés sous un des hangars principaux reçoivent les porcs à leur débarquement. La vente a lieu les lundi et jeudi de chaque semaine.

Les expéditeurs accompagnent rarement leurs animaux et ils se reposent entièrement sur les commissionnaires attachés au marché.

Ces intermédiaires entre le producteur et l'acheteur sont d'une grande utilité. Les propriétaires de bestiaux ont reconnu depuis fort longtemps qu'il n'est ni commode ni avantageux de se rendre à une distance souvent très grande pour vendre leurs marchandises en personne.

Ils s'exposeraient parfois à des mécomptes dépendant d'une vente plus ou moins difficile par suite du nombre des arrivages. Les commissionnaires sont des correspondants indispensables qui indiquent quand il faut presser ou ralentir les envois de bestiaux à Paris.

Ils connaissent parfaitement les maniements, apprécient exactement le rendement et sont rompus aux difficultés du métier ; pour les ventes à terme ils ne doivent pas ignorer la solvabilité des acquéreurs et se portent toujours garants vis-à-vis des expéditeurs.

Pour devenir commissionnaire il faut répondre à certaines garanties morales, verser un cautionnement dans les caisses de la ville et prêter serment devant le tribunal de commerce. Les droits de commission perçus par ces honorables fonctionnaires sont donc la juste rétribution du temps et des soins consacrés à leur délicate mission.

Presque tous les porcs amenés au marché de la Villette sont destinés à l'abatage immédiat. Ils ont acquis un degré d'engraissement qui permet de les livrer à la consommation. Les cochons de lait vivants sont envoyés au marché de la Vallée qui se tient dans le pavillon n° 4 des Halles Centrales.

Nous donnons par ordre alphabétique le nom des départements qui envoient des porcs au marché de la Villette :

Ain, Aisne, Allier, Aveyron, Bouches-du-Rhône, Calvados, Cantal, Charente, Charente-Inférieure, Cher, Corrèze, Côte-d'Or, Côtes-du-Nord, Creuse, Eure, Eure-et-Loir, Finistère, Ille-et-Vilaine, Indre, Indre-et-Loire, Loir-et-Cher, Loire-Inférieure, Loiret, Lot, Maine-et-Loire, Manche, Marne, Marne (Haute-), Mayenne, Meurthe-et-Moselle, Meuse, Morbihan, Nièvre, Nord, Oise, Orne, Pas-de-Calais, Puy-de-Dôme, Saône (Haute-), Saône-et-Loire, Sarthe, Seine, Seine-et-Marne, Seine-et-Oise, Seine-Inférieure, Deux-Sèvres, Somme, Vendée, Vienne, Vienne (Haute-), Vosges, Yonne.

Nous recevons encore quelques envois d'Allemagne, de la Hongrie, de la Toscane, des États Sardes, de l'Espagne, de la Suisse et de la Belgique. Voici pour ces dernières années le nombre des porcs amenés au marché de la Villette :

En 1867, il était de	. . . . .	43,973
1870, —	. . . . .	150,524
1877, —	. . . . .	232,550
1880, —	. . . . .	297,896
1884, —	. . . . .	354,941
1885, —	. . . . .	352,001

Les bons porcs de l'ouest de la France sont toujours demandés à des prix plus élevés que ceux du centre. Lorsque les premiers sont cotés 57 à 60 centimes le demi-kilo poids vif, les autres sont rarement vendus au-dessus de 50 à 53 centimes. Cependant les cours varient suivant l'époque de l'année et surtout le nombre des arrivages.

Le prix moyen des porcs vivants par cent kilos est ainsi fixé pour quatre années :

1884	. . . .	128 fr. »
1885	. . . .	132 »
1886	. . . .	142 »
1887	. . . .	140 »

En principe, les animaux très gros et très gras sont peu recherchés par le commerce; les plus estimés ne présentent pas une quantité de graisse excessive et leur poids vif dépasse rarement

120 à 130 kilos. Certaines races anglaises possèdent un volume considérable dû à l'énorme quantité de graisse accumulée sous la peau et la viande ou maigre disparaît dans la masse du tissu adipeux. Ces conditions ne sont pas de nature à favoriser la vente des animaux. Dans les villes et les campagnes on demande le maigre qui donne des jambons, des poitrines, des tranches fumées et le petit-salé bien connu du consommateur. De plus chacun sait que les préparations de charcuterie se conservent d'autant mieux que la graisse n'est pas en quantité trop forte comparativement aux muscles.

Dans l'engraissement du porc il est donc défectueux d'exagérer outre mesure le développement du tissu adipeux.

Malheureusement les éleveurs ne tiennent généralement aucun compte de cette particularité. Leur but principal est de fabriquer vite et économiquement au grand détriment de la qualité des produits.

Les déceptions qui sont le résultat de cet élevage incompris ne doivent donc surprendre personne. Il ne faut jamais oublier de chercher à satisfaire les goûts du consommateur. Or, la viande noyée dans la graisse est fade, insipide, difficile à conserver et par là même fort peu estimée. Le charcutier qui tire parti plutôt du maigre pour contenter ses clients donne la préférence aux animaux demi-gras ou bien en chair. Que les agriculteurs s'inspirent de ces faits pour écouler facilement leur marchandise et s'assurer des bénéfices rémunérateurs.

A la sortie des wagons les porcs sont lavés à grande eau quel que soit le degré de température ; ensuite on les place dans les parquets pour la vente. Le bain nettoie l'animal et lui donne un aspect agréable. Lorsque la saison est humide et froide il produit souvent l'inflammation du tube digestif et des organes respiratoires.

A l'abatage nous constatons souvent des pneumonies aiguës résultant de ces arrosages forcés.

Avant de conduire le porc à l'abattoir on procède au langueyage qui comprend deux opérations :

1° L'abatage ;
2° L'examen de la langue.

Pour coucher l'animal, il suffit de le saisir par une jambe de derrière sur laquelle on produit une sorte de torsion. Le sujet, tombé brusquement à terre, est maintenu couché, malgré sa résistance, en tirant en arrière l'épaule libre. Cette méthode très rapide peut causer des luxations et des fractures. Il est préférable de saisir le cochon par les soies du dos et de l'attirer à soi pendant qu'un aide placé sur le côté opposé tire sur une jambe de derrière. On a facilement raison des mouvements de l'animal en appuyant le genou sur le cou pendant que le commis porte en arrière l'épaule demeurée libre. Ensuite on introduit dans la bouche l'extrémité d'un bâton avec lequel on maintient les mâchoires écartées.

Le langueyeur regarde attentivement la langue en se servant de la face palmaire, du pouce et de l'index. Cette opération est d'une grande simplicité en prenant la précaution d'envelopper la main droite avec un linge pour empêcher l'organe de glisser.

La ladrerie se reconnaît à la présence des vésicules dont l'aspect transparent ressort avec la couleur rosée de la muqueuse linguale. Le toucher perçoit parfaitement les petits kystes à leur dureté et leur proéminence plus ou moins prononcée. On peut compléter ses investigations par l'examen de la conjonctive qui renferme souvent des cysticerques dans son épaisseur. Nous devons dire que le langueyage n'a rien d'absolument certain et l'autopsie du sujet est seule capable de révéler l'existence de la maladie. Des commerçants peu scrupuleux tentent de tromper l'acheteur en faisant disparaître les kystes. Avec la pointe d'un instrument ou simplement d'une épingle ils déchirent la vésicule, enlèvent le grain et couronnent leur mauvaise action en frictionnant la langue avec des liquides astringents. On dit alors que le porc est *épinglé*. La fraude est facile à démasquer parce que cette opération laisse des cicatrices évidentes.

Sur le marché de la Villette les porcs reconnus ladres ne sont pas saisis vivants. Ils sont marqués d'un signe particulier et abattus en dehors du département de la Seine. La viande peut donc être expédiée à Paris après avoir subi des épluchages plus ou moins considérables.

Nous ne doutons pas que bientôt des règlements mettront fin à ces abus susceptibles de porter un préjudice grave à la santé publique.

Les animaux vendus sont marqués au feu par des lettres et des chiffres particuliers aux acquéreurs. Ceux destinés à l'abattoir de la Villette portent des nombres pairs et ceux abattus aux Fourneaux sont marqués de chiffres impairs. Un local parfaitement agencé pour la chauffe des appareils est installé dans l'intérieur du marché. Il est placé sous la surveillance d'un mandataire nommé par la chambre syndicale de la charcuterie de Paris.

La marque est indispensable pour constater l'identité des animaux et faciliter les opérations en cas de saisie ou de contestation. Autrefois on se contentait de marquer à l'aide de certaines substances colorantes ou de couper les soies avec des cisailles, mais tous ces caractères disparaissaient avec le grillage.

On est généralement tenté de supposer que le fer rouge fait éprouver de vives souffrances aux porcs qui poussent des cris épouvantables. Il n'en est rien parce que l'opération est instantanée et l'épiderme seul se trouve légèrement atteint.

Nous avons appliqué, à titre d'expérience, l'appareil *à froid* sur le dos ou les reins des cochons qui jetaient selon leur habitude des cris aigus et prolongés. La marque au feu intelligemment dirigée ne présente que des avantages.

Lorsque des animaux offrent, à leur débarquement ou pendant la durée du marché, des symptômes d'asphyxie ils sont immédiatement abattus et dépecés dans l'échaudoir banal. Ils ne peuvent sortir sans l'autorisation de l'inspecteur de la boucherie. Les animaux morts naturellement et ceux ayant été saisis pour un motif quelconque sont dénaturés et livrés à l'équarrissage.

Le transport des animaux sacrifiés soit au marché, soit à l'abattoir se fait dans des voitures couvertes, conformément à l'ordonnance de police du 3 octobre 1827.

CHAPITRE VII

MANIEMENTS

Les maniements sont indispensables pour l'appréciation de l'engraissement du porc. Leur connaissance, très difficile aux personnes étrangères au métier, ne s'acquiert que par une longue pratique et par l'habitude de palper les cordons de graisse de l'animal.

Les charcutiers accordent une grande valeur aux maniements parce qu'ils fournissent encore des indications sur l'épaisseur des muscles, la quantité de tissus adipeux, la densité et la fermeté du lard. Quand les tissus sont mous et soufflés, la graisse est en petite proportion; s'ils sont amples et fermes, la graisse est de bonne qualité. Selon que celle-ci occupe telle ou telle région, le porc est bon de tel ou tel côté; quand la substance graisseuse est développée d'une façon générale, l'animal est bon à *démarrer*, d'après le langage connu.

On constate l'abondance de la panne et du ratis par l'exploration de la sous-gorge.

En exerçant une pression sur le dos et les lombes il est facile de constater l'état de ces régions : si la peau résiste sous ces pressions le degré d'engraissement est parfait.

Le toucher des épaules permet de reconnaître les dépôts graisseux qui donnent aux jambonneaux l'épaisseur désirable.

Le maniement du contre-cœur, c'est-à-dire de l'intervalle compris entre le bord inférieur du scapulum et de l'humérus, donne également d'excellents indices. Celui de l'entre-cuisse révèle la quantité de graisse accumulée dans la région des fesses ; on apprécie avec raison l'ampleur, la fermeté et la rondeur de ces parties.

Le bourrelet graisseux qui existe sous la gorge, la largeur de la poitrine, le développement des épaules sont encore de bons indices pour juger l'état d'engraissement.

Nous ajouterons qu'il ne faut pas négliger les caractères fournis par l'âge, le sexe, la race et la santé du sujet.

Les animaux âgés ne donnent pas généralement de bénéfices aux propriétaires. Le plus souvent ce sont des reproducteurs soumis à un engraissement plus ou moins tardif. Les souffreteux privés d'un régime convenable et les malades retardés dans leur accroissement par des accidents divers sont loin de flatter la vue. Le ventre rétracté, la poitrine étroite, le dos tranchant, les membres grêles, émaciés, les soies grossières et sales indiquent bien cet état général désigné sous le nom de misère physiologique.

Lorsque le porc exposé en vente remplit les conditions d'engraissement demandé par l'acheteur, le sexe n'exerce aucune influence sur sa valeur. Néanmoins, d'aucuns prétendent que les chairs de la femelle châtrée jeune sont préférables comme tendreté et saveur à celles du mâle qui se trouve dans les mêmes conditions. Nous pensons que, sous ce rapport, il n'y a aucune différence à établir parce que la qualité de la viande dépend principalement de la race et du mode d'alimentation.

Les connaisseurs ont toujours porté leurs suffrages sur nos bonnes races indigènes améliorées par la sélection et le régime bien entendu.

Maintes fois nous avons vu les races anglaises causer des déceptions quand les acheteurs ont constaté une faible proportion de viande noyée dans des masses graisseuses.

Dans l'état de santé, le porc se couche tout de son long, soit sur le ventre, soit sur le côté du corps. Quand il n'est pas accablé par la chaleur ou les fatigues du voyage, il se lève dès qu'on le touche ; il jette des cris perçants et cherche vivement à se dérober aux excitations importunes. Après le bain, sa peau, ses oreilles et le corps tout entier présentent une teinte claire et brillante. Enfin, les yeux rosés, le groin frais, la queue en tire-bouchon indiquent un état général satisfaisant.

Nous nous résumerons en disant que le charcutier parisien jette son dévolu sur le cochon dont l'épaisseur du lard n'est pas exagérée. Il recherche le corps cylindrique pourvu de cuisses larges et épaisses ; la peau doit être mince, non fendillée, pourvue de soies rares, fines et souples.

Les procédés encore en usage pour apprécier les animaux sont la mensuration et le pesage. La mensuration est basée sur le rapport qu'il y a entre le périmètre de la poitrine et le poids de l'animal. Ce moyen n'est pas rigoureusement exact ; néanmoins il donne des résultats souvent assez justes.

Le pesage est la détermination la plus sûre du poids du corps. Dans les fermes et dans les grands centres d'approvisionnement on se sert de bascules prélablement vérifiées pour constater leur justesse.

Le praticien qui utilise simultanément les maniements et les systèmes de mesurage, peut apprécier avec une précision remarquable la valeur des animaux.

RENDEMENT

On désigne sous le nom de rendement la quantité de matières utiles produites par l'animal abattu comparativement à son poids vif. Pour nous, il doit connaître tout à la fois de la proportion du poids de la viande et de la graisse relativement au poids vif en y ajoutant les issues et toutes les parties du corps utilisables à différents degrés. Le rendement varie selon l'âge, la race et le genre de nourriture. Il est plus élevé dans l'animal adulte, à squelette peu volumineux et bien engraissé que chez celui qui se trouve dans les conditions opposées. A dépense égale le sujet jeune fournira un poids supérieur à celui d'un porc plus ou moins âgé dont l'économie n'assimile pas les aliments au même degré. On est généralement d'accord pour reconnaître que nos porcs indigènes améliorés et convenablement nourris sont toujours charnus ; au contraire les races anglaises offrent une quantité considérable de graisse mais très peu de maigre.

Nos variétés, soumises à un engraissement bien entendu, donnent des produits remarquables par leurs qualités. Nous trouvons chez le porc étranger du lard peu apte aux salaisons et fondant beaucoup à la cuisson ; la viande est peu abondante, sans goût et sans parfum.

D'après Boussingault, un porc pesant 111 kilos donne les produits suivants :

Peau avec soies	10 kil.	380 gr.
Viande débarrassée de graisse	46	020
Lard et graisse adhérente aux os, etc. . . .	25	600
Saindoux	4	630
Os dégraissés	6	910
Sang recueilli	3	240
Cœur	0	500
Poumons	0	750
Foie	1	500
Intestins, reins, cervelle, etc.	7	120
Déjections	2	620
Déchets	1	730
	111 kil.	» gr.

Il a encore constaté les résultats suivants sur un porc de huit mois à un an.

ÉTUDE DU PORC

	Avant l'engraissement.	Après l'engraissement.
Peau avec soies	8,27 p. 100	9,35 p. 100
Os dégraissés	6,91 —	6,23 —
Graisses diverses	25,57 —	27,30 —
Viande rouge	39,69 —	41,46 —
Sang recueilli	3,58 —	3,82 —
Estomac, intestins vidés	3,57 —	4,22 —
Organes	12,41 —	7,62 —

Ces chiffres démontrent que dans l'engraissement du porc qui n'a pas encore atteint son développement, il se produit au moins autant de chair que de graisse.

On a recueilli les pesées suivantes sur un porc limousin agé de 18 à 20 mois.

Poids vif	161 kil.	» gr.
Sang	4	»
Foie, poumons et cœur	4	»
Tête avec langue	7	»
Graisse des boyaux	4	»
Panne et lard	60	250
Intestins et estomac	4	500
Reste du corps	62	700
Perte	14	050

Les races françaises, améliorées par la sélection, donnent en moyenne 80 p. 100 de viande nette. Les animaux fournissent sensiblement, par cent kilos vivants, les rendements qui suivent :

Viande nette	80 kil.	» gr.
Tête	4	500
Rates et crépines	2	600
Fressures	2	300
Sang	2	500
Intestins	2	100
Contenu de l'estomac des intestins et de la vessie	2	»
Perte	4	»
	100 kil.	» gr.

M. Heuzé donne les chiffres suivants :

Viande, de	46 à 50 kil.
Lard, de	26 à 30 —
Graisse, de	4 à 6 —
Issues et abats, de	23 à 13 —
Déchet	1 à 1 —
	100 100 kil.

CHAPITRE VIII

ABATAGE ET PRÉPARATION

Le mode d'abatage du porc varie avec les localités. Nous estimons celui en usage à Paris et dans plusieurs autres villes parce qu'il diminue les souffrances de l'animal. Nous désirons le voir plus répandu surtout dans les campagnes.

Rien n'est plus triste que l'égorgement barbare, et indigne d'hommes civilisés, pratiqué dans quelques localités. Le porc saisi pousse des cris lamentables et se défend vigoureusement. Tombé à terre, il est garrotté et muselé avec des liens de paille. Un tueur d'occasion se précipite, sonde les chairs avec la pointe d'un couteau, l'enfonce maladroitement et n'arrive à ouvrir les vaisseaux qu'après des tâtonnements inouïs.

Pendant ce temps les enfants, quelquefois de grandes personnes environnent le cadavre pantelant, se livrent à des farandoles et à des chants dignes des anthropophages.

Aussi, recommandons-nous l'assommage comme il se pratique aux abattoirs de la Villette. Le tueur armé d'un maillet en bois applique un coup vigoureux sur le front des sujets amenés dans le brûloir. Cette opération est toujours confiée à une personne expérimentée afin de supprimer, dans la mesure du possible, les souffrances de l'animal. Rien ne serait plus inhumain que de voir la masse frapper le groin, les yeux ou toute autre partie du corps et produire d'inutiles tortures qui se traduisent par des cris perçants et des grognements épouvantables. Quelques auteurs sont peu partisans de l'abatage par la masse sous prétexte qu'elle permet au sang de s'extravaser dans les tissus et de favoriser leur altération. Cet inconvénient disparaît lorsque les animaux sont sains, bien reposés et que le saignement suit immédiatement l'abatage. Les avantages de la masse sont considérables : elle supprime les souffrances et les mouvements désordonnés du sujet, facilite le travail et fait gagner beaucoup de temps à la même personne. Toutefois nous préconisons le maillet en bois pour ne pas fracturer la boîte cranienne et amener l'écrasement de la cervelle. Avant d'être sacrifiés les porcs doivent se trouver à jeun depuis douze ou vingt-quatre heures afin que leurs intestins soient en partie vidés.

Quand l'assommage est négligé on couche l'animal, on le maintient sur le côté droit les jambes de derrière solidement attachées. L'opérateur applique le genou gauche sur le corps et retient la tête en arrière. Pendant que la main gauche retire le membre antérieur droit, la droite plonge dans la gorge un couteau pointu, long et bien aiguisé afin de sectionner les jugulaires et les carotides. De temps en temps, on agite l'instrument pour déplacer les caillots et on favorise l'émission sanguine en remuant une jambe de derrière et en appuyant la main sur le corps de l'animal.

Il faut éviter tout mouvement cruel et ne pas couper le gosier parce que le sang agité par l'air et les mouvements respiratoires sortirait en bouillonnements et augmenterait les tortures du sujet.

En outre, il saignerait très mal puisqu'une partie du sang pénétrerait et se caillerait dans la poitrine. Lorsque le sacrificateur a la maladresse *d'épauler* l'animal il en résulte également des inconvénients. Cette expression signifie que le couteau, au lieu de s'enfoncer fermement sur la veine jugulaire dans la direction du cœur, glisse sous les premières côtes de la poitrine, favorise l'extravasation du liquide dans le tissu musculaire et rend immangeable une certaine quantité de viande. A Paris les tueurs ont acquis, par une longue expérience, une si grande habileté que l'assommage et l'égorgement deviennent des opérations rarement défectueuses. Ces hommes aux vêtements maculés de sang ressemblent aux sacrificateurs antiques. L'ossature très forte et le cou largement découvert révèlent des muscles vigoureux et puissants. Ils sont nu-tête et chaussés de gros sabots. Un solide tortil de paille qui monte à mi-jambe enserre le bas du pantalon et l'empêche de flotter. Ornés d'une serpilière jadis blanche et armés de la trousse triangulaire où sont plantés les instruments de travail, ces ouvriers, aux sanglantes opérations, inspirent des sentiments de crainte et d'admiration.

Aussitôt l'ouverture des vaisseaux le sang est recueilli dans un vase plat, manié et agité pour empêcher sa coagulation. Ce liquide défibriné est déposé dans un endroit frais à l'abri de la chaleur, hors des atteintes des animaux et des mouches. Les animaux sont rangés côte à côte et les soies qui peuvent servir au commerce sont arrachées avec soin.

On procède alors à l'échaudage ou le grillage.

Brûlage. — Le flambage adopté par les Gaulois

est principalement en usage dans le nord de la France et en Allemagne. Il consiste à placer sur le porc un lit de paille que l'on enflamme. Quand elle est brûlée on flambe les parties qui ont échappé à l'action du feu. Ensuite on balaye la surface de la peau, on la racle avec un instrument émoussé en ayant soin de l'arroser de temps en temps avec de l'eau tiède. Quand l'animal est convenablement nettoyé d'un côté on le retourne pour procéder de même. Il faut avoir soin de chauffer fortement les onglons afin de les arracher avec facilité.

A l'abattoir général de la Villette on a essayé le flambage au gaz à l'aide d'un appareil très ingénieux. Malgré certains avantages ce procédé est provisoirement abandonné.

Echaudage. — Cette méthode employée surtout en Italie, en Espagne, dans le midi et l'ouest de la France était utilisée par les Romains.

Il consiste à plonger le porc dans une cuve remplie d'eau chaude mais non bouillante ; 70 à 80 degrés suffisent. Au bout de quelques minutes on le retire et on épile avec un racloir ; les parties qui offrent une certaine résistance à l'opération sont arrosées avec de l'eau chaude.

Les cochons de lait sont toujours échaudés. Chaque procédé a ses avantages et ses inconvénients. L'échaudage enlève bien toutes les soies et rend l'animal très propre; dans le midi de l'Europe il est même considéré comme favorable à la qualité des chairs. Le porc échaudé donne chez nous une viande molle se salant et se conservant plus difficilement.

Le brûlage ne donne pas à la peau un aspect irréprochable et souvent la dent du consommateur rencontre des soies ayant échappé au nettoyage. D'un autre côté il est expéditif, rend les chairs fermes et aptes à une bonne salaison.

La peau ou couenne sert de cuirasse aux tissus, les protège contre l'atteinte des insectes et les empêche de rancir ou de s'altérer; en outre elle est comestible au même titre que le lard. Dans le Midi, on a l'habitude de l'enlever pour la livrer aux mégissiers et aux tanneurs; dans ce cas le dépouillement s'opère préalablement au grillage.

A Hambourg, on détache la peau du porc par le moyen suivant : aussitôt après la saignée et avant le refroidissement de l'animal celui-ci est flambé durant quelques minutes dans un four chauffé à une température élevée. Le calorique soulève la couenne qui est facilement détachée à l'aide des doigts. Après cette opération l'animal est vidé et refroidi.

Dès que la toilette est terminée complètement,

l'ouvrier fait saillir avec le couteau les nerfs des pattes de derrière et passe dans les ouvertures un morceau de bois appelé *jambier* ; puis le cochon est suspendu, la tête en bas, soit aux crochets du pendoir soit sur une échelle. Cette position est nécessaire pour l'ouverture du corps. On fend le ventre depuis la queue jusqu'à la gorge en évitant de percer les intestins. Ceux-ci sont enlevés avec soin et déposés sur la table du dégraissoir. On détache ensuite les poumons, cœur, foie, rate, estomac, langue et vessie. Quand l'intérieur est débarrassé de ces organes on le lave avec un ou deux seaux d'eau et on essuie avec un linge. Autant que possible il faut s'abstenir des lavages à grandes eaux qui font perdre la fermeté aux tissus et les rendent plus susceptibles d'altérations. Nous conseillons d'enlever les traces de sang et de sécher les parties humides avec des linges ou des éponges propres.

C'est plus tard seulement que la tête est détachée du tronc et le porc divisé le plus également possible en deux parties. Pour faciliter cette opération, le *fendeur* trace avec le couteau une ligne qui commence à l'anus et se termine aux muscles du cou en intéressant toute l'épaisseur des tissus. Chaque moitié est accrochée aux ridelles de longues charrettes à deux roues qui sont dirigées aux Halles Centrales ou chez le charcutier. Les abats, déposés dans un coffre suspendu en dessous des voitures, sont immédiatement livrés aux tripiers.

Nettoyage des intestins. — On procède au nettoyage des boyaux pendant qu'ils sont encore chauds.

Pour cela il faut enlever avec la main l'épiploon, séparer les petits et les gros menus et les dégraisser à l'aide d'un couteau.

Les graisses obtenues par le raclage sont appelées *derac* ou *ratis;* elles seront mêlées et fondues avec la panne. Tous les intestins sont vidés, retournés, lavés, rincés et divisés par longueur de $1^m,50$, environ. Les lavages sont jugés suffisants quand ils n'abandonnent plus aucun détritus et que l'eau reste parfaitement limpide. On sale les intestins pour mieux les conserver. Les fuseaux (rectum) et les vessies sont également dégraissés, nettoyés et livrés au commerce de la boyauderie. Quant aux aliments, aux excréments et déchets de toutes sortes provenant de ces travaux, ils sont jetés à l'égout.

Découpage. — En principe, il est indiqué de découper le porc lorsqu'il est complètement refroidi, c'est-à-dire douze ou vingt-quatre heures après l'abatage. Il faut moins de temps en hiver et quand le sujet a été exposé dans un courant d'air.

Les viandes dépecées chaudes se prêtent mal à une coupe élégante ; elles perdent rapidement leur couleur et leur fraîcheur ; enfin elles ne donnent pas facilement aux morceaux la forme désirable.

Le charcutier divise chaque pièce suivant leur utilisation et les nécessités de son commerce.

Il commence par enlever les rognons et toute la panne de dessous. Les jambons de derrière sont coupés circulairement au point de jonction de la cuisse et du tronc. Il détache également avec précaution les jambonneaux.

Les autres parties de l'animal comprennent le rein et la poitrine.

Le rein se subdivise en cinq morceaux :

1° Le collet, formé par les vertèbres cervicales, constitue la région du cou qui reste après la décollation ;

2° Le filet fourni par les muscles psoas ;

3° La culotte, encore appelée samorie, formée par les vertèbres sacrées ;

4° L'échine formée par une partie de la colonne dorso-lombaire ;

5° Les carrés ou plates-côtes. Les côtes asternales donnent le carré couvert et les sternales fournissent les vraies plates-côtes ; les unes et les autres sont partagées en morceaux de grandeur moyenne.

Le ventre ou poitrine est fourni par le sternum et l'abdomen.

Tous les débris et fragments de viande provenant des pièces parées sont destinés au hachage.

A Londres, le porc est partagé en deux quartiers, celui de devant et celui de derrière.

Le premier comprend :

1° Les côtes minces (échine), 1re qualité.
2° L'épaule (jambonneau), 2e qualité.
3° Le ventre (abdomen), 2e qualité.
4° La tête (hure), 3e qualité.

Le deuxième quartier se divise ainsi :

1° Longe de devant (vertèbres dorsales), 1re qualité.
2° Longe de derrière (vertèbres lombaires), 1re qualité.
3° Jambe (jambon et culotte), 1re qualité.

CHAPITRE IX

CARACTÈRES DE LA VIANDE

La viande du porc, lorsqu'elle est fraîche, a une couleur rose pâle ou légèrement nacrée ; parfois elle est rouge avec un fond jaunâtre ou grisâtre. Dans les régions des membres, elle est plus dense, plus foncée et moins pénétrée de graisse que partout ailleurs. Elle est composée de fibres courtes, serrées, comme boudinées et réunies par du tissu cellulaire lâche très perméable aux globules graisseux. Les filaments musculaires sont groupés en faisceaux primitifs, ceux-ci réunis en faisceaux secondaires, puis en faisceaux tertiaires et leurs interstices sont remplis d'une substance granuleuse qui varie suivant l'accroissement de l'animal. La coupe transversale du muscle donne une surface formée par l'extrémité libre des fibres musculaires sectionnées. Cette surface, plus ou moins ferme, dense, onctueuse au toucher, constitue ce qu'on appelle le *grain*.

Lorsque, à la coupe, on rencontre une résistance molle et onctueuse, on dit dans ce cas que la viande unit à la finesse du grain une belle marbrure. La finesse du grain est en rapport avec l'âge et l'état d'embonpoint du porc ; elle est généralement plus prononcée chez les animaux jeunes, castrés et bien engraissés que chez les verrats et les truies âgées. Lorsque la viande est ferme, rosée, marbrée et qu'elle se *coupe bien,* c'est-à-dire qu'elle offre la richesse voulue en graisse, on la dit de bonne qualité. Le lard est très recherché quand il est ferme, fin, d'une blancheur de neige ou ayant une teinte légèrement rosée. Les chairs sombres et foncées en couleur, humides, molles, ternes, infiltrées, non adhérentes aux os sont généralement impropres à la consommation.

La viande des sujets jeunes et fins gras a une odeur spéciale, agréable et une saveur aromatique.

La graisse présente également des caractères particuliers. Sa coloration, sa consistance, son odeur varient selon l'espèce, l'âge, l'embonpoint, l'état de santé et l'alimentation des animaux. On la recherche quand elle est blanche, ferme, fondant entre les doigts, mais non en excès ; sa consistance est en rapport avec la prédominance de l'oléine sur les autres substances. Elle doit répandre une odeur agréable qu'elle communique à la viande et qu'il est très important de constater.

« La viande de porc de première qualité, dit
« M. Heuzé, adhère aux os, est tendre, savou-
« reuse et riche de jus, avec un arome agréable.
« Celle de deuxième qualité se détache aisément
« des os ; après sa cuisson, elle est sèche, dure,
« sans arome et sans goût. »

La chair et le lard provenant d'animaux âgés de plus d'un an et bien engraissés sont très appréciés ; les meilleurs jambons, par exemple, sont fournis par des porcs âgés de 15 à 20 mois ayant été parfaitement nourris.

Dans plusieurs localités on écorche le porc pour utiliser la couenne. Ainsi dépouillé, on pourrait confondre sa chair avec celle du veau. surtout quand le lard s'est desséché au contact de l'air. Sur l'animal entier, on reconnaît le cochon à la brièveté du cou et des membres, au toucher onctueux du lard et à la conformation anatomique de la symphyse pelvienne, qui est droite, tandis qu'elle est arquée chez le veau. L'examen microscopique des tissus donne aussi de précieux renseignements. Il n'est pas plus difficile de distinguer des morceaux de viande même après la cuisson ; la forme des os, l'état des cartilages, l'examen des fibres musculaires et la nature du tissu adipeux ne peuvent nous induire en erreur.

Nous empruntons à M. Baillet le tableau de ces différentes viandes :

	VIANDE DE PORC	VIANDE DE VEAU
Couleur...	Blanche ou rosée, plus ou moins foncée; rouge même au niveau des membres.	Blanche ou rosée.
Consistance..	Molle, généralement onctueuse; plus résistante au niveau des membres.	D'autant plus tendre que le sujet est plus jeune.
Coupe....	Très résistante; grain fin, serré. Fortement marbrée dans les régions du corps, jamais dans les membres.	Facile et grain délicat, jamais persillée.
Odeur....	Nulle, ou rappelant celle de l'espèce, voire même du sexe.	Fraîche, tournant facilement à l'aigre.
Graisse...	Graisse de couverture épaisse; graisse intérieure blanche ou d'un gris-blanc, quelquefois légèrement rosée et molle dans tous les cas. Chez le verrat âgé ou la vieille truie, la graisse extérieure forme une couche épaisse, dure, immangeable.	Graisse de couverture manque souvent. Graisse intérieure blanche ou rosée et ferme.
Constitution anatomique.	Fibres longues, serrées, réunies par du tissu conjonctif lâche, facilement pénétrable par la graisse.	Faisceaux musculaires fins réunis par du tissu conjonctif lâche à larges mailles et de consistance molle.
Cuisson...	Prompte. Employée surtout en rôtis; sa cuisson développe son odeur aromatique chez les sujets bons et fins de graisse, de même quelle accentue l'odeur du verrat chez le sujet non privé de ses organes génitaux.	Employée surtout en rôtis; sa cuisson développe l'odeur aromatique, son bouillon est fade, gélatineux.

La viande de porc possède des propriétés organoleptiques si considérables que nous pourrions l'appeler le *rédempteur de la faim*. Rangée dans la catégorie des viandes rouges avec celles de bœuf, de mouton et d'autres encore, il faut considérer que la nutritivité n'atteint son développement que chez les sujets adultes, sans vieillesse.

En admettant, avec Boussingault, que le pouvoir nutritif des aliments est proportionnel à la quantité d'azote qui reste dans leur composition, nous constatons que la chair du porc est une substance réparatrice. D'après Lawes et Gilbert, elle renferme les éléments suivants :

Fibrine et albumine	4,50
Gélatine	5,58
Matières minérales	1,50
Graisse	50,00
Eau	38,40

Brandes a dressé un tableau indiquant la quantité des matières azotées contenues dans 100 parties de chair musculaire des animaux :

100 PARTIES DE CHAIR MUSCULAIRE	ALBUMINE ET FIBRINE	GÉLATINE	EAU
Bœuf	20	6	74
Veau	19	6	75
Mouton	22	7	71
Porc	19	5	76

D'après Moleschott, 100 grammes de viande, privée de graisse et de parties tendineuses, renferment :

	BŒUF.	VEAU	PORC	CHEVREUIL.
Albumine soluble et hématine	2.25	2.27	1.63	2.10
Musculine et analogues . .	15.21	14.36	15.50	16.68
Matières gélatinisant par la coction	3.21	5.04	4.08	0.50
Graisses	2.87	2.56	5.73	1.90
Matières extractives	1.39	1.27	1.29	2.52
Eau	23.39	73.35	70.56	75.17

Les viandes de boucherie comprennent, par ordre de digestibilité : 1° le mouton, 2° le bœuf, 3° l'agneau, 4° le veau, 5° le porc.

Cette classification est inexacte, en ce sens que dans la pratique, il faut tenir compte d'un grand nombre de circonstances qui modifient la faculté digestive d'une substance alimentaire. Ainsi, nous voyons tous les jours des dyspeptiques digérer aisément du bœuf ou du porc quand leur estomac refuse une aile de poulet ou un filet de sole. On doit bien se garder de contrarier les goûts du consommateur qui est juge de la tolérance de son estomac et en vertu de cet axiome : *Optati cibi, digestio optima* (Un aliment désiré ne fait point de mal).

Parmi les causes qui ont une influence considérable sur la digestibilité, nous citerons : l'espèce de l'animal, son âge, les conditions de santé dans lesquelles il se trouve, le genre de nourriture qu'il a consommée, le temps écoulé depuis l'abatage, la manière dont il a été tué, les régions du corps et le mode de préparation.

Le cochon de lait est plus indigeste que le porc adulte, parce que dans le jeune âge la gélatine prédomine dans les tissus. Les animaux vieux fournissent des fibres serrées, dures et compactes qui les rendent d'une digestion difficile.

Le temps nécessaire pour la digestion de la chair du porc est d'autant plus court que l'animal a été élevé avec une alimentation végétale. Il en est de même quand les parties musculaires ont subi une légère mortification.

L'animal tué par effusion de sang fournit une viande plus sèche, moins juteuse et partant moins accessible à la chymification que celle provenant d'un sujet préalablement assommé. En effet, ce genre d'abatage permet au sang de se répandre en certaine quantité dans les parties musculaires.

Les morceaux qui renferment beaucoup de

fibrine musculaire sont d'une digestion facile. Il n'en est plus de même de certains organes internes tels que : le foie, les reins, le pancréas, la rate, auxquels il faut joindre la cervelle. Les poumons, les tuniques viscérales et surtout les tendons et les aponévroses sont d'une digestion bien plus difficile.

L'état d'embonpoint de l'animal a aussi son inffluence, car plus les tissus sont pénétrés de graisse et plus ils sont indigestes.

La santé est à considérer parce que les viandes provenant d'animaux malades sont naturellement indigestes et dangereuses pour le consommateur.

Enfin les différents modes de préparations culinaires doivent être pris en considération.

La viande crue ou du moins très peu cuite est très difficile à digérer ; il y a donc nécessité à la soumettre à un degré de cuisson suffisant.

Le Dr Beaumont donne le temps nécessaire pour la digestion de différentes substances. Voici le tableau des principales :

ALIMENTS	MANIÈRE dont ils sont préparés.	TEMPS EMPLOYÉ pour la chimification.	
Pieds de cochon marinés.	bouillis.	1 heure	
Tripes marinées.	id.	1 —	
Cervelle	bouillie.	1 —	45
Cochon de lait	rôti	2 —	30

ALIMENTS	MANIÈRE dont ils sont préparés.	TEMPS EMPLOYÉ pour la chimification.
Agneau	grillé	2 heures 30 m.
Bœuf	bouilli	2 — 45 —
Bœuf	rôti	3 —
Mouton	bouilli	3 —
Mouton	rôti	3 — 15 —
Porc	rôti	5 — 15 —
Tendon	bouilli	5 — 30 —

Nous constatons ainsi que les pieds de cochon marinés et les tripes marinées sont les plus faciles à digérer, et les tendons les plus difficiles.

Les diverses préparations culinaires classées d'après la digestibilité qu'elles procurent à la viande, sont : le grillage, le rôtissage, le hachis, la cuisson à l'étuvée, la cuisson à l'eau, le ragoût, la cuisson au four et la salaison.

A. *Grillage*. — Ce mode de cuisson, très ancien, communique à la viande beaucoup de sapidité, une saveur délicate et un aspect fort appétissant. La chair grillée doit sa grande digestibilité à une cuisson rapide et uniforme. Trop cuite, elle deviendrait dure, sèche, indigeste et serait indigne de tout éloge.

B. *Rôtissage*. — Il consiste à exposer la viande à

l'action d'un feu vif, en la faisant tourner, afin que toutes les parties subissent une cuisson uniforme.

On obtient un rôti délicieux quand on a soin de l'arroser avec le jus mêlé d'un peu de graisse de lard pour développer l'arome et donner au rôti une belle couleur dorée.

C. *Hachis*. — Cette forme culinaire rend les chairs indigestes. Elle consiste à diviser la viande par morceaux ténus et nombreux en ajoutant force condiments.

Il est bon d'être sobre d'épices et de faire subir aux hachis une cuisson prolongée.

D. *Etuvée*. — On désigne ainsi la cuisson sur un feu doux et en vase clos. Accommodée avec quelques condiments, la viande est tendre, délicate et de facile digestion.

E. *Cuisson à l'eau*. — La coction est en grand usage, surtout dans les campagnes, parce qu'elle est simple et qu'elle exige peu de surveillance. Une chaleur douce désagrège les fibres musculaires, coagule l'albumine et l'hématosine et dissout plusieurs matières nutritives contenues dans la viande.

On obtient avec le liquide une soupe nourrissante et saine. Un pot-au-feu de petit-salé a un goût délicieux que nous sommes loin de dédaigner.

F. *Ragoût.* — On appelle ainsi la viande cuite ou servie dans une sauce. Cette préparation rend la viande généralement indigeste, parce que l'on déguise souvent les imperfections du morceau sous une sauce très épicée. Cet excès de condiments soulève, avec raison, les anathèmes des médecins, qui interdisent les ragoûts aux estomacs délicats.

G. *Cuisson au four.* — La viande cuite au four est difficile à digérer, parce qu'il se développe parfois une huile empyreumatique provenant de l'absence de ventilation dans le four.

H. *Salaisons.* — Les viandes salées sont d'une digestion laborieuse parce que la salaison resserre les tissus, les rend denses et compactes; en revanche, ces viandes apaisent la faim pour longtemps. Les malades et les estomacs débiles supportent difficilement les salaisons.

La perte de poids est plus grande dans la viande cuite au four et rôtie que dans la viande bouillie : la perte est surtout produite par l'évaporation et par la fusion de la graisse.

M. A. Goubaux a fait des recherches très intéressantes sur les pertes de poids qu'éprouvent, sous l'influence de la cuisson, les viandes servant à notre alimentation. Le savant directeur d'Alfort donne le tableau récapitulatif suivant des trois séries d'expériences concernant la viande de porc rôtie au four :

60 morceaux de viande de porc, pesant chacun 2 kil. 500 gr.[1] représentent en totalité un poids de . . . . 150 kil.
Le poids de ces 60 morceaux, après la cuisson, est de. 97   270 gr.
Ces 60 morceaux ont donc fait une perte de . . . . 52 kil. 730 gr.
Et les pertes calculées pour 100 sont pour tous les morceaux de 35,53.

Après la cuisson, le poids de chaque morceau est :

Au maximum de.	1 kil. 810 gr.	»
Au minimum de.	1	373	333
En moyenne de	1	633	433

Après la cuisson, les pertes constatées sur les morceaux sont de :

Au maximum	1 kil. 146 gr. 666
Au minimum	0	656	666
En moyenne.	0	862	»

[1] Ration de viande fraîche pour 10 élèves.

Pertes pour 100 attribuées à chaque morceau :

Au maximum.	0 kil. 44	666
Au minimum	0 26	266
En moyenne.	0 32	95

Poids de la cuisson pour chaque élève, y compris les os :

Au maximum.	0 kil. 184	333
Au minimum	0 138	333
En moyenne.	0 162	75

Le porc, humble victime de l'ignorance et de l'ingratitude des peuples, inspire encore de nos jours l'horreur et le dégoût. La viande fournie par ce précieux animal a été diversement appréciée selon les époques, les climats, les mœurs et les croyances de l'homme. Nous savons que dans l'antiquité elle jouissait d'une grande considération chez les Grecs et chez les Romains. Hippocrate, l'immortel médecin de Cos, prétend qu'elle est bonne à ceux qui se livrent aux exercices athlétiques, comme donnant embonpoint et vigueur ; mais il défend cette chair aux malades et aux personnes délicates. Le Scythe Anacharsis écrit que « la chair du porc, de même que celle du sanglier, dessèche, fortifie et passe aisément. Le cochon de lait est pesant. En général, on trouve une chair moins succulente dans les animaux sauvages que dans les animaux domestiques, dans ceux qui se nourrissent de fruits que dans ceux qui se nourrissent d'herbes, dans les mâles que dans les femelles, dans les noirs que dans les blancs, dans ceux qui sont velus que dans ceux qui ne le sont pas [1] ».

Nous n'avons pas besoin d'ajouter que cette appréciation est parsemée d'erreurs.

D'après Oribaze, le cochon est très mauvais après le printemps jusqu'au coucher automnal des pléiades; depuis cette époque jusqu'au printemps il est très bon. Cette appréciation, quoique contraire à la vérité, indique cependant que la viande de porc est meilleure en hiver qu'en été.

L'école de Salerne déclare que préparée au vin ou à la sauce aux oignons, elle est considérée comme remède. Les produits du porc, si appréciés des Gaulois et des Francs, étaient mis à l'index par les Juifs et les Musulmans. Cette prohibition tend à disparaître avec les progrès de chaque jour. Au moyen âge, les préparations faites avec cette viande laissaient beaucoup à désirer et l'art du charcutier semblait avoir perdu son prestige antique. Plus tard, nous voyons le rôti de porc

[1] *Voyages d'Anacharsis.*

servi avec apparat sur les tables somptueuses des nobles et des riches. On ne manquait jamais de présenter, dans les festins, un porc *eschaudé*, un porcelet farci et un *bourbelier* [1] de sanglier. On servait également de nombreux cervelas flanqués d'un jambon de Mayence ou d'une hure de sanglier. Ces pièces stimulaient l'appétit des convives et exerçaient une action heureuse sur les organes digestifs.

Le médecin Haguenot nous fait connaître l'appréciation de ses contemporains pour les chairs du porc. « Le cochon en toutes ses parties nourrit beaucoup, fournit un aliment qui ne se dissipe pas aisément, et lâche un peu le ventre. Il se digère difficilement, produit beaucoup d'humeurs lentes, visqueuses et grossières. Il passe pour être contraire aux goutteux. Il convient, principalement en temps froid, aux jeunes gens d'un tempérament chaud et bilieux, qui ont un bon estomac et qui sont sujets à un grand exercice de corps : mais les vieillards, les personnes délicates et oisives ne s'en accommodent point. La graisse du cochon appelée panne est employée en médecine pour résoudre et pour amollir. Le vieux lard fondu et coulé produit de bons effets dans les

[1] Poitrine.

pustules de la petite vérole et dans les occasions où il s'agit de déterger et de consolider les plaies.

La fiente de cochon, extérieurement appliquée, est résolutive, propre pour arrêter les saignements de nez, pour l'esquinancie et pour la gale.

Enfin, le fiel de cochon *fait croître les cheveux*, déterge et guérit les ulcères de l'oreille[1]. »

Rabelais ne fait pas grand cas des produits du porc, car il dit que « les saucisses, les andouilles, les cervelas et autres *compulsoires* de buvettes n'est point viande *moult* louable ».

Toussenel, au contraire, proteste contre la déplorable réputation faite à cet animal par les estomacs débiles. En considérant que presque tous les pays l'utilisaient comme nourriture, nous devons comprendre son importance dans le règne animal. Il n'est pas, dans nos campagnes, un seul cultivateur aisé qui ne tue un porc chaque année, à la fin de l'automne. Les médecins modernes reconnaissent, généralement, de nombreux avantages à cette alimentation. Bouchardat, dont l'autorité ne peut être contestée, constate que la chair du porc est tendre et savoureuse.

---

[1] Haguenot. *Aliments tirés du règne animal.* Avignon, 1771, in-12, p. 124.

Nous savons tous qu'elle plaît à l'état frais soit en filet, soit en côtelettes convenablement rôties.

Lorsqu'elle provient d'un sujet ayant atteint son développement par une nourriture bien choisie, elle est plus nourrissante que les viandes blanches.

En effet, le régime du lait associé aux farines dans les derniers jours de l'engraissement produit une viande délicate, parfumée et d'une digestion facile ; en même temps, le lard est ferme et d'une blancheur de neige. Au contraire, les déchets de boucherie, les têtes de mouton, la viande de cheval, en un mot la nourriture animale communique au porc un mauvais goût qui sent trop le carnassier. Nous ferons la même remarque pour les soupes, le marc de suif ou pains de cretons, etc... qui rendent les tissus mous et insipides. Si les porcs très gras ne fournissent pas toujours une viande de premier choix, ceux qui sont maigres offrent aussi des inconvénients ; leurs tissus sont durs, coriaces et dépourvus de sapidité ; grillés ou rôtis ils deviennent filandreux et perdent toute saveur aromatique. C'est pour cela que nous préférons la viande entrelardée, fine et délicate d'un animal dont l'état d'embonpoint n'est pas en excès.

L'âge, le sexe et d'autres circonstances modifient encore la qualité de la viande. Ainsi celle du verrat ou du porc cryptorchide a souvent un goût désagréable quand elle n'est pas devenue immangeable après la cuisson.

Nous allons rapidement passer en revue les nombreux avantages alimentaires du porc considéré, bien à tort, comme un animal immonde. Arrêtons-nous un instant devant cet imposant *craonnais* couché tout de son long dans un parquet du marché de la Villette ? Il se repose des fatigues d'un voyage long et fatigant ; son groin frangé d'une légère écume a des frémissements nombreux et bizarres. Sa peau luisante, rosée, garnie de soies fines, forme sur tout le corps des bourrelets de graisse ; de temps en temps il lève sa forte tête en montrant des yeux qui brillent d'un éclat cynique.

Hélas ! notre imposant animal tombera bientôt sous la masse du sacrificateur et sa chair se transformera en préparations appétissantes dans le laboratoire du charcutier. Une partie sera vendue à l'état frais, sous forme de jambon, de côtelettes ou autres morceaux très prisés dans les villes et les campagnes ; le reste sera utilisé pour la confection des saucisses, boudins, saucissons, galantines, pâtés, pièces fumées, boucanées, etc... Tous ces produits ont une grande valeur aux yeux du citadin qui s'en accommode très bien par économie, paresse, goût ou pour toute autre raison. Nous savons combien sont recherchées les préparations suivantes : cervelas de Lyon, jambons de Bayonne, de Mayence, andouilles de Troyes, andouilles blanches d'Amiens, andouillettes de Châlons-sur-Marne, langues fourrées de Troyes et de Besançon, saucissons de Lyon, Mayence, Milan, Arles, Bologne et Vérone, pieds de cochon de Sainte-Menehould, pieds farcis de Modène, mortadelles de Bologne et une quantité innombrable de produits étrangers. Toutes ces préparations qui sortent pour la plupart de la cuisine du charcutier de la capitale font certainement les délices des Parisiens.

A la campagne, la viande de porc fraîche, salée ou fumée fait la richesse alimentaire des travailleurs. Ils en font des potages délicieux très nutritifs qui les aident à supporter les plus rudes labeurs.

On a reproché à la viande de porc la graisse qu'elle renferme en plus ou moins grande quantité. Or, nous savons que les corps gras ont pour fonctions de produire la chaleur animale; c'est pour cela que les aliments riches en graisse sont préférés dans les pays froids. On a encore observé que ces substances accélèrent la dissolution des aliments azotés.

Lehmann a constaté que les matières albuminoïdes privées de graisse restaient plus longtemps dans l'économie et demandaient beaucoup plus de temps pour la chymification que les mêmes matières imprégnées de graisse. Celle-ci doit donc entrer pour une large part dans notre alimentation.

Liébig prétendait que la force musculaire avait pour origine la nourriture azotée.

L'expérience nous oblige d'abandonner cette manière de voir. Ce sont les aliments hydrocarbonés et surtout les graisses qui développent au plus haut degré la force musculaire. Quand les chasseurs tyroliens font de longues excursions dans leurs hautes montagnes, ils se munissent de graisse, sachant parfaitement qu'ils résisteront mieux à la fatigue en se nourrissant de la graisse plutôt que de la chair. De son côté, le professeur Bouchard dit qu'il est d'une sage économie de puiser la force musculaire directement dans les substances grasses.

Nos populations agricoles trouvent donc dans la consommation de la viande de porc les éléments nécessaires à la réparation de leurs forces.

Nous comparons la vie à une lampe toujours prête à s'éteindre et nous ne devons jamais oublier de donner le combustible qui lui est nécessaire. Bien souvent nous avons vu des personnes anémiques revenir à la santé après quelque temps d'un séjour à la campagne.

L'alimentation n'est pas sans influence sur la santé, car l'usage de la viande de porc amène insensiblement l'augmentation ainsi que la quantité proportionnelle de globules et de fibrine dans la masse du sang.

Toutes les préparations de viande de porc sont estimées dans les hôpitaux et les asiles de la vieillesse ; aussi l'administration de l'Assistance publique fait-elle annuellement d'importantes adjudications de charcuterie. Celle-ci est également recherchée du marin et du troupier. En campagne la viande salée dispense de l'approvisionnement en sels et en épices. Pendant la guerre de 1870-71, la garnison de Metz n'aurait pas enduré d'horribles privations par le manque de sel si les salaisons n'avaient pas fait défaut.

Disons encore que les charcuteries relèvent le goût des autres aliments et stimulent les fonctions digestives. On prévient ainsi le dégoût et la satiété, on empêche l'estomac de se fatiguer et on obtient un régime varié indispensable pour faire fonctionner régulièrement la machine animale.

Un assortiment bien choisi de charcuteries est toujours le bienvenu sur la table du Parisien ;

l'ouvrier surtout a un goût prononcé pour les boudins, saucisses, langues, jambons et autres préparations. Le voyageur attardé trouve toujours chez le charcutier des comestibles tout prêts pour le repas qu'il arrose de petit-bleu et assaisonne de franche gaîté. Il n'existe pas d'agape nocturne sans les tranches de saucisson renforcées d'une volaille bourrée comme un canon de chair à saucisse. Ajoutons à tous ces avantages celui de faire vivre toute une corporation fort honorable qui s'ingénie à perfectionner un art cher aux gourmets.

En résumé, le porc élevé dans l'humble logis du pauvre ou engraissé dans la porcherie modèle de l'industriel fournit une viande très estimée qui se transforme en nombreux produits d'un prix accessible à toutes les bourses et réunissant l'universalité des suffrages.

CHAPITRE X

ALTÉRATIONS DE LA VIANDE DE PORC

Les viandes de porc offrent, entre toutes celles de boucherie, la plus grande résistance à la décomposition.

Cela tient à la fermeté des tissus, à la densité des fibres musculaires et aussi à l'absence du soufflage qui favorise toujours la putréfaction. Celle-ci est accompagnée de substances nouvelles et particulièrement de gaz dont plusieurs se font remarquer par leur odeur fétide.

M. Pasteur admet deux phases distinctes dans le phénomène de la décomposition des matières organiques. Sous l'influence d'éléments vivants, appelés vibrions, les substances d'origine animale complexes se transforment d'abord en produits plus simples, sans que l'action de l'air devienne nécessaire.

La seconde phase s'accomplit sous l'influence de végétaux microscopiques (mucors, mucédinées) qui vivent aux dépens des substances plus simples et les oxydent rapidement en produisant de l'eau et des gaz divers.

La putréfaction est subordonnée à des influences atmosphériques nombreuses parmi lesquelles nous citerons spécialement : l'humidité, la chaleur et l'électricité.

L'air sec a toujours une action manifeste sur les tissus en resserrant la trame musculaire et en donnant à la viande, même de très bonne qualité, une teinte noirâtre plus ou moins accusée. Le soleil, le vent sec produisent absolument les mêmes effets.

Il suffit de faire des coupes sur les parties superficielles de la viande pour en constater la qualité et la salubrité.

Les pluies, les brouillards et les temps humides ramollissent les fibres musculaires et communiquent aux tissus une couleur blafarde plus ou moins prononcée ; la mollesse est quelquefois tellement grande que les parties conservent les cavités formées par la pression des doigts. L'odeur est d'abord celle de relent, puis elle devient acide et plus tard fétide.

Au début de l'avarie, la viande laisse suinter

un liquide incolore analogue à un sérum épais. Lorsque l'humidité persiste ou que la chaleur se joint à cet état hygrométrique, la décomposition se traduit par une forte odeur ammoniacale ; en outre, la graisse, les aponévroses et les muscles reflètent des tons verdâtres. Ces tissus boursouflés, visqueux et friables donnent, en les malaxant, une bouillie sanieuse ; à ce moment, ils dégagent des gaz hydrogènes, phosphorés et sulfurés. L'examen microscopique révèle la présence, dans les parties liquides, d'une grande quantité de vibrions septiques. Dans les viandes en décomposition se rencontrent des alcaloïdes très dangereux pour notre organisme et connus sous les noms de *ptomaïnes* et de *leucomaïnes*.

La température chaude et orageuse amène des effets identiques, mais plus rapides si la viande provient d'un animal sacrifié depuis un certain temps.

Enfin, quand la maladie, la fièvre ou la mort ont déjà déterminé des désordres profonds dans la trame musculaire, les influences atmosphériques sont encore plus sensibles.

Les organes internes, tels que : cœur, foie, poumons, rate, reins, etc... subissent les mêmes altérations.

Aussi, tous ces produits ne peuvent être utilisés,

car l'odeur fétide qu'ils dégagent ne fait qu'augmenter par la cuisson.

Descendre à la cave de la viande fraîche, pour la conserver, est une erreur très répandue dans les campagnes. Les pièces déposées dans des locaux plus ou moins humides ne tardent pas à se ramollir et à s'imprégner d'une odeur insupportable qui en rend l'usage alimentaire dangereux. Quand on veut conserver, pendant quelque temps, des morceaux de viande, il faut toujours les placer dans un endroit sec et bien aéré, au grenier par exemple.

L'humidité accélère toujours la décomposition des substances animales et il suffit d'une journée très hygrométrique pour donner une mauvaise odeur aux tissus. Quand la chaleur se joint à l'humidité, les insectes naissent par myriades et les moisissures se développent spontanément. Ces productions accidentelles sont des champignons filamenteux, parmi lesquels nous trouvons le plus souvent le *penicillium glaucum* et l'*aspergillus glaucus*.

Le premier de ces cryptogames offre d'abord la forme d'une végétation blanche qui prend bientôt une teinte gris bleuâtre. Son *mycelium*[1] ou blanc

---

[1] Μυχης, champignon.

de champignon est formé par des filaments fructifères et cloisonnés produisant un réceptacle pénicilliforme. On ne peut le confondre avec l'aspergillus glaucus puisque les filaments de ce dernier sont unicellulaires, non cloisonnés et renflés en massue (claviformes) à leur extrémité.

Quel que soit leur genre, ces végétaux présentent une petitesse et une fragilité extrêmes ; ils croissent à la surface de la viande et pénètrent dans son épaisseur sous la forme d'un réseau filamenteux très serré. Au début de leur formation leur teinte est blanchâtre, elle devient rapidement grisâtre et enfin verdâtre.

La consommation des viandes moisies est très dangereuse pour la santé de l'homme, car des troubles gastriques et des intoxications ne tardent pas à se produire.

Nous mentionnerons encore les viandes qui dégagent parfois des odeurs de pharmacie. Ces émanations, produites par des causes encore inconnues, sont celles de l'assa fœtida, valériane, ail, etc… Le sang de ces viandes contient souvent un bâtonnet qui se colore avec les réactifs.

Les charcutiers utilisent aussi un papier épais et jaunâtre qui communique à la chair fraîche, au bout de quelque temps, une odeur tout à fait désagréable. Il est donc prudent, dans ces conditions, de ne pas laisser les viandes trop longtemps enveloppées.

Entendez-vous, pendant l'été, le bourdonnement de ces essaims de mouches qui s'introduisent dans nos appartements, souillent nos mets et nous importunent sans relâche ? Ces parasites ailés sont encore redoutables par les œufs qu'ils déposent sur les viandes cuites ou crues dont ils accélèrent la décomposition.

La mouche bleue ou vomisseuse (*musca calliphora*) est l'ennemi terrible de nos provisions de bouche. Elle se reconnaît au thorax noir, à l'abdomen d'un bleu métallique et au corps entièrement couvert de longs poils noirs.

Chaque ponte se compose de 200 œufs environ que l'insecte dépose avec précaution dans les interstices musculaires. L'œuf est blanc, irisé, plus long que large et arrondi à ses deux extrémités. L'éclosion, faite vingt-quatre heures après la ponte, donne le jour à des larves à odeur fétide et semblables à des vers blancs. Elles absorbent la matière nutritive de la viande et déterminent rapidement son altération.

La mouche grise (*musca carnaria*), remarquable par son extrême fécondité, produit des millions de larves dans l'espace de cinq à six mois.

On la distingue à son corps jaune doré, à son

thorax gris et à son abdomen rayé de taches noires mêlées de blanc.

Ce parasite est armé de crochets et d'un dard pour diviser, racler, déchiqueter les morceaux de viande auxquels il ne reste bientôt que la partie fibreuse et tendineuse.

La mouche dorée (*musca cæsar*), encore appelée mouche des cadavres, a le ventre doré, tandis que la tête et le corselet sont bleus. Ses larves sont désignées sous le nom d'*asticots*.

La mouche ordinaire (*musca domestica*) est trop connue pour en faire la description, car elle fait le désespoir des bouchers, charcutiers et ménagères.

Quand la ponte des larves est toute récente, il suffit d'enlever les parties envahies ; tout morceau de viande garni de vers et ayant un aspect gluant doit être éliminé de la consommation. Non seulement les œufs déposés sur nos aliments nous inspirent une grande répugnance, mais des cas de myasis causés par leur ingestion ont été plusieurs fois signalés.

On rapporte que les bouchers et les charcutiers de Genève garantissent les viandes de l'approche des mouches en frottant les murs et les boiseries avec de l'huile de laurier.

Lorsque la viande a été soumise à la cuisson elle est susceptible d'altérations ; la conservation des produits de charcuterie, salés, cuits ou fumés ne doit pas être poussée trop loin. Les viandes bouillies, rôties, grillées ne se gardent guère au delà de trois ou quatre jours suivant, la température ; après ce délai elles acquièrent un goût acide comme le bouillon aigri ou sur. Abandonnées dans un endroit humide, elles se couvrent des moisissures dont nous avons parlé ; bientôt, elles dégagent une odeur forte, désagréable et tellement repoussante que l'estomac ne pourrait accepter un pareil aliment. Il faut la force de l'habitude pour disposer l'estomac à digérer de la viande avariée, car les substances corrompues inspirent généralement une répugnance insurmontable.

En outre, elles peuvent être nuisibles à la santé et si la maladie ne porte pas de plus grands ravages parmi les amateurs du faisandage, nous en trouvons le motif dans les propriétés antiseptiques d'une bonne cuisson. Malheureusement ce moyen devient parfois illusoire et l'esclave de la gourmandise paie à la tombe un tribut anticipé.

D'une manière générale, les préparations de charcuterie bien conditionnées sont fermes et résistent à la pression des doigts ; leur coupe franche et nette donne la couleur rosée qui caractérise la fibre musculaire; la graisse blanche, ferme, onctueuse dégage une odeur douce et agréable. La saveur varie avec la nature du produit préparé et avec les condiments ou épices utilisés.

Les boudins ordinaires, les boudins fumés, les saucisses et saucissons sont susceptibles d'une altération très rapide. La décomposition atteint notamment les boudins fabriqués avec des oignons cuits et des cretons quand le sang employé n'est pas bien frais.

La fabrication de plusieurs produits, des saucissons par exemple, est une belle occasion pour le charcutier peu scrupuleux de tirer profit des viandes gâtées et de masquer leur odeur fétide par l'abondance des aromes condimentaires.

Au début, l'altération du saucisson se traduit par de la mollesse, une nuance terne, une odeur désagréable et une saveur aigrelette; en mâchant un morceau déjà piqué, on perçoit un goût âcre qui prend à la gorge. Dans la décomposition plus avancée, le saucisson est tout à fait mou, il donne au toucher une sensation humide, visqueuse et gluante, sa coupe est grisâtre et les morceaux de lard sont de couleur verdâtre. En le brisant, on obtient une cassure irrégulière, filandreuse, une odeur acide et une saveur piquante indiquant que le saucisson est échauffé. Enfin son aspect est repoussant quand la putréfaction a accompli son œuvre ; il est enduit, à l'extérieur, d'un vernis gras et recouvert de moisissures et de parasites. En le cassant, on constate la présence des débris de mucédinées en nombre tellement considérable qu'ils constituent de véritables nids autour desquels la substance musculaire a complètement disparu. Il se forme souvent d'autres productions qui ont une grande analogie avec l'*adipocire* ou gras de cadavre. L'odeur du saucisson est alors nauséabonde et repoussante, la coupe révèle la teinte gris verdâtre de la chair putréfiée et les morceaux de lard jaunes verdâtres donnent avec les autres tissus une matière pultacée qui répugne à nos sens.

Quand le saucisson est très vieux, il subit une véritable momification ; il est dur, grisâtre, racorni et présente dans son intérieur des trous nombreux qui résultent de la disparition d'une partie des tissus. Les derniers vestiges de matières animales s'émiettent et se réduisent en poussière à l'instar des restes d'une momie.

On peut constater toutes ces variétés d'altération sur des saucissons bien enveloppés mais ayant été entamés depuis un certain temps.

Nous rencontrons aussi des moisissures sur leur enveloppe sans aucun autre désordre. Il suffit, pour leur rendre un aspect appétissant, de les essuyer avec un linge légèrement huileux.

L'examen sérieux des épaules, jambons et des grosses pièces nécessite des coupes faites avec l'instrument tranchant. La couleur lie de vin, terne, grisâtre, l'odeur forte, ammoniacale, nauséabonde, la mollesse anormale des tissus caractérisent leur altération. Celle-ci est surtout sensible au voisinage des os ; en incisant la masse charnue on constate une teinte verdâtre et une odeur fétide.

Avec la sonde on obtient aussi de bons résultats parce qu'elle permet de percevoir l'odeur de toutes les parties internes ; seulement il est utile de bien fermer les ouvertures, par la pression des doigts, pour éviter l'entrée de l'air.

C'est dans le but de prévenir cet inconvénient qu'on emploie très rarement le sondage dans l'examen des saucissons et pièces analogues.

La science, dit Arnould, n'est pas encore suffisamment fixée au sujet des modifications qui s'accomplissent dans une matière animale en putréfaction.

Toutefois, indépendamment des connaissances acquises sur les vibrions septiques et des travaux faits sur la pepsine, il y a lieu de tenir compte des données nouvelles sur les ptomaïnes. L'action vénéreuse de ces alcaloïdes ne paraît pas contestable.

Dans l'autopsie médico-légale d'une femme morte dans un court espace de temps, après avoir mangé de l'oie farcie, M. Brouardel n'a trouvé aucun fait, sauf l'absorption d'une ptomaïne, pour expliquer la mort.

On fait remarquer (Robert) que les alcaloïdes toxiques se développent surtout quand le cadavre inhumé et soustrait à l'action de l'air vient à être de nouveau influencé par l'oxygène.

Depuis quelque temps, on attribue aux leucomaïnes une action vénéneuse sur l'organisme humain.

Bien avant ces découvertes, la cause précise de l'empoisonnement par les substances alimentaires altérées était encore un mystère. Les uns admettaient la production des acides gras vénéneux, les autres pensaient que le *botulisme* était dû à la présence d'un petit champignon se développant dans les viandes putréfiées.

Quoi qu'il en soit, il est de toute nécessité d'exclure de l'alimentation les produits corrompus, pourris, moisis et qui se montrent très acides au papier d'épreuve.

Nous avons vu que les préparations de charcuterie comprennent une grande variété d'articles fabriqués avec les chairs du porc. Mais ce n'est pas la seule viande utilisée, car le bœuf, le taureau, la vache, le veau, le cheval, l'âne, le mulet, quelquefois le chien, les volailles, etc... entrent dans des mélanges plus ou moins réussis. Le sang de veau ou d'autres animaux sert à la fabrication du boudin.

On emploie beaucoup les intestins de mouton, de bœuf, de cheval, etc... à titre d'enveloppes.

Nous conseillons toujours de ne pas les manger parce qu'étant racornis par le feu ils sont indigestes; de plus, il peuvent renfermer des parasites nombreux. Ainsi, les intestins du porc recèlent fréquemment des cysticerques, des trichines et d'autres helminthes. M. Raillet dit que le *balantidium coli* est très commun chez le porc français.

Les altérations frauduleuses des charcuteries se font surtout en augmentant le volume ou le poids de la substance, en embellissant son aspect extérieur et par le mélange de matières diverses. Cependant, il y a des habitudes locales qui ne constituent pas des sophistications; ainsi, dans le Nord, les saucissons renferment des grains de raisin sec en plus ou moins grande quantité. Mais il faut se mettre en garde contre certaines fraudes qui méritent la réprobation générale. On nous expédie d'Allemagne, sans aucun scrupule, des boudins et saucisses agrémentés de fécule, de pommes de terre et de spath. Le mélange de mie de pain, de fécule et de viande n'est pas rare dans le saucisson.

La fécule est facile à reconnaître à l'aide de la teinture d'iode qui donne une couleur bleu-violet. La présence de la mie de pain est encore plus simple à découvrir par l'examen microscopique.

Pour donner un aspect appétissant aux saucisses, on se sert de la cochenille et de l'aniline. Ces couleurs, qui peuvent contenir de l'acide arsénieux, sont très dangereuses.

Voici le procédé pour les reconnaître :

On place un morceau de saucisse dans un verre à réaction, on ajoute de l'alcool et on agite le mélange. Si l'alcool prend insensiblement une teinte rouge, il est certain que la charcuterie contient de la matière colorante artificielle.

M. Lambert, pharmacien à Lyon, signale une fraude qui se pratique couramment dans sa localité. On sait, dit-il, que les viandes, lors même qu'elles ont été cuites, salées et fumées, sont susceptibles de devenir vénéneuses au bout d'un temps plus ou moins long ; aussi les charcutiers ont-ils plus que jamais intérêt à donner à leur marchandise une apparence de fraîcheur. C'est pour cela qu'un grand nombre d'entre eux teignent en rouge la chair de porc qu'ils font entrer dans leurs préparations, afin de masquer la décoloration spontanée qui est un des indices les plus apparents de la vétusté de le viande.

Cette falsification est, depuis longtemps déjà, pratiquée sur une grande échelle, à Lyon du moins. J'ai eu, récemment, l'occasion d'examiner une liqueur rouge vendue pour teindre la charcuterie : c'était une solution aqueuse de cochenille ammoniacale. Une semblable solution teint fort bien les fibres animales : laine, soie, muscles ; mais elle ne colore pas du tout les matières grasses. Celui qui fabrique et ceux qui achètent cette teinture seraient donc mal fondés à soutenir qu'elle sert à préparer la graisse rouge avec laquelle les charcutiers parent certains de leurs produits.

La teinture de la viande, quelque inoffensifs que soient les colorants employés, est une pratique répréhensible qui devrait être sévèrement interdite. En effet, déguiser l'altération qu'a subie une substance alimentaire, ce n'est pas seulement tromper sur la nature de la chose vendue, c'est bien souvent se rendre coupable d'empoisonnement[1]. »

Les industriels qui utilisent le chromate de plomb pour colorer les enveloppes des jambons doivent être l'objet de pénalités, parce que ce sel

[1] Bulletin de la société de pharmacie de Lyon. 1886.

introduit, à faibles doses, dans l'organisme produit l'intoxication. Les morceaux de viande qui auront été enveloppés avec des toiles ainsi coloriées seront grattés avec beaucoup de soin jusqu'à ce que la couleur jaune ait complètement disparu.

Lorsque les saucissons commencent à se ramollir, à se couvrir de moisissures, en un mot à s'user, on les rajeunit en leur donnant une deuxième enveloppe. Il est facile de démasquer la fraude en pratiquant des coupes et par la pression des doigts.

Plusieurs charcutiers enjolivent leurs produits avec des graisses teintes en rouge ou en vert. Ces substances contiennent parfois des composés arsénicaux qu'il faut prohiber rigoureusement. On doit encore s'abstenir de préparer les charcuteries dans des vases en cuivre ou en plomb non étamés ou malpropres.

Nous avons signalé l'emploi frauduleux de la viande de cheval, préablement décolorée par l'eau bouillante, pour la fabrication des saucissons.

Enfin, nous savons que le commerçant peu scrupuleux met à profit la difficulté de constater la fabrication du saucisson pour tirer parti de tous les déchets de viande avariés, les hacher, les épicer fortement et les faire cuire.

CHAPITRE XI

INFLUENCE DES ALIMENTS SUR LA PRODUCTION DU PORC

L'alimentation imprime à l'organisme des modifications nombreuses et importantes qu'il ne faut jamais perdre de vue. Elle a pour double but d'animer et de transformer la machine animale, surtout chez le porc dont la croissance est plus rapide que dans les autres animaux.

Les substances destinées à la reconstitution du sang, à la nutrition des organes et à l'accroissement constant des tissus proviennent principalement des plantes et des animaux. Les éléments nutritifs sont disséminés en proportions variables dans la racine, la tige, la feuille, la fleur, le fruit et dans toutes les parties des végétaux

Les racines molles, succulentes et convenablement préparées constituent un aliment recherché. Un grand nombre de tiges herbacées renferment des propriétés qui les rendent précieuses pour la nutrition. Des principes assimilables existent dans les fleurs et les feuilles en quantité plus ou moins abondante.

Les fruits mous, pulpeux et secs peuvent aussi être utilisés parce qu'ils sont généralement riches en sucre, en fécule en azote.

Les graines légumineuses et les céréales sont remarquables par leur quantité de substances protéiques et azotées.

Les matières animales, la chair et le sang, sont composées de substances qui se transforment très facilement en principes nutritifs.

Enfin, certaines substances minérales, l'eau, le sel marin et plusieurs autres sels sont indispensables au bon entretien de l'organisme et au développement progressif de tous les tissus.

« Il faut, dit M. Colin, de la fibrine, de l'albumine et d'autres principes azotés pour la reconstitution du sang, le développement du système musculaire ; du sucre, de la fécule, des gommes pour la respiration et la production de la chaleur animale ; des matières grasses pour le tissu adipeux et la sécrétion du lait ; enfin, il faut toutes ces matières, ou la plupart d'entre elles, pour divers usages, et notamment la formation des produits de sécrétion. Si les premiers principes existaient seuls dans les aliments, ils viendraient se brûler en partie sous l'influence de la respiration et se trouveraient plus ou moins distraits de leur destination principale, d'où la nécessité des seconds pour les phénomènes de combustion opérés dans les poumons ou au sein des tissus.

De même, si les graisses n'étaient pas associées aux précédents, elles brûleraient elles-mêmes et ne pourraient, par conséquent, servir ni à l'engraissement, ni à la sécrétion du lait. Enfin, si les substances salines ou minérales n'existaient en assez grande quantité dans l'aliment, le système osseux ne pourrait se développer ; l'os privé de ses éléments solides deviendrait cassant. D'ailleurs les jeunes animaux resteraient rachitiques, les femelles pleines ne pourraient suffire à l'ossification du squelette des petits qu'elles portent, si ces matières minérales venaient à leur manquer. »

En nous basant sur la prédominance des principes immédiats qui existent dans les aliments, nous voyons qu'ils peuvent être ligneux, mucilagineux, acides, sucrés, graisseux, etc.

Le ligneux n'étant pas dissous par les sucs de l'estomac, on doit l'administrer aux animaux, seulement mélangé à d'autres aliments.

La gomme et les mucilages constituent une nourriture relâchante. Au nombre des végétaux qui en contiennent une grande quantité nous pouvons placer au premier rang la carotte et la betterave.

Les végétaux acides renferment généralement du sucre, du mucilage et d'autres qui modifient leurs propriétés premières. Cependant, ils sont toujours plus rafraîchissants que substantiels.

Le sucre est un aliment respiratoire très favorable à l'adipogénèse. Dans les végétaux on le trouve constamment associé à d'autres principes en proportions très variables. L'amidon, qui peut être considéré comme une alimentation moyenne, existe dans les graines légumineuses, dans les pommes de terre, etc. Ce principe est moins nourrissant que le gluten, mais il favorise la digestion de ce dernier.

Les matières albuminoïdes, si nombreuses dans les légumineuses, sont très nutritives ; absorbées en trop grande quantité elles peuvent développer des maladies inflammatoires.

Les huiles fixes que nous rencontrons dans les graines oléagineuses — farine, chènevis, colza, lin — sont toujours associées à d'autres principes variant selon la nature de l'aliment.

Les matières grasses conviennent admirablement pour l'engraissement des cochons. Nous regrettons qu'elles soient susceptibles de communiquer aux tissus une saveur peu agréable, au lard et à la graisse une couleur et une consistance laissant à désirer.

Le tannin jouit de propriétés astringentes capables de nuire quand la quantité devient trop forte ; en tout cas, il ne semble pas être un aliment nutritif. Le principe amer, souvent uni au tannin, donne de la tonicité aux aliments.

La résine qui existe dans l'avoine et dans la carotte jouit de propriétés stimulantes dont nous ne pouvons contester l'utilité.

La connaissance rigoureuse de ces principes doit servir de guide dans la nourriture du porc.

Nous allons considérer l'influence des aliments au point de vue de la nutrition, de la croissance, de l'engraissement et de la qualité des animaux.

Les substances dures, coriaces, ayant une grande cohésion fournissent peu de principes nutritifs ; ils traversent le tube digestif en résistant à l'assimilation et peuvent même irriter les organes qu'ils parcourent. Les corps poreux sont faciles à triturer et ils s'écrasent sans grands efforts : introduits dans l'estomac, ils s'imprègnent de suc gastrique, fermentent et se transforment en chyme.

Il y a des aliments qui cèdent très facilement aux organes de la chymification pendant que d'autres résistent quelquefois longtemps à la force digestive. En général, les substances qui plaisent sont de facile digestion ; le cochon est bien peu sensible à l'impression exercée par le goût et l'odorat. Sa gloutonnerie le rend commode sur le choix de la nourriture, surtout quand il est aiguillonné par la faim. Cette imperfection relative des sens doit nous guider dans la distribution des aliments. On doit soigneusement éliminer les produits qui sont doués de propriétés narcotiques, vireuses ou vénéneuses.

Depuis sa naissance, l'animal se développe, grandit et augmente de poids ; après le sevrage, il absorbe graduellement des substances nouvelles qui concourent à l'accroissement général de l'organisme. Nous savons que la croissance du corps chez les sujets mâles est relativement plus considérable que celle des femelles ; toutefois les cochons d'Inde font exception et dès la naissance et pendant les deux mois suivants, le poids des mâles est inférieur à celui des femelles ; plus tard, c'est l'inverse qui a lieu.

Les aliments de croissance par excellence sont ceux qui contiennent la graisse, le sucre, les matières amylacées, albuminoïdes et minérales en grande proportion. Les légumineuses, qui fournissent non seulement des substances amylacées mais encore du phosphate de chaux, contribuent puissamment à la formation du tissu osseux. Ces aliments sont donc plus indispensables, dans le jeune âge, que ceux contenant de fortes quantités d'azote et de protéine. L'activité de la croissance est soumise à l'abondance des aliments. L'animal grandit peu dans la disette et beaucoup si la ration est forte. Du reste, la précocité des animaux est subordonnée à la quantité et à la qualité de la nourriture.

Les porcs que l'on conduit, en temps utile, au pâturage ou à la glandée trouvent naturellement une alimentation appropriée à l'économie. C'est pourquoi il est nécessaire de rendre le régime de la porcherie au moins aussi substantiel que celui reçu en liberté.

L'engraissement, généralement commencé vers l'âge de huit ou dix mois, se continue jusqu'à ce qu'il soit jugé à peu près complet, c'est-à-dire pouvant donner des résultats satisfaisants. La faculté de prendre de la graisse est plus grande dans le jeune âge que dans l'âge adulte. Aussi est-il utile de donner aux sujets jeunes des aliments variés, nombreux et choisis pour qu'ils produisent, à ce moment, leur maximum d'effets. A la fin de l'opération, le poids n'augmente plus que lentement et les dernières livres de viande sont toujours les plus coûteuses à produire. L'emploi de certaines substances hâtent l'engraissement. L'avoine, l'orge, le maïs, les vesces, etc., par leurs principes alibiles fournissent au torrent circulatoire des éléments réparateurs et assimilables à un haut degré. Les animaux qui reçoivent ces matières en abondance prennent toujours un développement très rapide.

La démonstration de ces faits n'étant plus à faire, on doit favoriser l'absorption des aliments doués de propriétés particulières. Les Anglais, par exemple, ont tenté de faire entrer le sucre dans la nourriture des animaux par l'arrosage des fourrages avec une solution sucrée. Le prix élevé du sucre ne permet pas de l'utiliser avantageusement dans cette circonstance. En France, nous employons pour la nourriture du porc les mélasses qui résultent de la fabrication du sucre de betterave; mélangées aux rations alimentaires, elles donnent de bons résultats.

Si certains éléments peuvent se transformer dans l'économie par leur ingestion directe, il en est d'autres qui doivent faire partie intégrante des aliments. Ainsi, les principes minéraux ne concourent au développement des tissus qu'à la condition unique de se trouver, en plus ou moins grande proportion, dans les matières qui forment la base de la nutrition. On administrerait, en vain, des phosphates, de l'acide phosphorique et des sels divers, si ces substances n'étaient introduites dans l'organisme par les aliments eux-mêmes. Dans le cas contraire, l'assimilation n'est pas complète et la nourriture même copieuse ne donne pas les résultats attendus.

De fait, les matières n'étant pas absorbées normalement disparaissent bientôt avec les déjections.

Les Anglais ont créé des races précoces par une alimentation abondante, forte en principes minéraux et bien entendue. Grâce à la présence des phosphates et des carbonates, on obtient la soudure plus rapide des tissus osseux ; le squelette entier se solidifie de bonne heure et de cette manière les sucs nutritifs des aliments développent plus hâtivement les autres parties du corps. Au contraire, quand la soudure des os est tardive, les tissus adipeux et musculaire s'en ressentent et l'animal perd du temps pour s'améliorer.

En outre, l'absence de plusieurs éléments minéraux produit, à coup sûr, des maladies spéciales toujours caractérisées par des altérations du système osseux. Nous citerons, notamment, l'ostéoclastie, le rachitisme, qui entraînent souvent l'émaciation ou la mort du sujet. Ces faits démontrent péremptoirement la nécessité d'approprier le régime alimentaire aux exigences de la nutrition.

La production de l'espèce porcine n'a pas seulement pour but d'atteindre un poids et un rendement maxima, mais encore d'obtenir des individus estimés dans l'industrie privée et dans le commerce.

L'expérimentation nous démontre le rôle puissant de la nourriture sur l'économie; le choix dans la nature de l'aliment assure la qualité de la viande et de la graisse. La machine animale privée complètement de nourriture ne tarde pas à s'arrêter et la mort arrive lorsque le corps a perdu les quatre dixièmes de son poids. Les animaux jeunes ne peuvent perdre au delà de deux dixièmes, tandis que ceux qui sont gras succombent quand ils ont perdu la moitié de leur poids, c'est-à-dire cinq dixièmes.

En comparant les sujets bien nourris du propriétaire riche à ceux du cultivateur peu aisé, nous constatons une grande différence dans les produits.

Les premiers acquièrent constamment du volume, tandis que les seconds demeurent rabougris, faibles et émaciés. Les femelles, peu aptes à l'allaitement, fournissent des petits qui souffrent, manquent de force et ne possèdent ni taille ni belle conformation. A l'abatage des animaux, on constate la pâleur de la viande ; parfois, la décoloration dégénère en une teinte blanche légèrement verdâtre.

Le lard peu épais manque de qualité et la graisse intérieure fait complètement défaut. Le sang est pâle et l'élément aqueux prédomine ; en un mot, nous trouvons tous les caractères des viandes étiques et anémiques.

Le porc élevé dans l'abondance se fait remarquer par des muscles gros et fermes, un tissu adipeux épais et de bonne qualité. Il est bon, cependant, de ne pas forcer le régime au delà des limites normales, pour éviter les indigestions, les congestions et diverses maladies du tube digestif. Il importe encore de bien pondérer les aliments, à cause de leurs propriétés plus ou moins nutritives, excitantes, toniques et rafraîchissantes.

Du reste, leur digestibilité et leur valeur nutritive varient avec certaines conditions. En dehors de leur composition, la division, la fermentation, la cuisson et une foule de préparations sont autant de causes qui modifient leur puissance organoleptique.

Les condiments eux-mêmes ont aussi une certaine influence sur l'organisme. Ils n'engraissent pas, ils stimulent et facilitent la digestion des substances alimentaires en les rendant plus sapides. Le premier de tous les condiments et le plus employé est le sel commun, mais son usage excessif produit des empoisonnements.

Cameron, chimiste à Dublin, a constaté des accidents de ce genre sur trente et un porcs enfermés dans un wagon contenant du chlorure de sodium. Quatre de ces animaux succombèrent, seize furent abattus au moment où ils allaient périr et onze revinrent à la santé à la suite d'une médication émétique et stimulante. L'existence d'une inflammation générale gastro-intestinale, la congestion des tissus, le liquide de l'estomac contenant une grande quantité de sel, telles sont les lésions observées.

On cite comme succédané condimentaire du chlorure de sodium le sel de tartre, la potasse et même les cendres qui proviennent de l'incinération du tartre rouge ou lie de vin. Il paraît que la tanaisie (tanacetum vulgare) renferme des principes aromatiques et amers qui permettraient de l'employer quelquefois à titre de condiment.

CHAPITRE XII

PROPRIÉTÉS DES SUBSTANCES ALIMENTAIRES

L'uniformité dans l'alimentation ne s'accorde pas avec les lois physiologiques normales et il faut se conformer à ce principe pour éviter beaucoup de mécomptes. La meilleure règle consiste à substituer un aliment plus alibile à celui qui l'était moins, de manière que le porc trouve, à mesure, que son appétit diminue, une nourriture moins considérable et plus substantielle.

L'expérience a démontré qu'un aliment unique, serait-il très nutritif, ne peut être longtemps digéré sans inconvénient. Magendie a pu entretenir la vie pendant cent vingt et un jours avec un mélange de gélatine, d'albumine et de fibrine, mais bientôt les sujets dépérirent et succombèrent en présentant tous les signes de l'inanition.

Plus la nourriture est variée, moins elle occasionne le dégoût et plus elle facilite la formation de bons produits.

La chair des animaux sauvages doit ses qualités aux changements dans l'alimentation.

L'emploi raisonné des aliments peut doubler la valeur de l'animal en contribuant au développement rapide du corps et en favorisant la production d'une bonne viande. Il n'est rien de plus variable en qualité que la chair du porc ; elle se ressent, au premier chef, du goût des matières utilisées.

Pendant l'été, le cochon est engraissé au pâturage ou à la porcherie. Le pâturage est pris soit sur les prairies artificielles, soit dans les bois, soit dans les champs après l'enlèvement des récoltes. A la porcherie, le régime consiste en fourrages verts, choux, feuilles de betterave, de carotte, etc... Pendant l'hiver, ce sont les racines cuites, les tubercules, les résidus, les déchets de toutes sortes et les matières animales qui servent de base à la nourriture.

Nous allons passer en revue les principales substances alimentaires.

ALIMENTS CONSOMMÉS PAR LE PORC

A. Plantes vertes.
- Choux.
- Luzernes.
- Trèfles.
- Vesces.

B. Racines et tubercules.
- Betteraves.
- Carottes.
- Choux-navets.
- Girou.
- Navets.
- Panais.
- Pommes de terre.
- Raves.
- Topinambours.
- Scirpes.

C. Grains.
- Avoine.
- Orge.
- Maïs.
- Sarrasin.
- Seigle.

D. Graines.
- légumineuses.
  - Fèves.
  - Féverolles.
  - Pois.
  - Gesses.
- oléagineuses.
  - Chènevis.
  - Lin.
  - Colza.
  - Navette.

E.	Fruits.	secs.	Chataignes. Glands. Faines.
		charnus.	Courges. Pommes. Prunes.
F.	Meunerie.		Farines. Sons.
G.	Marcs.		d'eau-de-vie de raisin. d'amidon.
H.	Résidus.		de la laiterie. de la féculerie. de la malterie. de la mégisserie.
I.	Matières animales.		Viandes. Poissons.

A. *Plantes vertes.* — La luzerne cultivée (medicago sativa), appelée sainfoin dans le midi, est cultivée avec avantage pour la nourriture du porc. Ce fourrage doit être distribué avec précaution parce qu'il est sujet à faire gonfler les animaux.

Toutes les variétés de trèfles sont précieuses pour la nourriture de nos espèces domestiques; il faut également en régler la distribution pour éviter les accidents digestifs.

Le chou cavalier ou grand chou à vache et plusieurs autres variétés sont d'excellentes plantes fourragères dont nous conseillons la culture. Chaque jour, on enlève la quantité nécessaire à la ration du porc.

Les vesces présentent deux variétés principales : celle d'été et celle d'hiver. Elles fournissent un fourrage abondant et substantiel. Leur usage ne doit pas être prolongé trop longtemps parce que ces plantes deviennent échauffantes et communiquent à la viande un goût huileux assez prononcé.

Comme fourrages verts on cultive encore : le seigle, l'avoine, l'orge, le maïs, le moha, le sarrasin, le pois hâtif, etc...

Les plantes vertes hachées préalablement et placées dans des cuviers *ad hoc* sont salées comme de la choucroute. Les porcs les mangent avec appétit quand elles ont subi la fermentation, mais ils s'en dégoûtent bientôt et il faut leur donner d'autres aliments.

Les fourrages verts donnent une viande de bonne qualité qui n'est pas surchargée par des amas de tissus graisseux.

B. *Racines et tubercules*. — La betterave est une plante bisannuelle ayant de nombreuses variétés. Les unes sont potagères et servent à la nourriture de l'homme ; les autres sont destinées à l'alimentation des animaux.

D'autres encore sont sucrières, c'est-à-dire servent à la fabrication du sucre.

La betterave fourragère est lavée, puis coupée en tranches minces et mélangée à d'autres matières alimentaires. La cuisson développe ses propriétés nutritives. Les porcs la mangent avec une certaine avidité et il est prudent de la distribuer avec modération.

La variété de carotte la plus cultivée comme plante fourragère est la blanche.

Sa racine longue et grosse a la chair blanche tirant sur le jaune. Nous connaissons la variété à collet très large désignée sous le nom de carotte blanche des Vosges.

Pendant l'hiver, cette racine est conservée dans des celliers, dans des silos ou en tas dans les champs.

Le chou-navet comprend plusieurs variétés parmi lesquelles nous trouvons : le chou-navet blanc dont la chair est blanche et le rutabaga dont la chair est jaune.

Le navet de Suède est succulent, peu aqueux et recherché par les animaux.

Le girou, vulgairement appelé pied-de-veau, est une plante commune dans l'ouest de la France et dans les bois. Son bulbe, riche en fécule, peut être utilisé dans la nourriture du cochon ; malheureusement il contient un principe amer très purgatif.

Le navet possède une chair blanche ou jaune légèrement sucrée ; nous en connaissons plusieurs variétés dont la principale est le navet du Limousin.

Cette racine constitue un précieux aliment pour l'homme et les animaux.

Le panais est une plante rustique à racine pivotante, charnue, de couleur blanche. Elle forme une bonne nourriture pour l'espèce porcine.

La pomme de terre présente de nombreuses variétés toutes distinctes par leur consistance, leur volume et surtout leur couleur. Ce précieux tubercule, importé par l'immortel Parmentier, possède une grande valeur nutritive. On l'emploie pour la nourriture de l'homme et des animaux, ou bien on en extrait la fécule par un travail spécial. On administre la pomme de terre seule, coupée, écrasée, cuite, crue ou mélangée à d'autres aliments. Dans l'un et l'autre cas, il est préférable de la soumettre à la cuisson.

La culture de cette précieuse solanée joue un rôle important dans notre alimentation.

La France récoltait en 1815 seulement quinze millions de quintaux métriques de pommes de terre ; maintenant, la récolte moyenne annuelle s'élève à cent quatorze millions d'hectolitres. Cette culture s'étend sur une étendue de un million quatre cents mille hectares.

On prétend que les germes étiolés de la pomme de terre sont dangereux pour les animaux. Gellé a vu un cochon périr de coliques avec tympanite, diarrhée et paralysie du train postérieur, pour en avoir mangé une certaine quantité.

On distingue trois espèces de raves dont deux, la rave *déprimée* et la rave *oblongue*, sont destinées à la nourriture des animaux. Ces racines sont aqueuses et peu nutritives.

En hiver, les porcs consomment les raves cuites et mélangées à d'autres aliments.

Le topinambour est cultivé pour son tubercule renflé. On le conserve frais dans la grange en le mélangeant à des balles de céréale. Il se garde également trois ou quatre mois dans l'eau. Il vaut mieux le laisser dans la terre et l'arracher selon les besoins. C'est un aliment sapide et nutritif; on le recommande pour la nourriture des chevaux, des vaches laitières et des porcs.

Il est encore d'autres aliments économiques et faciles à utiliser en se donnant un peu de peine. Ainsi, les habitants des bords de la mer récoltent pour eux le scirpe maritime et diverses espèces de varechs que les cochons mangent avec avidité.

C. *Grains*. — Les grains d'avoine gros et lourds

sont les meilleurs comme aliment. Ils renferment du gluten, de la fécule, du sucre, de la gomme, un corps gras, du ligneux et une résine aromatique. On donne l'avoine concassée ou grossièrement moulue, cuite ou crue, seule ou mélangée avec d'autres grains.

Il est bien établi que l'avoine administrée en grains à l'état cru a une action excitante sur l'économie. Bientôt on voit les porcs s'agiter et devenir de plus en plus turbulents ; ils profitent beaucoup moins que lorsqu'ils sont soumis au régime de l'orge et du son. On remédie à ces inconvénients en jetant de l'eau bouillante sur l'avoine et en la donnant un peu égouttée et tiède. Après quelques jours, les phénomènes d'excitation disparaissent et les animaux devenus tranquilles engraissent mieux.

L'orge est très employée pour la nourriture du porc ; elle est plus nutritive et plus facile à broyer que l'avoine. Quand elle est écrasée et macérée elle pousse fortement à la graisse.

Les nombreuses variétés de maïs se ressemblent par leurs propriétés alibiles ; elles ne diffèrent, pour la plupart, que par la couleur du grain. La culture du maïs augmente tous les ans, surtout depuis que la crise de l'industrie sucrière fait diminuer la fabrication des pulpes pour l'alimentation. On peut le consommer en vert; il vaut mieux donner le maïs sec, moulu, cuit, ou macéré.

Le sarrasin ou blé noir est d'une utilité incontestable dans l'alimentation du cochon. Nous en conseillons la culture, car il donne des bouillies substantielles.

Le grain du seigle est plus nutritif que l'orge et l'avoine. Il favorise beaucoup l'engraissement. Il ne faut pas l'administrer seul, à des doses trop élevées, pour éviter les accidents du tube digestif.

On peut faire consommer le froment par les animaux quand son prix le permet.

On administre les grains de plusieurs manières :

1° Crus et secs en donnant beaucoup d'eau à boire ;

2° Détrempés dans l'eau, et pour les rendre plus nourrissants, on les fait germer puis sécher ;

3° Cuits et crevés ;

4° Concassés.

Les grains produisent un engraissement rapide et fournissent des produits de première qualité.

D. *Graines.* — Les graines des légumineuses sont très alibiles ; elles renferment plus de substances azotées que les grains.

L'engraissement est très rapide quand le porc consomme des fèves et des féverolles. On doit les administrer avec précaution, concassées ou plutôt réduites en farine.

Tous les auteurs recommandent les pois comme nourriture de l'espèce porcine. Cet aliment est très recherché par les animaux; la consommation des pois secs ou ramollis par l'eau, concassés ou réduits en farine, produit un engraissement rapide.

Les gesses cultivées pour leurs grains sont bien goûtées des animaux. On les recommande mélangées avec d'autres farines.

Les graines légumineuses forment une nourriture excellente pour le porc; elles produisent une viande ferme et de bon goût.

Les graines oléagineuses renferment un principe sucré, un corps gras, de l'albumine et une substance azotée qui a de l'analogie avec le caséum du lait.

Les graines de chènevis, de lin, de colza et de navette sont utilisées pour l'alimentation du porc, après avoir été privées de l'huile qu'elles renferment. On les utilise sous forme de tourteaux. Cette alimentation favorise l'engraissement, mais la qualité des produits laisse beaucoup à désirer. Les chairs sont molles et de mauvais goût, le lard offre peu de fermeté et la graisse est insipide; en un mot les tissus sont fades, huileux et de couleur jaunâtre. En supprimant les tourteaux quelque temps avant le sacrifice des animaux, on a des chances de remédier à ces inconvénients.

Il faut éliminer de la nourriture des cochons les grains et les graines qui sont altérés. Les grains moisis, cariés, ergotés ou atteints par d'autres maladies doivent être détruits. Ceux qui ont subi des sophistications ou des mélanges avec des substances vénéneuses offrent aussi des dangers. Lorsque le mélange consiste dans des corps inertes, de la terre ou de la poussière, il convient de faire un nettoyage parfait.

E. *Fruits.* — Les châtaignes, qui forment la richesse de quelques pays de montagnes, sont constituées par le calice et le fruit. Ce dernier seul est mangé par le porc. Il présente un péricarpe membraneux, un long ombilic et une grosse amande. Celle-ci contient beaucoup de fécule et un principe sucré très goûté par les animaux. Magne dit que dans le Rouergue, dans le Quercy, les châtaignes sont la base de l'entretien et de l'engraissement de l'espèce porcine. Les animaux vont les chercher dans les bois à la fin de l'automne. En hiver, on les donne sèches et crues, d'abord enveloppées dans le calice et ensuite pelées; vers la fin de l'engraissement on les administre cuites et même salées. Pour les conserver, il suffit de les faire sécher. La châtaigne altérée possède une saveur rance et repoussante.

Les porcs élevés à la glandée deviennent peu dispendieux, mais l'engraissement est toujours incomplet. Dans les localités riches en parties boisées, on ramasse les glands en automne et pendant l'hiver.

Ils sont moins aqueux que la châtaigne et contiennent comme elle de la fécule et un principe doux particulier ; on les donne entiers ou concassés, macérés ou torréfiés. Le moyen le plus avantageux est de les drécher. Pour cela, ils sont mis dans une fosse et arrosés d'eau salée ; ensuite, on les recouvre de terre jusqu'à ce qu'ils aient germé. A ce moment, on les fait sécher, on les égruge et on les délaye dans de l'eau avant d'en faire la distribution. Ainsi conservés, les glands constituent un aliment pendant toute l'année. Nous conseillons de les mélanger aux farines, aux racines cuites et surtout aux pommes de terre. Ils produisent ainsi un lard ferme, une graisse dure et une chair estimée.

Le fruit du hêtre est oléagineux, renferme de la fécule, du mucilage et de l'albumine. Il est très alibile, engraisse bien, mais ne donne pas des résultats merveilleux. En effet, il produit une mauvaise viande et un lard mou qui suinte quand il est chaud. Il paraît même que les tourteaux provenant de l'extraction de l'huile de faîne contiennent un principe insalubre. On corrige les propriétés de ce fruit en le mélangeant avec d'autres matières alimentaires.

Nous connaissons plusieurs variétés de courges destinées aux animaux. Elles fournissent une nourriture abondante mais peu alibile ; de plus, elles jouissent de propriétés purgatives, avantageuses à l'occasion. Le porc est très friand de ce fruit. On le conserve difficilement parce qu'il est sensible à la gelée. On doit éviter de le faire consommer quand il a subi un commencement de décomposition.

Dans plusieurs localités, en Bretagne et en Normandie surtout, les pommes entrent dans la ration alimentaire du porc. On soumet à la cuisson les fruits véreux qui ne sont pas arrivés à leur complète maturité.

Les prunes sont consommées à l'état cru.

En résumé, cette nourriture est rafraîchissante mais peu substantielle.

F. *Meunerie*. — Les farines sont des substances alimentaires très nutritives. On en fait des bouillies avec de l'eau pure ou avec les eaux provenant des lavages de la cuisine. Avant tout, les farines doivent être fraîches et moulues depuis peu de temps. La farine échauffée se pelotonne, a une odeur désagréable et un goût acide. Quand elle est ainsi altérée, elle est susceptible de nuire à la santé des animaux.

Quand le son a passé une seule fois sous la meule il est appelé *recoupe;* celui qui a été moulu deux fois se nomme *recoupette ;* on désigne sous le nom de *remoulage* celui qui a été soumis à une troisième moulure. La valeur nutritive du son est en raison directe de la quantité de farine qu'il renferme. Administré en excès, il traverse le tube digestif sans être assimilé.

G. *Marcs.* — Dans les pays vignobles on utilise avantageusement les marcs provenant de la fabrication de l'eau-de-vie. Ils sont plus ou moins alcooliques, suivant qu'ils ont été distillés ou simplement pressés ou bien lavés. La valeur nutritive de ces derniers est très faible ; les autres chargés d'alcool excitent l'appétit et favorisent la digestion.

Dans le midi, l'emploi du marc de raisin est très en vogue et donne de bons résultats.

On administre ces résidus mélangés d'eau, frais ou fermentés. Au début, ils grisent les porcs, mais ils s'y accoutument bientôt et on peut diminuer ou supprimer l'eau.

Les marcs de poires et de pommes sont utilisés dans les pays de fabrication du cidre.

Les distilleries de pommes de terre fournissent des résidus spiritueux qui nourrissent bien les animaux. Ceux qui proviennent de la distillation des grains ont encore une valeur nutritive supérieure.

Les porcs soumis pendant quatre mois au régime des marcs spiritueux deviennent fins gras. Leur chair est bonne, mais le lard est mollasse et le saindoux en petite quantité.

Les amidonneries donnent des résidus formés de fécule, de gluten, de ligneux et de principes acides résultant de la fermentation. Les animaux les mangent d'abord avec gloutonnerie, puis il faut les mélanger avec d'autres aliments pour empêcher le dégoût. Ces marcs, assez difficiles à conserver, doivent être soumis à l'évaporation et à la cuisson au four. Ils engraissent très rapidement les porcs, produisent du lard ferme et de la viande savoureuse.

H. *Résidus.* — Le petit-lait et le lait acidulé, que l'on a souvent en grande quantité dans les fermes, conviennent bien à l'engraissement de l'espèce porcine.

Pour employer avantageusement ces résidus, on les épaissit avec un peu d'orge concassée ou de la farine de basse qualité. Quand on a commencé ce régime, il ne faut pas le supprimer, car le changement de nourriture amène la diminution rapide du poids de l'animal. Il donne un lard ferme, appétissant et une viande de première qualité.

Les résidus de féculeries sont utilisés crus ou cuits, mais ces derniers sont préférables. On en confectionne des choucroutes d'une grande valeur nutritive.

Les résidus provenant des sucreries doivent être consommés lorsqu'ils ont été desséchés. A l'état cru, leur action est relâchante. Ces substances sont très alibiles.

On doit administrer les résidus de bière en très grande quantité parce qu'ils ne contiennent que très peu de particules nutritives. Les porcs soumis à cette alimentation prennent peu de lard, mais beaucoup de chair. Il faut conserver ces résidus dans l'eau, si on veut, vers la fin de l'engraissement, y ajouter des aliments plus nourrissants.

Dans les pays situés au voisinage des villes où la fabrication des gants se fait en grand, on utilise les rognures de peaux dans l'alimentation du porc. Ces débris, vulgairement désignés sous le nom de *parun*, sont souples, onctueux au toucher et d'une couleur blanc jaunâtre. Mélangés à l'eau froide, ils forment une bouillie blanchâtre légèrement salée.

D'après Boutmy leur composition est la suivante :

Eau	13	p. 100
Matières azotées	4,88	—
Matières non azotées	77,78	—
Matières minérales	4,34	—

Comme matières minérales, ils renferment :

Silice	traces.
Albumine et oxyde de fer	1,13
Chaux	0,32
Magnésie	0,09
Acide phosphorique	1,29
Acide sulfurique, chlore	1,51

Les porcs mangent le *parun* avec une certaine gloutonnerie et, en ajoutant d'autres matières alimentaires à cette substance, on obtient un lard ferme et une viande de bonne qualité. Malheureusement, les débris de l'art du mégissier ne sont utilisés que dans les endroits où cette industrie se fait sur une large échelle. En outre, leur prix relativement élevé ne rend pas cette alimentation suffisamment rémunératrice.

I. *Matières animales.* — Les substances fournies par le règne animal peuvent servir à la nourriture du porc. Les déchets de boucherie, les tripailles, le sang et les eaux grasses provenant des cuisines des auberges, des restaurants, constituent une alimentation très alibile.

On nourrit encore les porcs avec des poissons dans les pays situés au bord de la mer.

Dans les établissements où l'on sacrifie un grand nombre de chevaux, on utilise la viande de ces animaux. Dès 1669 les habitants des environs de Paris élevaient des porcs avec les chairs provenant des voiries et ateliers d'équarrissage. Celles de cheval étaient surtout employées.

En 1835, le Conseil de salubrité de la Seine a été saisi de la question suivante :

Peut-on, sans inconvénient pour la santé publique, permettre la vente, l'abatage et le débit des porcs engraissés avec de la chair de cheval, soit que cette chair leur ait été donnée à l'état cuit ou à l'état de crudité ?

Le Conseil a émis l'opinion qu'il fallait favoriser l'engraissement des porcs par le régime animal. Les motifs à l'appui étaient les avantages que l'on pouvait retirer de produits autrefois perdus ; on donnait ainsi une plus grande valeur aux chevaux hors de service et, l'élevage de l'espèce porcine ayant une plus grande extension, on livrait à la consommation une plus grande quantité de viande.

Le Conseil a également avancé que les porcs

nourris avec les chairs de cheval ne changent pas de caractère, qu'ils ne deviennent pas féroces et par conséquent nullement dangereux ; que la viande des porcs ayant fait usage de cette nourriture est bonne et salubre, qu'elle n'a ni mauvais goût, ni mauvaise odeur ; enfin que la cuisson et l'action digestive sont plus que suffisantes pour détruire tous les principes qu'un aliment mal choisi aurait pu introduire dans les chairs destinées à devenir notre propre nourriture.

Tout en faisant nos réserves sur ces conclusions, nous admettons que la viande de cheval crue ou cuite présente des avantages pour l'alimentation du porc. Celui-ci engraisse très rapidement, mais il donne un lard mou, et une viande mollasse, de qualité médiocre.

On constate que le tissu cellulaire est souvent humide, les muscles plus ou moins décolorés et tous les tissus sont le siège d'une infiltration plus ou moins abondante.

On remédie à ces inconvénients en ajoutant d'autres aliments à la viande de cheval.

Nous conseillons de la mêler au son, à la farine, aux grains, aux pommes de terre, etc...

On doit se garder d'utiliser les chairs provenant d'animaux atteints de certaines maladies contagieuses. Le porc contracte très facilement la phthisie par l'ingestion de matières tuberculeuses ; dans la pratique il ne faut pas oublier ce fait très important.

Les viandes gâtées, les poissons avariés peuvent également nuire à la santé du cochon.

Dans tous les cas, il est utile de soumettre à la cuisson les substances alimentaires d'origine animale.

D'après Richard (du Cantal), l'influence du régime animal se montre d'autant plus favorable à la nourriture et à l'engraissement des cochons, que les viandes employées proviennent d'animaux plus gras. « L'engraissement, dit ce savant, en
« faisant usage de la viande des chevaux maigres,
« était toujours lent et incomplet, tandis qu'il
« était prompt et complet lorsqu'on pouvait dis-
« poser de la viande des chevaux abattus gras [1]. »

Les têtes de mouton dépouillées peuvent également servir à l'alimentation des cochons. Elles renferment environ 15 p. 100 de leur poids de graisse ou 20 p. 100 en déduisant les os. On les donne cuites et mélangées à d'autres substances alimentaires.

La nourriture essentiellement animale prédispose les porcs à contracter la dysenterie, des

---

[1] *Précis d'agriculture*, p. 393.

engorgements inflammatoires et plusieurs maladies contagieuses très graves ; en outre, ces animaux fournissent une viande d'un goût désagréable qui rappelle le carnassier.

DEUXIÈME PARTIE

LES MALADIES

Nous établissons trois classes pour les affections du porc susceptibles d'entraîner l'exclusion totale ou partielle de la viande, savoir :

1° *Maladies et causes diverses.*

1. Mort naturelle.
2. Asphyxie.
3. Angine.
4. Parotidite.
5. Soyon.
6. Entérite.
7. Leucocythémie.
8. Hydroémie.
9. Ictère.
10. Inflammation des muscles.
11. Atrophie musculaire.
12. Paralysies.
13. Cystite et néphrite.
14. Sclérodermie.
15. Scrofulose.
16. Viandes médicamentées.

2° *Maladies parasitaires.*

1. Actynomycose.
2. Psorospermose.
3. Parasites divers.
4. Trichinose.
5. Ladrerie.

3° *Maladies contagieuses.*

1. Charbon.
2. Fièvre aphteuse.
3. Rouget.
4. Septicémie.
5. Tuberculose.
6. Rage.

MORT NATURELLE

Les phénomènes cadavériques exigent toute l'attention de l'inspecteur de la boucherie qui peut être appelé à les relater dans les rapports administratifs ou judiciaires.

Les lésions constatées après la mort de l'animal se rapportent à deux séries : 1° lésions externes, 2° lésions internes.

Lésions externes. — Immédiatement après la mort, les tissus sont mous, flasques et ces caractères persistent pendant tout le temps que le cadavre se refroidit. Ce refroidissement varie avec la température ambiante, mais généralement il demande de six à douze heures. Ensuite, nous voyons la rigidité s'emparer du corps de l'animal ; les muscles résistent à la pression et les articulations ne peuvent jouer qu'à l'aide d'une très grande force. On observe très souvent un ballonnement de l'abdomen plus ou moins considérable, des spumosités sanguinolentes à la bouche et aux cavités nasales ; en outre, le rectum renversé est le siège d'une coloration et d'une infiltration prononcées.

En ouvrant le cadavre, nous trouvons les liquides de l'économie accumulés dans les parties déclives et dans les organes internes. Les hypostases sont observées notamment dans les tissus correspondant au côté sur lequel l'animal a succombé.

Le sang présente généralement des coagulums de couleur plus ou moins foncée ; ceux du cœur et des veines sont fermes et d'une teinte rouge noirâtre. Lorsque le sujet est resté couché à gauche, les coagulums de ce côté se montrent formés d'un boudin allongé partagé par moitié dans l'épaisseur horizontale, d'une couche blanche supérieure et d'une couche noire inférieure. En les écrasant, ils se réduisent en une bouillie noire, épaisse, poisseuse, putride, qui colore fortement les doigts. La quantité et le ramollissement de ces caillots varient suivant une foule de circonstances. La peau, les tissus cellulaire et musculaire offrent des infiltrations, des coagulums remarquables par leur épaisseur et leur étendue ; les plèvres, le péritoine et les différents organes sont le siège d'épanchements plus ou moins considérables.

Les masses musculaires présentent, à la coupe, des zones et des arborisations caractéristiques ; ces liserés d'un rouge plus ou moins livide se rencontrent souvent dans toute l'épaisseur des muscles sous-scapulaires, psoas et iliaques.

Il suffit de lever une épaule pour trouver les tissus décolorés, mous, friables et faciles à déchirer ; les fibres musculaires sont imbibées d'une sérosité sanguinolente et une odeur infecte se dégage de toutes les parties incisées. Ces altérations se développent rapidement pendant les saisons chaudes, humides et les temps orageux. Les phénomènes cadavériques s'observent aussi dans le foie, les reins, la rate, le cœur, les poumons, le pancréas et les autres organes internes.

Lésions internes. — Le tissu pulmonaire gorgé de sang, ramolli, facile à déchirer a une couleur rouge noirâtre plus ou moins foncée. En pratiquant une coupe, il s'écoule un liquide d'une teinte noirâtre et d'une odeur repoussante ; les bronches remplies d'un liquide identique ont une teinte verdâtre d'autant plus prononcée que la putréfaction est plus avancée.

Le cœur est décoloré, flasque et mou ; en l'incisant, son tissu paraît macéré et cuit, ses cavités droites renferment une certaine quantité de sang noir, décomposé, d'une odeur putride.

Le foie est modifié dans sa couleur et sa consistance. A la pression, il se déprime, se déchire sans difficulté en laissant écouler une matière jaunâtre nauséabonde. Ces lésions s'observent, tout d'abord, à la face postérieure de l'organe. Les canaux biliaires contiennent un liquide noirâtre, visqueux, à odeur repoussante.

La rate, de couleur livide, violacée, présente un ramollissement considérable ; sa substance se déchire facilement et se réduit en une bouillie noire, épaisse, poisseuse, à odeur infecte.

Le pancréas, ramolli, noirâtre, friable, est infiltré d'une sérosité sanguinolente. Le liquide des canaux pancréatiques est épais, visqueux, jaunâtre et plus ou moins altéré.

A l'état sain, les reins ont une couleur claire et rosée ; sur le cadavre, ils sont pâles, décolorés, blafards, marbrés de taches livides, ramollis et faciles à déchirer.

L'organe occupant le côté sur lequel le sujet a séjourné présente toujours des lésions plus accusées.

Les signes de la décomposition existent aussi dans le canal intestinal ; sa muqueuse livide, ramollie et comme macérée se déchire par la plus faible traction ; son épithélium se détache par le moindre frottement et forme avec les liquides intestinaux une substance jaunâtre plus ou moins épaisse ; souvent les intestins sont distendus par des gaz d'une odeur repoussante.

La moelle épinière, le cerveau imbibés de sérosité se désagrègent facilement et forment une bouillie épaisse de couleur rougeâtre.

Les ganglions infiltrés, tuméfiés sont ramollis et plus ou moins foncés.

Le tissu glandulaire pénétré de sérosité se déchire sans difficulté.

Les aponévroses, les tendons, les synoviales articulaires, etc... subissent également des modifications évidentes.

En résumé, tous les organes sont altérés et les lésions dépendent du temps écoulé depuis la mort, des influences atmosphériques, de la nature de la maladie, de l'état d'embonpoint de l'animal et de causes variées dues à l'hypostase.

ASPHYXIE

Le porc est exposé, surtout par la chaleur et le froid, à un état congestionnel assez grave pour amener la mort. C'est une maladie subite, souvent causée par le nombre trop considérable d'animaux entassés dans les wagons. Les marches à pied par un soleil brûlant, une température chaude et orageuse en sont également les causes.

Les porcs très gras sont les mieux prédisposés à l'asphyxie. On la prévient en plaçant un nombre raisonnable dans le même compartiment et en recouvrant le plancher d'une litière épaisse ou mieux d'une couche de sable que l'on arrosera légèrement dans l'intervalle des temps d'arrêt.

Il est encore prudent de donner à boire aux animaux, durant les longs trajets, de l'eau vinaigrée ou acidulée avec de l'acide sulfurique.

Pendant l'été, ils doivent surtout voyager la nuit.

Quands ils parcourent à pied de grandes distances, il faut s'abstenir de les presser et de les maltraiter.

Dans l'asphyxie les lésions sont très caractéristiques. Tous les organes vasculaires sont gorgés d'un sang noir, fluide qui devient rouge, rutilant au contact de l'air. Les plèvres et le péritoine ternes, livides offrent de nombreuses ecchymoses. Le tissu osseux est vivement coloré en rouge noirâtre. Les chairs, imprégnées de sérosité, collent aux doigts et rougissent le papier tournesol ; chez les animaux étouffés on rencontre souvent la fracture des côtes.

Le lard et la graisse fortement injectés offrent les caractères d'une violente inflammation. Ces caractères sont plus ou moins sensibles, selon la période de la maladie et le temps écoulé depuis le sacrifice. En général, si les altérations se portent sur le lard, les muscles n'offrent pas de lésions fortement accusées. Dans tous les cas la viande se décompose toujours rapidement.

Quand la saignée des animaux a été opérée en temps utile, on se borne à l'épluchage des parties altérées.

FOUDRE

Les accidents causés par le feu du ciel sur les porcs au pâturage ou à l'étable sont moins rares qu'on ne pourrait le supposer. La foudre produit des phénomènes bizarres. Le plus souvent la rigidité cadavérique est accompagnée de taches brunâtres sur diverses parties du corps ; les soies sont brûlées en plusieurs endroits et le cadavre parsemé de petits points noirs dégage une forte odeur de roussi. On peut trouver des brûlures à tous les degrés et même des ouvertures laissant échapper des flots de sang. Au dépeçage, nous voyons les poumons revenus sur eux-mêmes et parsemés de nombreuses taches ecchymotiques ; le cœur est gorgé d'un liquide incoagulé et noirâtre. Le foie, très friable, a une teinte brun violet et contient beaucoup de sang.

Les muscles ramollis, noirâtres, gorgés de sang présentent un aspect repoussant. Néanmoins ils ne dégagent aucune odeur sulfureuse.

La saignée pratiquée peu de temps après l'accident donne écoulement à une faible quantité de liquide parce qu'il y a eu arrêt subit dans la respiration et la circulation. Le sang acquiert en quelques heures des propriétés septiques dues au développement d'un ferment anaerobie ou vibrion septique.

MM. Cornevin et Baillet admettent que les animaux tués par la foudre peuvent être consommés sans aucun danger. Nous partageons cette opinion lorsque la saignée a été faite aussitôt après l'accident et que la viande est mangée dans un très court délai. Malheureusement, il s'écoule presque toujours un intervalle plus ou moins considérable pendant lequel se produit la décomposition du sang et des autres tissus.

N'oublions pas que ces chairs ont les caractères des viandes saigneuses ; elles prennent mal le sel et se conservent très difficilement. Enfin elles fournissent des produits d'un aspect peu agréable pour le consommateur un peu exigeant.

Ces raisons sont suffisantes pour justifier la saisie des animaux foudroyés.

ANGINE

Cette maladie, fréquente chez le porc, se fait remarquer par un engorgement plus ou moins prononcé de la gorge. L'animal a le cou tendu, raide ; les yeux sont injectés, la bouche est chaude et la langue bleuâtre. La respiration devient difficile et s'accompagne d'une toux rauque. Bientôt la gorge est le siège de nombreux abcès et si la maladie persiste le sujet succombe à l'asphyxie. Les lésions sont identiques à celles que nous venons de tracer et nécessitent la saisie de la viande.

PAROTIDITE

Les glandes salivaires sont parfois le siège d'une vive inflammation qui provoque, de chaque côté de la tête, un engorgement très apparent. Une fièvre intense ne tarde pas à se déclarer et lorsque le porc est saigné tardivement la viande est absolument inutilisable pour la consommation.

SOYON

On nomme soie, bosse ou soyon, l'engorgement produit en dessous et sur les côtés de la gorge par plusieurs soies réunies en faisceaux qui s'enfoncent dans les tissus en déterminant des accidents divers. Les parties malades offrent une espèce de houppe épanouie, formée par la réunion des soies qui les recouvrent. Le simple attouchement fait éprouver de vives douleurs à l'animal ; en outre il se forme des tumeurs et des abcès plus ou moins nombreux. La tristesse profonde, la soif ardente, le dégoût prononcé pour les aliments, la fièvre et le marasme sont le cortège du soyon.

Pour ne pas s'exposer à voir succomber le malade, il faut le soumettre à un traitement convenable. Lorsque l'on prend le parti de le faire abattre, on doit rejeter les parties qui sont le siège des altérations.

ENTÉRITE

Les inflammations intestinales déterminent des coliques, des constipations, des diarrhées plus ou moins intenses.

La marche de l'entérite aiguë est très rapide, surtout lorsque les porcs sont arrivés à un certain degré d'engraissement.

Nous conseillons d'user d'une grande circonspection dans l'emploi de la viande provenant d'animaux abattus à la suite de cette affection.

Dans l'entérite causée par l'absorption des substances vénéneuses, renonculacées, colchicacées, etc..., elle doit être rejetée de la consommation.

Il en est de même, si on trouve à l'abatage des désordres gangréneux ou les caractères d'une extrême maigreur.

LEUCOCYTHÉMIE

Cette affection, très bien étudiée par Bollinger, Nocard, Leblanc et d'autres savants, n'est pas rare dans l'espèce porcine. Elle est caractérisée par l'altération des globules blancs du sang qui coïncide généralement avec des lésions chroniques du foie, de la rate et des ganglions lymphatiques avec décoloration des tissus. On trouve l'hypertrophie et l'induration du foie ; les maladies, dites cancéreuses de cet organe, des tumeurs fibreuses, fibro-plastiques, etc., sont aussi constatées. A la rate, on a observé des altérations particulières. Les ganglions lymphatiques sont hypertrophiés, ramollis, indurés, cancéreux. Les muscles offrent une pâleur et une mollesse tout à fait anormales ; la flaccidité du cœur est également bien apparente. L'examen microscopique du sang fait reconnaître aisément l'augmentation considérable des globules blancs. Ceux-ci, dans l'état normal, sont en nombre infiniment plus petit que les globules rouges.

Dans la maladie, il peut y avoir un globule rouge pour cinq globules blancs. Leur forme est sphérique, tandis que les globules rouges sont aplatis, biconvexes, lenticulaires. Ils ont une enveloppe, un noyau et deux ou trois nucléolées.

La maladie peut être accompagnée d'hydropisie occupant la cavité abdominale et les membres inférieurs. Dans plusieurs cas nous rencontrons les tissus émaciés et secs. La viande soumise à la cuisson cuit lentement et se trouve dépourvue de principes nutritifs. D'autres préparations culinaires justifient qu'elle est impropre à la nutrition.

HYDROÉMIE

L'hydroémie, très commune dans l'espèce porcine, résulte d'un état de débilité ou d'appauvrissement de l'organisme. Le tissu cellulaire est le siège de nombreuses infiltrations et la simple pression fait sourdre une sérosité limpide, incolore ou légèrement citrine. Le lard, ramolli et gorgé de liquide, n'offre aucune résistance au toucher. Les muscles humides, flasques, décolorés contiennent également une grande quantité de sérosité; à la coupe elle suinte de toutes parts, ce qui fait dire au charcutier que le cochon *pisse* l'eau. On observe encore des collections gélatineuses sous l'épaule, au grasset et dans la région inguinale.

La graisse, peu abondante, est infiltrée et sans consistance; le cœur, les reins, le foie présentent une mollesse et une flaccidité anormales.

Le sang est pâle et se coagule très lentement; les globules rouges ont beaucoup diminué en nombre et en volume. Nous avons constaté la présence d'une grande quantité de psorospermies dans le tissu musculaire des porcs atteints d'hydroémie.

Une constitution molle et lymphatique, une alimentation insuffisante ou de mauvaise qualité, et peut-être l'action de certains parasites, produisent cette affection.

Lorsque l'on rencontre les lésions que nous venons de relater, l'emploi de la viande ne peut être autorisé au point de vue alimentaire.

ICTÈRE

Le porc est assez fréquemment affecté de jaunisse. Nous ne devons pas confondre les lésions de cette affection avec la coloration jaune normale de la viande des animaux engraissés avec certains tourteaux. L'ictère coïncide toujours avec une altération du foie et il est généralement accompagné d'un amaigrissement considérable.

Nous constatons une teinte jaunâtre plus ou moins prononcée du lard et de la graisse; les muscles offrent aussi une coloration rouillée que nous retrouvons dans le tissu osseux et les liquides de l'économie (urine, sang).

La viande appartenant aux animaux affectés d'ictère grave doit être éliminée de la consommation à cause de son goût fort désagréable qui se développe davantage par la cuisson.

DE L'INFLAMMATION DES MUSCLES

L'inflammation du tissu musculaire n'est pas aussi rare qu'on pourrait le supposer. Dans les différents cas que nous rencontrons, la fibre et les gaînes celluleuses du muscle sont le siège d'altérations variées. Le plus souvent les tissus ont subi des changements de vitalité ; la section révèle la présence d'une infiltration plus ou moins abondante. L'examen des parties malades fait constater que, dans l'inflammation récente, le tissu cellulaire interstitiel est injecté et épaissi, mais la fibre musculaire possède sa structure presque normale ; plus tard, le tissu charnu est comprimé et devient d'un rouge violet ; la couleur rouge augmente avec l'ancienneté de l'affection. D'autres fois, la texture du muscle disparaît et les parties se transforment en une masse homogène plus ou moins décolorée.

La fatigue, les chutes, les contusions, les positions forcées, etc., amènent principalement la myosite. Chez le porc, nous rencontrons souvent l'inflammation du tissu cellulaire du coude et des tissus qui séparent l'épaule du thorax. On l'observe notamment sur les sujets dont on a lié les pieds et qui ont fait des efforts pour se délier.

Ces inflammations modifient profondément la trame musculaire, car elle présente un ramollissement, une mollesse, une friabilité et une teinte noirâtre caractéristiques. Le sang retenu dans les vaisseaux forme des caillots obstruant les artères et les veines ; par sa décomposition, il communique la couleur noire que nous venons d'indiquer.

La saisie de toutes les parties altérées est naturellement indiquée.

ATROPHIE MUSCULAIRE

Cet état morbide est occasionné par un défaut de nutrition. Il se traduit par la diminution, la flaccidité et le changement de couleur dans les organes malades. Le muscle atrophié est aminci, mou, relâché et moins coloré qu'à l'état normal.

Une truie qui avait eu une fracture de l'avant-bras gauche présentait une grande diminution dans le volume du membre produite par l'oblitération de l'artère principale.

Nous avons également constaté sur un jeune porc l'atrophie des muscles de la cuisse.

L'examen microscopique révéla une dégénérescence des parties malades. Quelquefois, du tissu adipeux se dispose en grande quantité autour des organes atrophiés. Cette altération, dite graisseuse, se rencontre aussi dans les parenchymes viscéraux, les nerfs, les cartilages et les os.

D'autres fois la substance propre du muscle diminue de plus en plus ; elle peut disparaître entièrement et faire place à du tissu cellulaire ou fibreux.

Les fractures, les luxations et les coups sont bien souvent suivis d'atrophies.

La suppression de toutes les parties altérées s'impose d'elle-même.

PARALYSIES

Ces maladies, qui indiquent des lésions graves de l'économie, impriment aux viandes des caractères tellement visibles que nous croyons inutile de donner de longs détails.

Dans la paralysie ancienne, les muscles sont pâles, infiltrés, mous ou bien transformés en substance dure et compacte.

Quand les animaux sont abattus à la suite de paralysie aiguë, nous trouvons les muscles noirâtres, collant aux doigts et offrant les caractères de la gomme. Lividité du péritoine, injection et infiltration du tissu cellulaire. Lorsque le sujet a succombé à cette affection les altérations sont encore plus prononcées ; les muscles grisâtres, terreux se réduisent en bouillie à la moindre pression des doigts. Leur décomposition est rapide et leur odeur repoussante.

Le bon sens indique d'exclure de la consommation les viandes provenant d'animaux paralysés.

CYSTITE ET NÉPHRITE

La cystite calculeuse, la néphrite parenchymateuse, les kystes cystiques et toutes les affections qui s'opposent au cours normal de l'urine présentent un ensemble d'accidents auxquels on a donné le nom d'*urémie*. Elle se traduit par la décoloration des muscles et par le dégagement d'une odeur d'urine ou d'ammoniaque.

La rupture de la vessie occasionne l'épanchement du liquide dans la cavité abdominale.

Quand l'accident est récent, l'odeur *sui generis* disparait après un simple lavage. Au contraire, si l'urine a séjourné pendant quelque temps dans l'abdomen, elle imprègne les tissus et leur communique une odeur repoussante.

Les viandes urineuses ne peuvent être consommées, parce qu'elles provoquent toujours un dégoût parfaitement justifié.

SCLÉRODERMIE

L'induration locale ou générale du derme est assez commune chez le porc, et les charcutiers désignent les parties sclérosées sous le nom de *routé*[1].

On observe rarement cette lésion chez la femelle jeune et le verrat castré de bonne heure. Au contraire, nous la rencontrons fréquemment sur les vieilles truies et les mâles âgés. Sous l'influence de la suppression de la transpiration cutanée, l'animal maigrit et ne tarde pas à succomber à une sorte d'asphyxie.

[1] Dures comme une route.

Cependant la vie est seulement compromise quand la maladie se généralise. L'induration envahit la peau et les tissus sous-jacents ; elle occupe d'abord la ligne du dos pour gagner l'espace compris entre le cou et le sacrum et atteindre le ventre, la poitrine et les membres. Le derme acquiert une dureté remarquable, il est tendu, très résistant; les rides et les plis de la peau ont disparu et il est impossible de la pincer avec les doigts; sa couleur normale fait place à une teinte blanc-nacré ou gris-livide ; enfin, elle est souvent le siège de phlyctènes et d'ulcérations. Les malades se couchent avec peine parce que les mouvements de la colonne vertébrale et des membres sont presque impossibles. Pas de fièvre ni d'œdème. Les organes digestifs, respiratoires et circulatoires sont dans toute leur intégrité, la transpiration seule est diminuée en raison directe de l'étendue de la maladie. La section des muscles frappés de sclérose révèle l'altération de leur texture, car il est difficile de rompre ou de déchirer les tissus. Le lard offre surtout une densité extraordinaire. L'instrument tranchant rencontre une résistance anormale ; on entend ce bruit particulier produit par l'incision des tissus lardacés. Le toucher ne perçoit plus cette sensation douce et onctueuse ordinaire et toutes les parties présentent l'aspect d'une masse compacte et résistante. Nous trouvons les caractères de l'inflammation dans les plèvres et la moelle. Une cuisson, même prolongée, des parties sclérosées est incapable d'amener le ramollissement.

On ne doit pas confondre cette affection avec l'induration plus ou moins étendue produite sur plusieurs régions du corps par des frottements ou des contusions.

Lorsque la dermatose est généralisée, l'animal présente tous les caractères de la maigreur et de l'hydroémie qui justifient pleinement la saisie. Quand elle est simplement localisée et non suivie d'inflammation, il suffit de supprimer les parties atteintes par la maladie.

SCROFULOSE

Cet état morbide est caractérisé par l'engorgement du tissu cellulaire, des muqueuses, des séreuses, de la peau et des ganglions lymphatiques. Ces derniers sont, notamment, le siège de petites tumeurs ovalaires et mobiles qui restent quelquefois longtemps stationnaires avant de se ramollir et de s'ulcérer.

Elles renferment un pus séreux, grisâtre, mal lié, répandant une odeur infecte. Nous rencontrons, chez le porc, ces foyers purulents dans les membres, au niveau des articulations, dans la région inguinale et encore ailleurs. Les tissus environnants sont ramollis, infiltrés, de couleur terne et livide.

Cette maladie fait considérablement maigrir les animaux. Nous conseillons donc l'abatage au début de l'affection en ayant soin de retirer de la consommation toutes les parties morbides.

Il ne faut pas confondre la scrofulose avec l'ostéomalacie et le rachitisme. Le développement exagéré des os, leur déviation ou leur déformation proviennent généralement du rachitisme. Dans un cas très curieux, nous avons trouvé le fémur et le tibia pénétrés d'une grande quantité de sang noir qui ruisselait lorsque nous avons pratiqué leur section.

VIANDES MÉDICAMENTÉES

Le médicament est une arme aux mains de l'homme de l'art pour combattre la maladie. Malheureusement il est parfois impuissant à faire naître la guérison et il imprime à la viande, par son passage dans l'économie, des modifications appréciables à nos sens. L'action de certaines substances vénéneuses est encore plus sensible et leur détermination s'appuie sur les lésions ou les caractères chimiques. Les symptômes cliniques font défaut dans la grande majorité des cas parce que nous voyons rarement les sujets en vie. Les tissus fournissent, par leurs altérations, des indices précieux qui permettent de reconnaître l'agent thérapeutique. Le concours de l'analyse est aussi indispensable pour établir la présence du poison dans les diverses parties de l'économie.

Quand le médicament a été appliqué directement sur une région du corps son action est locale; elle devient générale lorsqu'il a été absorbé sur les voies digestives. Sa présence et sa nature se révèlent par la couleur, la consistance, la saveur et l'odeur de la viande. C'est dans les organes où les substances médicamenteuses ont été entraînées par le torrent circulatoire que l'on retrouve le mieux le produit absorbé.

Nous allons rapidement passer en revue les corps principaux qui entrent dans la thérapeutique du porc.

Par son usage très répandu, l'éther est placé en première ligne. Toutes les parties de l'organisme s'imprègnent de ce liquide très volatil qui dégage une odeur particulière bien connue.

La cuisson, en augmentant cette odeur répugnante, rend la viande absolument inutilisable.

L'acide phénique, l'essence de térébenthine, l'essence de lavande et plusieurs huiles essentielles produisent les mêmes résultats. L'incision des muscles suffit pour établir la nature de chaque substance.

Les alcools administrés pendant longtemps ou à haute dose engendrent de nombreuses lésions.

Les plèvres sont ternes et livides. Le tissu cellulaire est gorgé d'une sérosité abondante et les muscles présentent une flaccidité extraordinaire. Sous l'épaule, au grasset, dans la région inguinale et autour des os se trouvent des collections gélatineuses de couleur opaline ou rougeâtre. Le lard, d'une mollesse anormale, se réduit considérablement par la cuisson. Il donne, de même que le maigre, une nourriture fade et insipide.

Les poisons irritants ou corrosifs comprennent les acides sulfurique, nitrique, chlorhydrique, oxalique, la potasse, la soude et l'ammoniaque. Nous dirons seulement quelques mots des principaux.

A. *Acide sulfurique*. — Son action sur les tissus varie suivant son état de concentration.

Ce liquide concentré, c'est-à-dire présentant une densité moyenne de 1,85, désorganise instantanément les parties qu'il touche en produisant sur elles l'effet du fer rouge.

Etendu d'eau, les désordres sont moins considérables. La muqueuse œsophagienne offre des traces de cautérisation, la muqueuse stomacale est ramollie et réduite à l'état pultacé. Les follicules muqueux très apparents sont très développés en plusieurs endroits.

Les lèvres et la cavité buccale sont le siège d'eschares; l'œsophage présente des stries d'un brun noirâtre recouvertes d'un enduit semblable à de la suie. Lorsque l'estomac a été perforé, les matières alimentaires pénètrent dans la cavité abdominale; le foie, la rate, le mésentère sont altérés par le liquide corrosif.

B. *Acide chlorhydrique*. — La bouche et l'œsophage présentent l'épithélium de la muqueuse plissé, racorni, de couleur orangée ou violacée. La surface interne de l'estomac offre une teinte rouge brique et l'intestin grêle est le siège d'ulcérations plus ou moins nombreuses.

Le larynx est tapissé de traînées jaunâtres ou grisâtres. Poumons congestionnés; cœur renfermant du sang noir et fluide.

C. *Acide oxalique*. — Cette substance offre beaucoup de ressemblance extérieure avec le sulfate de magnésie. La membrane muqueuse de la bouche, de la langue et de l'estomac est généralement blanche. La face interne de l'organe stomacal est ramolli et comme macéré dans l'eau ; les matières qu'il renferme sont brunes et gélatineuses. Coloration rouge du sang. Poumons congestionnés ; cœur et gros vaisseaux remplis de sang ayant une teinte vermeille.

D. *Ammoniaque*. — Ce médicament est en grand usage dans la médecine vétérinaire. Il forme la base et constitue le principe actif de l'eau sédative dont nous connaissons les propriétés vénéneuses très actives.

Les lésions sont généralement bien apparentes. Vive inflammation de toute la muqueuse des voies digestives qui est parsemée d'ulcérations nombreuses et profondes. Elle est souvent le siège d'exsudations membraniformes.

Poumons congestionnés, hépatisés ; foie ramolli, friable, rougeâtre ou jaunâtre et graisseux à la coupe. Stéatose des reins. Sang dissous, fluide, incoagulable.

Dans un deuxième groupe, nous avons l'acide arsénieux, les sels de cuivre, l'émétique, le phosphore, le sublimé corrosif, le nitre, le sel d'oseille, etc... Nous ne nous occuperons que des trois premières substances.

A. *Acide arsénieux.* — Les préparations arsenicales occupent une place importante dans la matière médicale : on doit toujours les employer avec une grande prudence pour éviter les accidents. Dans l'empoisonnement de ce genre, on constate sur la muqueuse stomacale des plaques oblongues ou arrondies, violacées ou noirâtres : développement considérable des follicules faisant saillie sur toute la face interne de l'estomac.

Arborisations rouges plus ou moins foncées du tube digestif. Foie plus volumineux qu'à l'état normal.

B. *Sels de cuivre.* — Quelquefois leurs altérations sont nulles. Quand elles existent, on rencontre des ecchymoses diffuses, irrégulières dans l'estomac et les intestins. Poumons gorgés de sang noir. Cœur mou et décoloré : les muscles ramollis offrent de nombreuses infiltrations sanguines.

« Le moyen le plus pratique pour reconnaître la présence du cuivre dans des viandes soupçonnées, dit M. Baillet, consiste à en soumettre une partie à l'ébullition et à plonger dans la préparation une lame de fer préalablement décapée avec de la cendre ou du sable ; au bout de quelques instants cette lame se couvrira de cuivre. »

Les principaux réactifs sont : l'ammoniaque, l'acide oxalique et l'acide sulfhydrique.

Avec le premier, le précipité est blanc-bleuâtre ; il est blanc-verdâtre avec le second et noir avec le dernier.

C. *Émétique*. — Administré à haute dose cette substance devient toxique, surtout pour les jeunes animaux. Les altérations observées sont les suivantes : inflammation du conduit œsophagien ; rougeur de l'estomac et des intestins dont les muqueuses offrent un enduit noirâtre, épais, visqueux et même sanguinolent.

Foie, reins, rate hypertrophiés et parsemés de taches noirâtres. Poumons congestionnés. Le cœur renferme du sang imparfaitement coagulé ; enfin la congestion se rencontre jusque dans les organes cérébraux.

Le groupe suivant comprend les solanées vireuses. Leur intoxication produit la congestion des lobes pulmonaires. A la surface et à l'intérieur du poumon, on rencontre des petits points d'hypérémie partielle. Le foie, la rate, le cerveau et les autres organes sont très injectés. Sang fluide et noirâtre. Extravasations sanguines du tissu musculaire qui est pâle, décoloré et flasque. Putréfaction hâtive.

Dans l'empoisonnement par le plomb, la muqueuse stomacale se trouve épaissie, ramollie et grisâtre. Les reins présentent les désordres propres à la maladie de Bright.

Les narcotiques produisent la congestion sanguine des poumons, du foie, de la rate, du cœur, du cerveau, etc... Sang noir et fluide, chairs décolorées ; les lésions sont identiques à celles de l'asphyxie.

Les névrosthéniques — strychnine, noix vomique, acide prussique, cantharides — produisent une exsudation sanguine à la surface des poumons, des reins, du cœur, du cerveau et de la moelle. La congestion de tous ces organes est considérable. Sang noir, épais, foncé. Les muscles fermes et rigides ont une couleur brun violacé ; d'autres fois ces tissus ne présentent aucune consistance.

Nous terminerons par quelques mots sur les drastiques. Cette classe renferme l'euphorbe, le croton-tiglium, la bryone, la rue, la coloquinte et la gomme-gutte. Le principe actif de ces substances n'est pas toujours le même, mais le plus répandu et le plus redoutable est la vératrine. On cite un fait dans lequel un porc succomba pour avoir mangé de la soupe contenant la racine de bryone qui avait été confondue avec le navet. Cette substance administrée à dose trop élevée ou à intervalles trop rapprochés peut amener de graves désordres dans l'économie. Intestins irrités ; estomac renfermant un liquide floconneux blanchâtre ou sanguinolent ; sa membrane muqueuse ramollie, ulcérée, parsemée de taches noires et de plaques gangréneuses. Le foie, les reins, la rate friables et ramollis ; la viande a une saveur excessivement âcre : tels sont les désordres causés par l'ingestion inopportune des drastiques.

En résumé, les viandes médicamentées sont impropres à la consommation.

ACTYNOMYCOSE

Cette maladie est produite par un parasite particulier qui amène la désorganisation des tissus. Nous la rencontrons dans les divers organes de l'économie. Quand elle se localise dans les os, ils se ramollissent et se transforment progressivement en substance purulente. Les lésions envahissent principalement les muscles qui sont ramollis, infiltrés et faciles à déchirer ; leur couleur jaunâtre s'accompagne d'un nombre considérable de petits grains qui garnissent les faisceaux musculaires. On en rencontre aussi dans la langue, les poumons, le foie, le cœur, les mamelles, les amygdales et les autres organes. Ces dégénérescences sont formées par des parasites imitant la tête d'une massue.

« Les actynomyces, dit M. Galtier, se montrent sous formes de touffes ou de masses globuleuses, lobulées, ayant de $0^{mm},1$ à $0^{mm},5$ de diamètre ; ils sont formés d'éléments nombreux partant du centre de chaque masse pour se diriger vers la périphérie, où ils se terminent par autant de petits renflements. Cet aspect radié, qu'affecte l'ensemble des éléments constitutifs de chaque actynomyce, rappelle dans une certaine mesure l'insertion des fleurons au centre du capitule d'une fleur composée. »

Ces parasites offrent une certaine résistance aux agents de destruction ; les acides et les solutions alcalines n'ont aucune influence sur eux, mais ils sont faciles à colorer avec l'iode, l'aniline, etc... Lorsque la maladie est simplement localisée on se borne à éliminer ces parties ; au contraire dans l'actynomycose généralisée la viande doit être considérée comme impropre à la consommation.

DE LA PSOROSPERMOSE

M. Rivolta s'est servi du terme de psorospermose pour dénommer une forme morbide produite par des parasites sur les animaux. Les psorospermies observées sur la viande de porc offrent l'aspect de stries blanchâtres; elles sont utruculiformes, ciliées et pourvues d'une ouverture à une de leurs extrémités.

D'une longueur moyenne d'un demi-millimètre, elles sont visibles à un faible grossissement; quelquefois, on les distingue à l'œil nu parce que le volume du muscle a sensiblement augmenté de volume aux endroits où elles se trouvent. Dans leur intérieur, on reconnaît de nombreuses loges mal délimitées contenant de petits corpuscules fusiformes ou semilunaires. En comprimant la préparation, la paroi de l'utricule se désagrège et a l'apparence d'un revêtement ciliaire.

Dans d'autres cas, on aperçoit des petits points blanchâtres semblables à des larves de mouche et de nature crétacée. Ces granulations qui se rencontrent souvent dans les jambons ont pu être confondues avec des nodules tuberculeux, des concrétions calcaires et peut-être avec des trichines. Le microscope et les réactifs sont nécessaires pour déterminer la nature de chacun de ces produits. Ainsi, les acides dissolvent les granulations calcaires en produisant une certaine effervescence. Les auteurs admettent que ces petits dépôts blanchâtres, irréguliers, arrondis ou bosselés sont constitués par la guanine ou par de la tyrosine. Quoi qu'il en soit, nous les avons vus apparaître souvent après la salaison de la viande, ce qui ferait supposer qu'ils résulteraient du produit du dédoublement des matières protéiques.

En général, les psorospermies n'occasionnent aucun désordre des tissus, à moins qu'elles ne se trouvent en grande quantité sous la muqueuse de l'œsophage et du pharynx. Ces parties deviennent alors le siège d'une vive inflammation et l'asphyxie peut en être la conséquence.

On a également signalé, chez le porc, une forme d'entérite qui serait produite par le grand nombre de psorospermies logées dans l'intestin de l'animal.

Dans l'état actuel de la science, la psorospermose seule n'est pas considérée de nature à rendre la viande de porc insalubre.

Cependant, nous pensons qu'il est rationnel de supprimer les parties où les parasites sont crétacés et visibles à l'œil nu. Toutes celles qui sont le siège de dépôts calcaires ou d'autres productions pathogéniques doivent également être exclues de l'alimentation.

PARASITES DIVERS

Au nombre des parasites qui envahissent particulièrement l'organisme du porc nous citerons :

1° L'*échynorhynque* (εχινος ρυγχος) au corps cylindrique, fusiforme et caractérisé par une espèce de trompe rétractile munie de cinq ou six rangées de crochets recourbés.

Ce ver, une fois fixé à la membrane intestinale, pénètre dans le sac péritonéal où il produit des lésions susceptibles de faire maigrir rapidement le sujet ;

2° Le *strongle paradoxal* (*strongulus paradoxus*) qui se loge dans les voies respiratoires et détermine la formation de nombreux abcès ;

3° La *douve du foie* (*distoma hepaticum*) et le distome lancéolé (*distoma lanceolatum*) qui se développent parfois en grande quantité et désorganisent les tissus ;

4° Les *échinocoques* (εχινοκοκκος) qui envahissent principalement le foie et les poumons dont le volume devient souvent considérable. D'autres fois, le viscère s'atrophie et son tissu propre se transforme en matière crétacée ; les hydatides subissent également la dégénérescence calcaire.

Les entozoaires déterminent généralement, dans l'économie, des troubles fonctionnels plus ou moins graves et il est indiqué de ne pas livrer à la consommation les organes frappés de parasitisme.

Cette exclusion ne doit pas atteindre les viandes trichinosées et nous donnons, dans le chapitre suivant, les raisons qui semblent motiver cette exception.

La gale entraine la saisie de la viande seulement dans le cas où cette affection a déterminé l'étisie des animaux.

DE LA TRICHINOSE

Depuis quelques années, les pouvoirs publics et les corps savants sont préoccupés, en France, des dangers que peut faire naître l'usage des viandes trichinées. En effet, elles occasionnent des accidents graves rendant nécessaires des mesures qui modifient les intérêts commerciaux et les habitudes culinaires. L'étude de la trichine et des désordres qu'elle cause dans l'organisme mérite donc de fixer notre attention.

Il est difficile de préciser exactement l'époque de la découverte de l'helminthe ; nous pouvons dire néanmoins que la maladie qu'il occasionne était inconnue avant 1832.

A cette époque, le docteur Hilton constata sur les muscles d'un homme mort à l'hôpital de Londres des entozoaires enveloppés de corpuscules blanchâtres et disséminés entre les fibres des muscles pectoraux. Paget observa un fait semblable sur deux personnes amenées à l'amphithéâtre de Saint-Bartholomews.

Richard Owen fit alors la description du kyste ovoïde et de son habitant microscopique auquel il donna le nom de *Trichina spiralis* (Ορις, τριχος, cheveu).

Quelques années plus tard, Farre, de Vood, Harrisson, Bischoff, Luschka, Dujardin, Herbst et Gurlt publièrent de nouvelles notions zoologiques et médicales sur la trichine.

C'est seulement en 1842 que Zenker, de Dresde, signale le premier cas de maladie occasionné par le parasite. En 1847, Leidy fait en Amérique la découverte de la trichine dans le porc.

Virchow, Vogel et Luschka apportent ensuite leur contingent scientifique pour établir sûrement l'organisation anatomique de l'helminthe.

En 1852 Cruveilhier, professeur à la faculté de médecine de Paris, observa l'existence des trichines en nombre très considérable dans les muscles des membres supérieurs et surtout dans ceux du bras.

En 1864 et en 1866 M. le docteur Pietra Santa a fait une étude complète de la trichine dans des mémoires pleins de science et d'intérêt.

Davaine, Lasègue et Guérin ont aussi publié, à cette époque, des articles très savants sur le même sujet. D'autres auteurs, parmi lesquels nous citerons MM. Baillet et Railliet ont fait paraître sur les trichines des travaux qui présentent un cachet remarquable d'exposition.

La trichine est un ver nématoïde (νῆμα, fil ; ειδος, forme), cylindrique et d'une dimension tellement faible que le microscope est nécessaire pour l'observer. Il se présente sous deux états différents : à l'état adulte il habite l'intestin, ou bien le muscle le renferme sous forme de chrysalide. La femelle de la trichine intestinale a une longueur de 1 à 3 millimètres ; le mâle est long de $1^{mm}50$

en moyenne et épais de $0^{mm}04$; enfin les embryons ont de 8 à 12 centièmes de millimètre.

Le parasite logé dans les fibres musculaires de n'importe quel animal est roulé en spirale et forme plusieurs tours, deux ou trois généralement ; il se trouve dans une enveloppe ovoïde appelée kyste. Le plus souvent, ce dernier ne contient qu'une seule trichine, cependant il peut en loger deux, quelquefois trois ; nous en avons même observé jusqu'à quatre et cinq, mais c'est l'exception. On rencontre aussi des kystes non habités.

Lorsqu'un morceau de viande trichiné parvient dans l'estomac, les kystes se dissolvent sous l'action des sucs gastriques et donnent la liberté au ver qui passe dans l'intestin. Dès le lendemain du jour où les trichines sont libres, elles ont déjà acquis un certain développement ; les sexes sont devenus apparents ; au quatrième jour, on distingue des œufs dans l'ovaire des femelles et des cellules spermatiques chez les mâles. Ceux-ci se reconnaissent aux deux vésicules situées à l'extrémité de la queue, ce sont les organes génitaux.

La fécondation ne tarde pas à s'opérer, alors on voit les œufs se gonfler dans l'ovaire de la femelle et cinq ou six jours après les embryons sortent vivants de l'utérus.

Chaque femelle est excessivement féconde et

elle peut donner naissance à 200, à 400, même à 1.000 petits.

Lorsque les phénomènes de la reproduction sont terminés, les vieilles trichines meurent et leurs débris sont rejetés par les selles. Les embryons ne séjournent pas dans l'intestin, mais s'enfoncent dans les séreuses, dans les glandes, dans le diaphragme et atteignent le tissu musculaire où commence leur enkystement.

Ils se nourrissent aux dépens de la fibre musculaire jusqu'à ce qu'ils soient logés dans le myolemme.

Une fois enkystée, la trichine peut vivre de nombreuses années. Nous en avons trouvé parfaitement vivantes dans des morceaux de jambon que nous possédions depuis plus de trois ans. Le docteur George, de Paris, rapporte que pendant dix ans il a conservé des trichines en vie dans une portion du muscle pectoral.

Ainsi la mort de leur hôte n'entraine pas immédiatement la leur et même leur existence se prolonge dans les chairs putréfiées. La sécheresse, la chaleur, l'huile de térébenthine, la glycérine et surtout la benzine les détruisent rapidement. Ces parasites occupent surtout les muscles de la tête, des épaules, de la langue, des yeux et des oreilles ; ils sont en nombre considérable vers les tendons et les insertions musculaires dont la densité semble mettre obstacle à leur migration ; on les trouve moins nombreux dans les membres postérieurs et surtout dans la queue des animaux. Harrisson et Virchow citent chacun un exemple où ils auraient trouvé la trichine dans le cœur, mais cet organe n'est pas favorable à son séjour et elle ne s'y enkyste pas. On avait supposé qu'elle avait le système musculaire pour habitat exclusif. Les micrographes ont encore constaté sa présence dans la substance grasse du porc, c'est-à-dire dans le lard. M. Chatin, dans une communication à l'Académie des sciences en 1881, a signalé cette particularité en ajoutant que d'autres parties fort différentes de l'organisme ne jouissaient pas de l'immunité à cet égard. En effet, dit le savant professeur, « parmi les viandes de provenance américaine soumises à l'examen microscopique, nous avons reconnu que des boyaux de porc contenaient de nombreuses trichines aux divers stades de développement ».

Ce fait est digne d'attention, car les boyaux de porc sont destinés à servir d'enveloppes aux saucissons dont un grand nombre ne subit aucune cuisson.

Le nombre des trichines pouvant se loger dans les muscles est considérable. L'examen d'un seul gramme de cervelas a dénoté la présence de plus de 150 parasites.

M. Colin, d'Alfort, affirme qu'un kilogramme de substance musculaire peut renfermer jusqu'à cinq millions de ces tristes hôtes.

Il est facile de comprendre que cette multitude d'êtres, occupant les muscles de la locomotion, de la respiration, des yeux, du visage, de la langue, etc., doivent amener des troubles dans notre organisme.

L'ingestion de la viande infectée produit la perte de l'appétit, le dégoût, la fièvre, la courbature et la diarrhée. Ces symptômes se manifestent généralement vers le troisième ou le quatrième jour. Puis la fièvre augmente, la circulation capillaire est troublée, le pourtour des yeux, la face et les membres se gonflent considérablement; les lèvres et la langue se dessèchent et noircissent, des sueurs abondantes apparaissent accompagnées de violentes coliques et la diarrhée alterne avec la constipation. Après huit ou douze jours commencent les douleurs musculaires; les membres se gonflent, la respiration devient difficile, la soif est extrême, la diarrhée continue; les malades maigrissent considérablement, tombent dans le marasme et succombent au bout de six semaines ou deux mois après des douleurs atroces.

Cette période correspond à l'enkystement des trichines qui s'incrustent de sels calcaires et restent dans les tissus à l'état de corps étrangers. La convalescence est toujours longue et il peut survenir des complications mortelles.

La gravité de la trichinose dépend de la quantité de viande ingérée, de son degré de fraîcheur, de la période de l'infection et de l'impressionnabilité du consommateur. Cette affection ne peut être confondue avec aucune autre. Cependant Leroy de Méricourt a tenté de démontrer l'identité probable de l'acrodynie et de la trichinose.

On se demande comment le porc peut contracter cette dernière affection. M. Colin admet que c'est une maladie d'échange, que le rat la communique au porc et que celui-ci la donne au rat. En effet, les rats et les souris qui habitent les maisons ont fréquemment des trichines, et, par suite, les chats sont exposés à contracter l'affection. Le professeur Vulpian a trouvé onze rats d'égout, sur vingt-neuf, infectés de ces parasites. Leroy de Méricourt repousse l'hypothèse de M. Colin et admet que les rats trouvent la trichine dans les petits insectes qu'ils dévorent. Quoi qu'il en soit, elle envahit, de préférence, l'organisme du porc, du rat et de l'homme. D'autres animaux sont susceptibles d'être trichinosés expérimentalement. Les herbivores, le cheval, le bœuf, le veau, le mouton et la chèvre peuvent héberger le parasite. Il en est de même du chat et du lapin. Introduit dans le tube digestif du chien, l'helminthe éprouve rapidement ses transformations successives, mais il ne passe pas dans les muscles et ne se perpétue pas.

Le même fait a lieu chez le renard. Le sanglier se trichinose aussi facilement que le cochon domestique. Les cobayes succombent rapidement à l'ingestion de viandes infectées. Le lièvre est facilement trichinisé. Chez les oiseaux, les trichines grandissent et pullulent dans l'intestin, mais elles sont rapidement entraînées par les déjections. Dans l'organisme des poissons et des amphibies, elles meurent bientôt sans se développer. On a trouvé des trichines, sorties de leur kyste, dans l'intestin des grenouilles; mais là, s'arrêtait leur développement. L'expérimentation a été négative sur l'écrevisse et sur les mouches. On comprend aisément que les rongeurs, carnivores et herbivores deviennent trichineux en mangeant des immondices, des débris de viande infectée, des herbes ou des liquides souillés par les déjections des animaux qui expulsent des trichines vivantes.

De nombreuses épidémies de trichinose ont été constatées en Europe ou aux États-Unis. La première fut observée dans le Hanovre en 1855. L'Allemagne a le triste privilège de cette maladie. En 1862, épidémie à Plauen, royaume de Saxe ; ensuite à Corbach, à Calbe, à Magdebourg, à Quedlinbourg, à Kügen, à Burg, à Eisleben, à Halle, à Weimar, à Imsterbourg, à Hettstœdt, à Leipsig, à Vorbis, à Nordhausen, à Gurlitz, à Lubeck, à Schenfeld, au Hanovre, à Brunn et à Hambourg.

Les épidémies les plus graves sont celles de 1862 et 1865. En 1863, à Hédersleben, 300 personnes furent atteintes et 100 succombèrent.

En 1869, épidémie en Suisse dans le canton de Tessin. A Ravéchia plusieurs personnes ont été malades et 5 moururent. En 1874, épidémie à Neustadt. En 1875, épidémie à Brême. En 1876, épidémie dans le Massachuseth ; sur 100 malades 17 succombèrent. En 1879, épidémie à bord d'un bâtiment anglais ; nombreuses mortalités. En 1880, épidémie à New-York. En 1881, épidémie en Espagne. En 1882, épidémie à Harshall. La même année, épidémie en Belgique. En 1884, épidémie à Emersleben. En 1886, épidémie à Olbersdorf. Dans le courant de la même année, plusieurs cas de trichinose ont été signalés à Zittau, Hirschfeld et Ostritz. Les épidémies de trichinose observées en Amérique sont trop nombreuses pour les mentionner. Le 28 janvier 1882, un journal de ce pays, *l'Américain correspondant*, publiait le renseignement suivant : « On peut nous en croire, il n'y a eu que six cas, dont quatre mortels, la semaine dernière, et seulement deux cette semaine-ci, ce qui prouve bien que la trichinose est un épouvantail qu'on grossit trop. »

Ces lignes se passent de commentaires.

La France est plus favorisée, sous ce rapport, puisque des cas isolés de la maladie sont constatés seulement à de rares intervalles. En 1878, une épidémie fut cependant constatée à Crépy-en-Valois (Oise). Dix-sept personnes sur vingt, qui avaient mangé de la viande de porc trichinée, furent malades dont une mourut.

Nous devons cette préservation à nos habitudes culinaires, car il n'entre pas dans nos mœurs de manger des viandes crues. Quand la présence de la trichine fut découverte en 1881, par M. Leclerc, de Lyon, dans les salaisons américaines, le gouvernement interdit leur importation. Les mêmes mesures existaient déjà en Prusse, en Italie, en Autriche, en Espagne, en Portugal, en Grèce, etc...

Un projet de loi, rapportant le décret du 18 février 1881, fut adopté au mois de mars 1882 par la chambre des députés, mais il fut repoussé par le Sénat le 20 juin suivant.

M. Testelin, à la tribune de la Chambre haute,

a fait valoir plusieurs raisons pour maintenir la prohibition. Après avoir invoqué la santé publique et la protection que tout gouvernement sage doit accorder aux classes laborieuses, spécialement appelées à consommer cet aliment, l'honorable sénateur s'est efforcé de démontrer le peu de valeur des réclamations du commerce. De fait, dans tous les temps, les lois sur la police sanitaire des animaux ont conféré aux gouvernants le droit d'empêcher l'importation des substances alimentaires malsaines. Les porcs français sont, probablement, indemnes de trichines et en introduisant les viandes américaines en France, on amènerait ainsi la trichinose des rats et des cochons.

Ces raisons, plus spécieuses que réelles, n'empêchèrent pas le décret du 27 novembre 1883 rapportant celui de 1881. Mais un troisième décret en date du 28 décembre de la même année fit surseoir à son exécution. On a lieu d'être profondément surpris de ces mesures contradictoires concernant les viandes salées d'Amérique parce qu'elles jettent le trouble dans les esprits et lèsent gravement les transactions commerciales.

Les uns prônent la prohibition, les autres réclament la liberté absolue d'importation. Le conseil d'hygiène publique de France et l'Académie de médecine consultés sur la nocuité ou l'innocuité des salaisons américaines n'ont pas toujours émis le même avis. M. le professeur Laboulbène en traitant la trichinose devant l'Académie de médecine a fait l'histoire de la petite épidémie de Crépy-en-Valois. Le porc trichinosé avait été acheté dans un pays où les animaux de son espèce n'avaient jamais été atteints de cette affection. Les cochons sacrifiés par le charcutier n'avaient jamais présenté les symptômes de la maladie. Mais l'animal en question avait été nourri dans un local souvent visité par les rats. D'après ces renseignements, le savant académicien pense que le porc incriminé a communiqué la trichinose à ceux qui avaient mangé sa chair imparfaitement cuite et que cet animal l'avait reçue d'un rat trichinosé. H. Bouley a fait observer à l'Académie que la maladie vient des grandes usines de l'Amérique qui ne sont soumises à aucune espèce d'inspection. « Et, dit-il, tant que l'Amérique se montrera aussi peu soucieuse des garanties que doivent offrir les produits alimentaires dont elle inonde le marché européen, il sera nécessaire de prendre de sévères précautions. » Nous verrons plus loin que notre regretté maître avait été très mal renseigné. Dans la même séance, M. Depaul a demandé la prohibition des viandes d'Amérique aussi longtemps qu'elles inspireront des craintes au consommateur. Le décret prohibitif a été la conséquence de cette discussion engagée sur un mauvais terrain, à savoir que l'inspection microscopique est inefficace.

M. le docteur Decaisne a énergiquement combattu, dans le journal *La France,* le décret du 18 février 1881. Le 29 novembre 1882, l'éminent publiciste communiqua à l'Académie de médecine un remarquable mémoire qui a été l'objet d'une discussion assez vive et à laquelle prirent part MM. Chatin, Proust, Bouley, C. Leblanc, Rochard, Legouest, Bouchardat, Jules Guérin et Fauvel.

Dans la séance du 28 février, H. Bouley, au nom de la majorité de la commission, a lu les conclusions suivantes adoptées à l'unanimité moins trois voix :

« L'Académie de médecine prenant en considération :

1° Que depuis un assez grand nombre d'années, les viandes porcines de provenance américaine ou allemande sont entrées si souvent en France et ont été livrées à la consommation sans qu'elles aient été soumises à une inspection spéciale, au point de vue de la trichine ;

2° Que malgré l'usage très répandu qui a été fait de ces viandes, notamment dans l'armée et dans les grandes manufactures industrielles, la trichinose, hormis une seule fois où elle procédait d'un porc indigène, n'a été observée dans aucune des régions de la France, bien que son existence fréquente en Allemagne ait appelé sur elle, d'une manière toute particulière, l'attention des médecins ;

3° Que cette immunité dont jouissent nos populations à l'endroit de la trichinose se rattache, à n'en pas douter, à nos habitudes culinaires, la viande de porc n'étant généralement consommée en France qu'après avoir subi une température de coction qui n'est pas compatible avec la conservation de la vie des trichines ;

4° Qu'enfin une inspection microscopique efficace ne pourrait être que bien difficilement applicable à la masse énorme de quarante millions, au moins, de kilos de viandes porcines, présentées annuellement à l'importation et que, dans tous les cas, cette inspection ne saurait donner une garantie certaine de l'innocuité de ces viandes au point de vue de la trichinose, l'irrégularité de la dissémination des trichines ne permettant pas d'induire de leur absence dans un point qu'elle n'existe pas dans un autre.

Est d'avis :

Qu'il n'est pas nécessaire de soumettre à une inspection microscopique les viandes porcines d'importation étrangère, pour prévenir l'infection trichinosique chez les populations qui font usage de ces viandes, les habitudes culinaires de ces populations ayant été démontrées jusqu'à présent efficaces à les préserver de cette infection ;

Et qu'il suffit, pour les tenir en garde contre les dangers possibles de l'usage de la viande de porc consommée crue ou incomplètement cuite, de leur signaler dans une instruction spéciale qui serait distribuée dans toutes les communes par les soins de l'administration. »

D'autre part, le Comité consultatif d'hygiène, à cinq reprises différentes (4 août 1879, 6 septembre 1880, 7 février 1881, 5 janvier 1882 et le 26 novembre 1883) a également déclaré qu'il n'y avait pas lieu d'édicter ou de maintenir des mesures prohibitives contre les salaisons américaines.

La fréquence de la trichinose en Allemagne prouve, d'une manière préremptoire, que l'inspection microscopique est illusoire. En effet, les 18,000 agents occupés à la recherche de la petite bête nous instruisent sur la valeur de cet examen.

En 1884, à la Chambre des députés, Paul Bert a soutenu l'insalubrité des salaisons américaines. Dans le but de faire maintenir le décret de prohibition il a invoqué des raisons d'ordre scientifique et économique. Le cochon américain a été chargé de tous les cas de trichinose observés dans le monde entier. Les opinions protectionnistes de Paul Bert sont assurément fort louables et nous les partageons entièrement. A la vérité, les intérêts du commerce national, déjà en souffrance, sont fortement menacés par la concurrence étrangère. Les éleveurs français expriment des plaintes sérieuses contre l'envahissement exotique de nos marchés, mais la trichinose ne devrait pas servir de bouc émissaire pour la défense de notre agriculture.

Sur l'invitation du ministre et la proposition de Wurtz, l'Académie a également discuté, le 8 janvier 1884, un rapport de MM. Brouardel et Grancher sur l'épidémie de trichinose d'Emersleben.

Ces savants donnent pour conclusions :

1° La cuisson de la viande de porc assure au consommateur une immunité absolue.

2° Le temps qui s'écoule entre le moment où un porc trichiné est abattu et celui où sa viande est ingérée a une influence notable sur l'intensité des accidents qui peuvent résulter de sa consommation. Plus cette durée s'allonge, plus les accidents perdent leur gravité.

3° La recherche de la trichine dans la viande de porc, facile quand l'animal est entier, probante quand elle est pratiquée par des micrographes compétents, devient longue, difficile, et peut rester infructueuse, même pratiquée par ces micrographes, lorsqu'il ne leur est plus possible d'aller chercher la trichine dans ses lieux d'élection.

4° L'étude de l'épidémie d'Emersleben a convaincu MM. Brouardel et Grancher qu'ils ne s'étaient jamais trouvés en France en présence de malades gravement atteints de la trichinose.

M. Brouardel a relaté, dans son rapport, des particularités très intéressantes. Ainsi, le sexe ne paraît avoir aucune influence sur le développement de la trichine ; mais les enfants semblent mieux résister que les adultes à la trichinose. De plus, l'usage de l'alcool aurait une influence favorable dans le traitement de cette maladie.

M. Decroix, partisan acharné des viandes insalubres, a fait des expériences — *in anima vili* — pour démontrer l'innocuité de la viande trichinée. S'étant procuré du porc farci de ces parasites, une partie a été frite à la poêle pour la confection d'une omelette au lard ; une seconde partie a été cuite dans un pot au feu et la troisième partie a été préparée dans un bœuf à la mode. Ces diverses préparations consommées chaudes ou froides n'ont produit aucune influence fâcheuse sur la santé de l'expérimentateur.

Nous pouvons donc affirmer avec la majorité des auteurs que la cuisson donne une innocuité complète aux viandes trichinées. La difficulté est de savoir à quel degré elle doit être poussée. M. Colin a prouvé que deux heures sont nécessaires pour la destruction de l'helminthe dans un carré de lard de trois kilos ; une ébullition de même durée a été nécessaire pour obtenir ce résultat dans un saucisson. Dans des côtelettes de porc grillées sur un feu vif et qui avaient, au centre, une teinte rosée, la trichine était encore vivante ; elle ne fut tuée que par un grillage plus prolongé. Le savant professeur d'Alfort avance que le rôtissage, tel qu'il se pratique, est insuffisant pour tuer les trichines. Il a fait confectionner différents plats : grillades, salé, jambon, etc... ; les couches superficielles contenaient les parasites morts tandis qu'ils étaient vivants dans les couches profondes.

On prétend qu'une très faible quantité d'acide sulfurique mélangée à la saumure tue infailliblement les nématoïdes, sans pour cela altérer la qualité de la viande.

De son côté, M. Girard, chef du laboratoire municipal, a montré, parfaitement vivantes, des trichines qu'il avait maintenues pendant deux jours sous l'influence d'une température de 44 degrés.

Rappelons-nous que, souvent, la cuisson n'atteint pas ou du moins ne dépasse point cette chaleur dans les parties centrales. Les beaux jambons roses qui ornent nos tables ne doivent cette couleur appétissante qu'à une cuisson imparfaite. On trouverait difficilement dans les restaurants parisiens des tranches de jambon bien cuites, car pour leur donner la nuance qui en fait le prix, on se borne à plonger les pièces pendant quelques minutes dans l'eau bouillante.

D'après les recherches de M. Valin, la viande trichinée, chauffée à 48 degrés et administrée à quatre lapins en a tué trois; celle chauffée à 50 et 52 degrés donnée à deux lapins les a tués tous les deux; celle portée à 56 ou 57 degrés en a tué un sur trois; enfin, trois lapins qui avaient mangé de la viande trichinée et chauffée à 60 degrés dans l'eau n'ont éprouvé aucune maladie. L'éminent professeur du Val-de-Grâce conclut de ces expériences que, pour un jambon de cinq kilos, il faut, au four, quatre heures de cuisson, et à l'eau, environ trois heures d'ébullition. MM. Girard et Pabst disent qu'il faut en moyenne six heures et demie d'ébullition dans l'eau pour que le centre d'un jambon arrive à 70 degrés et dix heures pour qu'elle monte à 85 degrés.

En 1881, M. Laborde a fait de curieuses expériences dans lesquelles les trichines ne purent être tuées dans un jambon chauffé à 118 degrés. Du reste, leur résistance varie avec l'âge. Quand elles sont en voie de formation, elles meurent facilement à 50 degrés.

Il faut 60 et 75 degrés pour avoir raison des vers enkystés et incrustés de sels calcaires.

« La salaison, dit M. Colin, tue promptement les trichines dans les parties superficielles des morceaux plongés dans la saumure ou saupoudrés de sel, mais elle laisse encore pour longtemps les trichines vivantes dans les parties profondes, qui se pénètrent de sel avec lenteur.

Dans les parties de profondeur moyenne le jambon n'a pas plus de trichines vivantes que dans les couches superficielles; il n'en a même plus au bout de deux mois près des os ou dans les parties les moins saturées de sel, mais dans les parties profondes sur les jambons de grand volume, qui n'ont pas séjourné un temps très long dans le sel, il reste des trichines vivantes au moment où la pièce est tirée de la saumure et les trichines n'y meurent qu'à la longue. Il est certain que les trichines sont mortes dans les couches superficielles et moyennes des jambons, et qu'elles passent à l'état de cadavres dans l'intestin des animaux ou de l'homme, qui ingèrent cette charcuterie salée ou dessalée. Quant aux couches profondes, elles conservent, dans les premiers temps qui suivent la salaison, des trichines destinées à mourir quelques semaines ou quelques mois après les plus superficielles, suivant le volume des pièces et la quantité de sel dont elles sont pénétrées. Dans les saucissons, même faiblement salés, les trichines sont tuées déjà au bout de quinze jours. Elles le sont à toutes les profondeurs et mieux encore que dans les jambons à cause de la diffusion plus rapide et plus complète du sel dans toutes les parties de la masse. La salaison tue donc assez rapidement les trichines. Quinze jours suffisent pour les trichines des parties superficielles, un mois, six semaines pour celles des parties profondes, deux mois, trois mois dans les pièces les plus volumineuses. »

En 1886, le docteur Ermann, de Hambourg, a entrepris de nouvelles expériences sur la nocivité des trichines. Il a nourri pendant plusieurs mois des lapins avec des viandes salées d'Amérique. L'autopsie des animaux et l'examen micrographique des muscles n'ont pas révélé la présence des helminthes. Au contraire, les muscles de trois lapins auxquels on avait fait manger de la viande fraîche ont été reconnus farcis de trichines.

La fumigation chaude de vingt-quatres heures

qui a pénétré toute l'épaisseur des tissus tue les trichines, tandis qu'une fumigation froide de plusieurs jours les laisse encore vivantes. On pense qu'elles sont mortes dans les saucissons fumés même à froid mais longtemps conservés.

Un ingénieur espagnol, M. de Paula Marquez, a conseillé de soumettre la viande à une réfrigération de 50°. Ce procédé n'a pas été adopté parce que son application laisse de trop nombreux *desiderata* ; en outre, les viandes congelées perdent toute leur saveur et ne peuvent plus être mangées.

D'après les expériences de Bouley et Gibier, un froid de 15 à 20° tue les trichines larvaires. Mais des trichines enkystées laissées à une température de 20° au-dessous de zéro pendant une nuit entière ont été retrouvées vivantes le lendemain.

On emploie plusieurs moyens pour constater la vitalité des parasites. Il suffit de placer un fragment très mince de chair trichinée sur la platine d'un microscope. En chauffant graduellement la préparation à 38 ou 40° on voit le nématoïde se dérouler lentement quand il est sorti de sa coque ou s'enrouler quand il est enkysté. Si la chaleur est plus intense, on remarque un brusque soubresaut, la trichine a vécu. Chez celle qui est morte, rien de semblable n'est observé, la fibre musculaire se racornit sous l'influence du calorique et c'est tout.

Les trichines mortes se colorent facilement avec le picro-carminate d'ammoniaque, le bleu d'aniline et d'autres réactifs. Celles qui sont vivantes ne s'imprègnent pas de ces matières colorantes.

M. Colin conseille de faire manger la viande par des oiseaux qui expulsent dans leurs déjections des helminthes déroulés. Quand ils sont morts, la chair est digérée avec les autres aliments et les excréments ne renferment rien.

L'importation des viandes salées de provenance américaine divise actuellement, en deux partis, ceux qui s'intéressent à la solution de ce difficile problème. Tous fournissent d'excellentes raisons à l'appui de la cause qu'ils défendent.

Aussi bien, nous n'avons pas la prétention de trancher cette question grosse de conséquences et nous formulerons simplement les conclusions suivantes :

Les salaisons étrangères ont fourni, pendant vingt années, un appoint considérable à la nourriture des classes peu aisées de notre pays. En effet, MM. Leblanc et Chatin ont annoncé que leur importation, en 1880, n'a pas été moindre de 42 millions de kilos. Leur prix n'a jamais dépassé 25 ou 30 centimes la livre et la suppression de cette précieuse mine de nutrition n'est pas le moyen d'atténuer la misère qui frappe nos populations ouvrières. En outre, cette quantité considérable de viande apporte dans les caisses municipales des sommes importantes puisque leur entrée est taxée. au même titre que les autres viandes.

Le danger de la trichine réside dans la consommation des produits frais non soumis à la cuisson. En France, les habitudes culinaires s'opposent au développement de la maladie, car les viandes crues ne sont pas admises sur nos tables.

Tous les expérimentateurs ont constaté que les trichines sont mortes dans les morceaux salés ou fumés et chez nous la trichinose n'existe pas.

Enfin, l'inspection micrographique la plus sérieuse n'offre pas les garanties demandées ; elle ne peut donner qu'une fausse sécurité au consommateur.

Toutes ces raisons militent en faveur de la liberté absolue de l'importation des viandes porcines d'Amérique.

LADRERIE

La ladrerie est connue depuis fort longtemps. Les Grecs appelaient cette affection χαλαξα, mot qui signifie grêle ou grêlon. Oribaze en fait une longue description. Pline mentionne que les porcs sont souvent atteints d'angine et d'écrouelles — *angina maxime et strumæ* — mais il ne cite pas cette maladie. Aristote en fait une étude très complète. Nous traduisons le passage suivant :

« Les porcs ladres se reconnaissent aux cuisses, au cou et aux épaules dont la viande humide présente de nombreux boutons ; s'il y en a peu la viande est douce ; quand il y en a beaucoup, elle est très humide et sans goût. Il est facile de distinguer les porcs qui deviennent ladres par des boutons transparents à la partie inférieure de la langue. En arrachant les soies du dos, on remarque du sang à la racine de chaque poil enlevé ; les cochons ladres ne peuvent pas se tenir sur leurs membres postérieurs ; ils ne deviennent pas ladres aussi longtemps qu'ils tettent à la mamelle[1]. »

Dans l'ancienne hippiatrie la ladrerie était syno-

---

[1] Aristote. *De historia animalium*, liber VIII, cap. XXI.

nyme de *lèpre*. Dans les campagnes elle est vulgairement appelée *noselerie, pourriture de Saint-Lazare*, etc... On dit encore que le cochon a le *grain*, qu'il est *grené* parce que les vésicules ladriques ressemblent à une graine.

La ladrerie est due à la présence au sein du tissu musculaire de vésicules elliptiques qui renferment un parasite du genre cysticerque. Le *cysticercus cellulosæ* ou hydatide ladrique est une des métamorphoses du ver solitaire de l'homme ou *tænia solium*. A l'état vésiculaire il se présente sous la forme d'une vésicule elliptique, de 6 à 20 millimètres de long sur 5 à 10 de large. Dans son intérieur existe un liquide clair ou légèrement trouble et vers le milieu de sa longueur se trouve un point blanchâtre qui n'est autre que le scolex ou rudiment du *tænia solium*.

La tête du cysticerque examinée au microscope offre une trompe ou proéminence convexe pourvue d'une double couronne de crochets dont le nombre s'élève de 24 à 32.

Les grands ont de 160 à 180 millimètres de longueur et les petits de 110 à 140 millimètres, mais tous arrivent au même niveau pour former la couronne; en outre il existe quatre ventouses correspondant aux quatre angles formés par la tête du parasite.

Ses principaux lieux d'élection sont : le tissu conjonctif de la plupart des organes, les muscles et surtout la langue. Il siège généralement dans les muscles olécraniens et intercostaux, dans ceux du cou, de l'abdomen et de la cuisse. Nous n'avons jamais constaté sa présence dans le lard et la graisse.

Le parasite offre la forme d'une tache arrondie opaque et d'un blanc nacré qui tranche avec la couleur du tissu musculaire. Chez certains porcs les muscles sont pénétrés de vésicules excessivement petites et à peine visibles à l'œil nu; d'autres fois elles sont volumineuses et le point blanc atteint la grosseur d'un grain de millet. Quand le liquide des vésicules se résorbe, le grain se dessèche, devient dur et subit l'infiltration calcaire. Cet état est désigné sous le nom de ladrerie sèche. Nous avons encore trouvé des kystes dans un état de décomposition plus ou moins avancée; tantôt ils présentent à leur centre un ramollissement voisin de la putréfaction, tantôt ils forment une véritable bouillie, d'autres fois encore la vésicule et le kyste ont complètement disparu pour faire place à une substance entièrement putréfiée. Nous donnons le nom de ladrerie purulente à cette période de la maladie. Dans le début, les crochets de la couronne n'affectent plus la forme normale. Au lieu d'être disposés sur deux rangs réguliers ils sont séparés les uns des autres et désarticulés. Lorsque la décomposition est plus complète les crochets s'enchevêtrent de telle manière que leurs pointes sont dirigées en haut, en bas ou en travers.

Les chairs du porc ladre n'offrent pas de caractères particuliers à la maladie. En général rien n'est modifié dans leur couleur, densité et consistance. Dans des porcs de concours reconnus ladres après l'abatage les tissus offraient une grande fermeté et rien ne pouvait faire supposer l'existence de la maladie.

A la coupe les muscles laissent apparaître les vésicules ellipsoïdes dans lesquelles se trouvent le parasite. Quand elles sont déchirées par l'instrument tranchant, le liquide envahit les tissus environnants et leur communique un aspect humide.

Il suffit dans ce cas d'exercer un légère pression avec les doigts pour faire faire saillie au cysticerque. Nous avons rencontré des vésicules ladriques dans les muscles de l'œil et même dans le cerveau. Dans la ladrerie sèche les kystes ont la grosseur d'une tête d'épingle et souvent ils sont en petit nombre ; d'autres fois ils sont tellement répandus que l'imagination a lieu d'être frappée.

Dans la ladrerie purulente les granulations formées par les *cysticerci cellulosæ* sont plus irrégulières et parfois détruites en partie.

Cette affection du porc est principalement attribuée à l'ingestion par le tube digestif des œufs du *tænia solium*. Nous savons en effet que le cysticerque habite, à l'état rubanaire, l'intestin grêle de l'homme ; ses cucurbitains rejetés au dehors avec les excréments, sont absorbés par le porc dont nous connaissons la voracité.

Ce mode de transmission est démontré par les expériences d'un grand nombre de naturalistes. Les éleveurs peuvent donc prévenir la maladie en s'attachant aux soins de propreté et à la bonne tenue des porcheries. En distribuant au cochon une nourriture abondante et substantielle il aura moins de tendance à manger les immondices, les matières fécales et toutes les substances qui servent de véhicules aux œufs de ténia. Ce qui confirme notre opinion c'est que les animaux nourris avec parcimonie qui vaguent dans les rues, cours et voies publiques sont souvent atteints de ladrerie.

La transmission héréditaire de la maladie n'est plus mise en doute. Nous empruntons à Roche-Lubin deux exemples authentiques à ce sujet.

1° Un verrat sert une truie saine. Pendant la

gestation aucun symptôme de ladrerie ; à la mise bas, les sept cochonnets chétifs, rabougris, sont reconnus *ladres*. Quinze jours après la mère est langueyée ; on constate la ladrerie.

2° Une truie ladre est saillie par un verrat sain : elle met bas et à terme six cochonnets ; ils sont rachitiques et *ladres*.

Il n'y a pas de doute, dit Hurtrel d'Arboval, que les porcs qu'on tire jeunes des pays où on les élève soient plus sujets à devenir ladres, s'ils sont issus de père ou de mère dont l'organisation est altérée par la maladie, s'ils demeurent sous l'influence des mêmes causes et si l'on ne prend aucune précaution pour les garantir.

M. Baillet cite des cas remarquables de transmissibilité héréditaire empruntés au journal *le Bétail*, année 1875.

M. Boire, charcutier à Issoudun, acheta, le 26 décembre 1874, à Sainte-Sévère (Indre), un lot de neuf porcs, où il y avait cinq frères : *tous les cinq étaient ladres*.

M. Bourbier, de Châteauroux, achetait il y a quelques années douze porcs qui étaient frères : *ils se trouvèrent tous ladres*.

M. Martin Boiron, propriétaire à Bénévent (Creuse), a eu une mère truie ladre qui mit bas chez lui sept petits : *tous les sept furent atteints de cette maladie* [1].

L'infection héréditaire n'est admise que de la mère au fœtus par la voie du placenta.

Ces faits offrent une importance considérable au point de vue de la reproduction, car il est indispensable d'éliminer impitoyablement les truies sur lesquelles la maladie est constatée.

Les races limousine et auvergnate sont assurément les plus éprouvées, mais d'autres pays payent aussi un large tribu à cette affection tels que : Charente, Marche, Aunis, Poitou, Berry et Bourbonnais.

A l'extérieur aucun symptôme certain ne peut révéler son existence. On a parlé de la tristesse de l'animal, de sa marche embarrassée et de son cri enroué. D'aucuns prétendent même que l'épaule fait saillie en dehors, que le cou est bombé à son bord supérieur et que les ganaches sont enflées ; enfin on admet comme caractères révélateurs la densité de la peau, le peu d'adhérence des soies et l'état de langueur du sujet. Nous n'accordons aucune créance à ces éléments pour diagnostiquer, à coup sûr, la maladie sur le vivant. De fait, pendant longtemps la santé n'est nullement troublée.

[1] Baillet. *Traité de l'inspection des viandes de boucherie*, 2ᵉ édition, p. 433.

Lorsque la multiplication des cysticerques est excessive, l'animal maigrit considérablement, la paralysie envahit l'arrière-train et il succombe dans le marasme. Le moyen unique de se renseigner est fourni par l'examen de la langue.

Les anciens ignoraient la transmission à l'homme du ver solitaire par la consommation du porc ladre. Les expériences de Küchnmeister, Zittau, Leuckart, Humbert, Hollenbach, Von Siebold, Van Beneden, Gerlach, Baillet etc..., ont mis ce fait hors de doute. Le plus souvent les œufs du ténia sont ingérés avec les aliments et les boissons ; d'autres fois leur pénétration est plus directe, car on a observé l'auto-infection chez des individus qui avaient négligé les soins de propreté. Quel que soit le mode d'absorption, les scolex introduits dans l'organisme se transforment en ver solitaire quand il rencontre les conditions nécessaires à son existence. La présence des ténias dans les intestins se traduit, lorsqu'ils sont nombreux et très développés, par des sentiments de gêne, des borborygmes et des douleurs abdominales plus ou moins accusées. Les malades éprouvent des frissons, deviennent faméliques, sont constamment tourmentés par le désir de manger et finalement tombent dans un épuisement complet. C'est donc une maladie fort grave que l'on doit combattre par tous les moyens possibles.

« Le porc ladre, disent les anciens auteurs, s'engraisse difficilement. La chair est molle, fade, aqueuse, insipide, prend mal le sel et se gâte assez vite. On la vend à bas prix ou on l'abandonne aux indigents. Le bouillon que l'on fait avec de telle viande est blanc, peu savoureux et doit être jeté. On a dit que l'indigestion de cette mauvaise substance alimentaire occasionnait à l'homme des vomissements, la diarrhée ; mais il paraît que l'excès qu'on en fait peut seulement incommoder. Au reste, les parties altérées dans lesquelles on remarque des vésicules ladres en grand nombre crépitent sur le gril et les grains craquent sous la dent lorsqu'on les mâche. »

Nous voyons par cette description, extraite du *Dictionnaire de médecine et d'hygiène vétérinaires* d'Hurtrel d'Arboval, que la viande de porc ladre était mise en suspicion depuis longtemps. On avait créé, sous Louis XIV, des charges sous le nom de langueyeurs, dont les fonctions étaient de constater si les porcs amenés au marché n'étaient pas atteints de ladrerie.

Aujourd'hui, nous savons qu'elle possède la triste propriété de communiquer le ver solitaire à l'homme. La cuisson ne présente pas une sécurité absolue pour la rendre inoffensive. La salaison est également sans effet sur le parasite, enfin le hachage des viandes laisse les scolex le plus souvent intacts et un grand nombre de préparations de charcuterie sont mangées à l'état cru. Ces considérations justifient pleinement la nécessité de proscrire de notre alimentation les viandes ladres.

Les administrations de la guerre et de la marine, s'inspirant des données scientifiques actuelles, les rejettent impitoyablement des fournitures et elles refusent toute livraison dans laquelle se trouvent des morceaux contenant des cysticerques.

Nous approuvons entièrement cette ligne de conduite parce que cette viande, ingérée crue ou imparfaitement cuite, est susceptible de porter atteinte à la santé de nos troupes.

Cette règle doit être suivie par tout le monde et nous ne comprenons pas qu'on établisse une distinction dans les degrés de la maladie. Malheureusement dans un grand nombre de pays on suit encore la vieille routine et les usages locaux. En Allemagne cette question a été discutée au sein des Sociétés savantes. Le comité médical de Bavière a chargé M. Bollinger de lui donner son avis sur l'utilisation de la viande de porc ladre. L'éminent professeur de l'école vétérinaire de Munich a donné les conclusions suivantes dans un rapport publié en 1883 :

1° La chair des porcs ladres à un haut degré doit être rejetée de la consommation et de la vente publique, et, par un procédé convenable, être mise hors d'état de nuire. Cependant si le porc est gras, on peut sur la demande du propriétaire autoriser l'enlèvement du lard ; il n'y a rien qui empêche d'utiliser ces animaux pour un usage industriel.

2° Si les vésicules ladriques ne se trouvent qu'en très petit nombre, on pourra, sur l'avis du vétérinaire-inspecteur de la boucherie, et après l'avoir, sous la surveillance de la police, soumise à une cuisson convenable, la laisser au propriétaire pour sa consommation particulière, en le renseignant toutefois sur les dangers qu'offrent les viandes ladres pour la santé de l'homme et en avisant le bureau de police de l'endroit, pour que celui-ci puisse faire le contrôle nécessaire.

3° Le débit public à la petite boucherie d'une telle viande faiblement ladre est à permettre à condition que la qualité de la chair soit bien désignée et que celle-ci, sous la surveillance de la police, ait été préalablement cuite.

Ces conditions ont été approuvées par le comité, ce qui n'empêche pas qu'il existe encore un district en Bavière où la viande ladre n'est jamais retirée de la consommation.

A Londres, les conditions de salubrité sont meilleures. Les vétérinaires condamnent, sans aucune restriction, l'usage de la viande provenant d'animaux infectés de cysticerques.

L'inspection de la grande cité se fait avec le plus grand soin ; aussi trouverait-on difficilement de la viande ladre sur les marchés de Newgate, Aldgate et Leadhall.

En France, les mesures varient avec les localités.

A Lyon, Bordeaux, Troyes et nombre d'autres villes, la saisie totale des porcs infectés de cysticerques est prononcée quand la maladie est arrivée à un certain degré. Dans la plupart des cas, on procède à des épluchages partiels plus ou moins importants. Cette tolérance n'est pas conforme aux règles commandées par l'hygiène et la santé publiques.

A Paris, les opérations du service de la boucherie sont plus rationnelles, et les porcs reconnus atteints de ladrerie sont saisis et détruits sans aucune distinction. L'administration de la préfecture de police permet aux propriétaires d'utiliser la graisse et le lard pour la fonte et les usages industriels.

Ces mesures donnent d'excellents résultats.

Les charcutiers de la capitale font langueyer

les porcs et ils refusent la livraison des animaux malades. Ce sont ceux de la campagne ou des environs de Paris qui les achètent à bas prix pour les débiter au grand préjudice de la santé des classes laborieuses. La surveillance dans les abattoirs, marchés, charcuteries du département de la Seine est très rigoureuse. Des contraventions sont dressées contre les industriels qui mettent en vente des viandes ladres et les tribunaux condamdent, généralement, les délinquants à des peines sévères.

La ladrerie était rédhibitoire dans les *us* et *coutumes* de Paris, Orléans et autres.

Elle n'était point comprise au nombre des vices rédhibitoires dans la loi du 20 mai 1838; toutefois il y avait lieu d'appliquer au commerce des porcs, relativement à cette affection, les articles 1641, 1643 et 1644 du Code civil.

Aujourd'hui la ladrerie tombe sous l'application de la nouvelle loi sur les vices rédhibitoires du 2 août 1884. Il est stipulé que le prix de l'animal doit atteindre la somme de 100 francs.

Dans le cas contraire, les intérêts de l'acheteur sont garantis par la loi du 27 mars 1851 et les autres règles du droit commun. Du reste, la maladie offre toutes les conditions qui exigent l'étendue de la garantie.

Le plus souvent, elle est non apparente et inconnue de l'acheteur, de plus elle rend la chair du porc impropre à la consommation et peut porter un préjudice grave à la santé.

La nouvelle loi présente des avantages incontestables, car le charcutier n'a plus aucun intérêt à débiter clandestinement de la viande ladre. Lorsque la maladie est constatée à l'abatage et l'animal saisi, l'inspecteur délivre un certificat établissant ses droits vis-à-vis du vendeur. La marque au feu permet toujours de constater l'individualité du sujet.

Nous rencontrons aussi dans les séreuses splanchniques du porc, notamment dans le péritoine et la plèvre, le *cysticercus tenuicollis* ou cysticerque à cou grêle. Ce ver, appelé boule d'eau par le charcutier, acquiert parfois un volume considérable. Sa tête légèrement aplatie est pourvue d'une trompe longue et mince; elle est armée de 30 à 44 crochets. Ce cysticerque, qui ne peut être confondu avec le précédent, ne motive pas la saisie de la viande.

Nous dirons en terminant que la maladie causée par le *tænia solium* intéresse au plus haut degré l'hygiène et la santé publiques. L'application sévère des lois et règlements qui concernent les porcs ladres aura pour effets certains de prévenir le développement du ver solitaire dans l'espèce humaine.

DU CHARBON

Sous le terme générique de *charbon,* on désigne une maladie générale, virulente et contagieuse se manifestant sur la plupart des animaux domestiques. Les belles découvertes de MM. Pasteur, Toussaint, Arloing, Cornevin et Thomas établissent qu'il y a deux formes parfaitement distinctes. L'une engendrée par un microbe spécial est appelée maladie de la bactéridie et l'autre, produite par la bactérie, est appelée charbon symptomatique ou emphysémateux.

Le microbe bactérien est très rare dans le sang quand il y existe, mais il se trouve en grande quantité dans le tissu conjonctif inter et intramusculaire et à l'intérieur des faisceaux contractiles de la tumeur. Il se rencontre aussi dans les ganglions lymphatiques, les reins, la rate, le poumon. Il est anaérobie, mobile, plus court et plus large que la bactéridie, arrondi à ses deux extrémités et presque toujours pourvu près de l'une d'elles, jamais au centre, d'un noyau réfringent.

Sa résistance aux agents destructeurs est considérable.

Le cheval, l'âne, le porc, le chien, la poule ne contractent pas le *charbon symptomatique* par inoculation.

« En ce qui concerne le charbon, dit M. Colin, l'aptitude a parmi nos animaux domestiques des degrés nombreux. Les herbivores le contractent avec une extrême facilité, surtout les herbivores ruminants; après eux le lapin, les solipèdes; après ceux-ci le porc[1]. »

La viande des porcs atteints de charbon offre des caractères objectifs importants : pâleur des tissus, imbibition des séreuses, lividité des plèvres et du péritoine, injection des ganglions.

Les muscles grisâtres et ternes sont le siège de nombreuses infiltrations; en pratiquant une incision ils prennent, au contact de l'air, une teinte rouge vif semblable à celle de la chair saumonée. Le lard et la graisse ne présentent souvent aucune lésion.

Le sang, noir, poisseux, incoagulable, contient des bâtonnets immobiles, droits ou coudés, mesurant de quatre à douze millièmes de millimètre. Ces microbes, appelés bactéridies par Davaine,

[1] *Recueil de médecine vétérinaire*. 1873, p. 820.

sont aérobies et doués d'une virulence extrême.

Dans une communication faite à la Société centrale de médecine vétérinaire, M. Villain, de Paris, a prouvé que la fièvre charbonneuse du porc était bien la maladie de la bactéridie.

« Les lésions que j'ai rencontrées, dit-il, portent principalement sur les muscles, le tissu cellulaire, les ganglions et les séreuses.

Voulant pousser plus loin les investigations, je recueillis un peu de sang de ce porc et l'inoculai avec la lancette à deux cobayes.

Cinquante-six heures après l'inoculation un premier sujet mourait et présentait dans le sang de nombreuses bactéridies.

Le deuxième succomba au bout de trois jours ; son sang examiné renfermait une grande quantité des bactéridies ordinaires de la fièvre charbonneuse.

La rate de ces deux animaux d'expérience était fortement grossie ; sa surface bosselée donnait à l'incision un liquide noirâtre et boueux [1]. »

L'examen microscopique du sang est toujours indispensable pour diagnostiquer, à coup sûr, le charbon. On rencontre parfois des porcs ayant la viande lavée, infiltrée et saumonée avec absence de bactéridies dans le liquide circulatoire.

[1] *Recueil de médecine vétérinaire*, 1885.

Celui-ci peut encore contenir des bacilles mobiles, courts, formés d'un seul article, légèrement étranglé dans sa longueur, et arrondi à ses extrémités.

Le *bacterium termo* peut être confondu avec la bactéridie quand il est immobile et que plusieurs bâtonnets sont accolés les uns aux autres. Dans ce cas, il faut avoir recours à l'inoculation.

L'article 14 de la loi sur la police sanitaire interdit formellement l'usage alimentaire des animaux atteints de charbon. Si la cuisson détruit le virus, la manipulation de ces viandes offre toujours de nombreux dangers. En outre, le consommateur court le risque de s'inoculer la maladie quand la cuisson est incomplète.

Les plaies aux mains, à la gorge, les gerçures aux gencives et toutes les solutions de continuité sont des voies de transmission.

On doit soumettre à la crémation les cadavres charbonneux lorsqu'il n'existe pas de clos d'équarrissage. L'enfouissement même le plus rigoureux peut amener, tôt ou tard, des accidents que nous devons prévenir.

FIÈVRE APHTEUSE

Plusieurs personnes ont tendance à contester la gravité de cette affection. Une semblable opinion ne peut être admise, car la fièvre aphteuse étant très subtile se communique avec une extrême facilité en produisant sur les animaux une maigreur rapide. Elle est transmissible à l'homme, au cheval, au chien, aux grands ruminants, au mouton, à la chèvre et au porc. Enfin, il est reconnu qu'elle revêt fréquemment un caractère de malignité mortel pour les jeunes animaux.

Les symptômes observés sont : la tristesse, la difficulté dans la marche, la sécheresse du groin, l'éruption des aphtes dans la bouche, sur le museau et dans l'espace interdigité. Le décollement et la chute des onglons causent des claudications intenses, des plaies suppurantes et parfois la nécrose.

La viande des porcs abattus au début de la maladie est livrée à la consommation. Il n'en est plus ainsi quand la fièvre et le défaut de nourriture ont été suivis d'un amaigrissement extrême.

Dans tous les cas, la saisie des parties malades

est ordonnée, car le consommateur serait peu satisfait de rencontrer sur sa table des pieds de cochon truffés ou une langue fourrée ayant été le siège de suintement purulent, d'ulcérations et d'altérations propres à la maladie.

Les animaux qui marchent longtemps sur les grandes routes et sur des terrains cailloux sont sujets à une affection connue sous les noms de crevasses aux pieds, boiteries, pieds échauffés, *engravée*. Cette dernière expression est spécialement en usage, parce que la maladie est ordinairement produite par des graviers qui restent fixés dans l'ongle ou dans les parties flexibles du pied.

Bientôt on constate l'inflammation de la couronne autour des ongles et d'autres parties du pied.

Ces désordres ne doivent pas être confondus avec les lésions produites par la fièvre aphteuse.

DU ROUGET

Cette maladie, appelée *mal rouge* par les charcutiers, porte ses ravages parmi les troupeaux de porcs élevés en France et à l'étranger. Longtemps confondu avec plusieurs affections, le rouget est causé par un bacille que l'on peut isoler, cultiver et transformer en virus vaccin. Le lapin et le pigeon sont, paraît-il, les seules espèces susceptibles de contracter le rouget du porc par les voies digestives et respiratoires et par l'inoculation hypodermique. Le cheval, le bœuf, le mouton, le chien, la poule et le canard seraient réfractaires à la maladie. Elle apparaît sous plusieurs formes. L'animal très surexcité ou frappé de stupeur présente les symptômes suivants : fièvre intense, marche difficile, respiration courte et accélérée, bave blanchâtre plus ou moins abondante.

A une autre période, on observe de l'anorexie, une toux rauque accompagnée de vomissements, constipation ou diarrhée et le plus souvent la paraplégie. D'autres fois, c'est la chronicité.

Perte de l'appétit, diminution des forces, soies faciles à arracher, maigreur, marasme et mort.

L'été semble la saison la plus favorable au développement du rouget, car nous le constatons, en juin, juillet et août, sur un grand nombre de porcs.

Les lésions sont plus ou moins étendues suivant l'expression de la maladie et la période à laquelle le sujet a été sacrifié. Coloration rouge dans l'épaisseur du derme ; taches brunes, bleues ou violettes aux oreilles, au cou, à la poitrine, aux fesses, etc... Après l'échaudage, les points correspondant à ces taches prennent une teinte rouge vif, couleur de homard cuit.

Le péritoine, les plèvres, le cœur sont couverts d'ecchymoses. Reins hypérémiés et infiltrés, sérosité dans le canal médullaire et nombreuses extravasations dans la substance cérébrale.

Le tissu musculaire, moins ferme qu'à l'état normal, est souvent infiltré ; à l'aide du microscope on peut constater un manque d'adhérence entre les faisceaux primitifs qui se séparent en fibrilles. Ganglions tuméfiés. Matières spumeuses dans les organes respiratoires. Lobes pulmonaires injectés et gorgés de sang. Ce liquide bien coagulable rougit vivement après son exposition à l'air ; sa réaction est alcaline. Examiné au microscope on constate la présence d'un microbe anaérobie, ténu, très réfringent en forme de 8 de chiffre ou en haltère. Lorsque l'animal a succombé à la maladie, au bout de vingt-quatre ou quarante-huit heures, toutes les voies sanguines et surtout les capillaires sont envahie par les bacilles ; ceux-ci se colorent facilement avec tous les dérivés de l'aniline.

L'opération de l'inspecteur est basée sur les lésions. Il est bien certain que l'animal ayant été sacrifié dès le début de la maladie ne présente pas des désordres bien apparents. Dans tous les cas, cette viande doit être utilisée rapidement parce que sa pénétration par le sang favorise la décomposition.

La mollesse et l'infiltration générale des muscles, les nombreuses extravasations des organes et du tissu cellulaire, la couleur verdâtre de la graisse, etc..., rendent la viande impropre à la consommation.

VIANDES SEPTICÉMIQUES

Il règne encore, parmi les auteurs, une certaine confusion pour l'interprétation pathogénique des différences qui existent entre les diverses variétés de septicémie et certaines affections virulentes. Néanmoins, il est généralement admis que toutes les espèces de septicémie sont dues à un microbe déterminant la forme de la maladie. L'infection purulente proviendrait de la présence dans le torrent circulatoire d'un vibrion pyogène découvert par M. Pasteur. D'autre part, l'infection putride serait causée par la formation dans l'organisme de certains produits chimiques toxiques analogues aux alcaloïdes végétaux.

Dans une communication faite à l'Académie de médecine, le docteur Feltz a avancé que la septicémie humaine était toujours accompagnée de lésions qui procèdent d'hémorragies capillaires dépendant d'arrêts circulatoires déterminés par les modifications morphologiques et chimiques du sang.

Aussi, dit ce savant, contrairement aux infarctus de l'infection purulente, ceux de la septicémie aboutissent rarement à l'abcès métastatique, parce que presque toujours l'altération du sang est d'emblée si forte, qu'elle tue avant que l'infarctus ait eu le temps de se ramollir et de passer à ce qu'on appelle la suppuration.

Ces distinctions, très intéressantes au point de vue scientifique, offrent également une grande importance dans l'inspection des viandes. Il est prouvé que la consommation d'une viande septicémique est susceptible de produire des accidents mortels. On a également constaté que certains organes sont notamment dangereux. Ainsi, le foie, en accumulant les germes morbifiques, peut causer des intoxications aux personnes qui en mangeraient même en petite quantité. Enfin on a reconnu qu'une chair provenant d'un animal atteint de septicémie est capable d'infecter une viande saine ; ce fait a été constaté chez des bouchers et dans les caves des charcutiers.

Les viandes septicémiques présentent des signes objectifs permettant d'établir leur diagnostic qui est corroboré par l'examen microscopique du sang. Dans ce cas, on reconnaît à tous les tissus une coloration d'un gris terne, plombé caractéristique. Les muscles, mous, friables, offrent de nombreuses infiltrations et la striation de la fibre a souvent disparu. La partie interne des vaisseaux sanguins a une teinte violacée et le tissu péri-vasculaire est imprégné de matière colorante. Le péritoine, les aponévroses livides sont le siège d'une infiltration générale ; quelquefois le péritoine est couvert de fausses membranes. Le foie ramolli est légèrement friable et le volume de la rate se trouve sensiblement augmenté. Le cœur, mou, contient un sang épais non coagulé et le péricarde est infiltré de liquide sanguinolent. Mais la lésion essentielle réside dans le sang. Par l'examen microscopique on constate que les globules ont perdu leur forme régulière ; ils sont étoilés, hérissés ou découpés. On y reconnaît la présence d'un vibrion court, fin et doué d'une extrême mobilité. Les vibrions septiques sont très nombreux douze ou vingt-quatre heures après la mort de l'animal.

Les Annales d'hygiène relatent bien des cas d'intoxication produits par l'usage de viandes provenant de sujets atteints de septicémie. Lorsque cette affection est constatée et quand on rencontre des métastases, des foyers purulents ou gangréneux dans les diverses parties du corps, il est nécessaire de rejeter ces viandes de l'alimentation. Nous ne devons pas oublier que dans l'infection putride les matières albuminoïdes donnent naissance à des alcaloïdes végétaux qui ne sont pas détruits par la cuisson.

DE LA TUBERCULOSE

Cette redoutable maladie qui attaque l'homme et les animaux avec une violence terrible se rencontre assez rarement sur les porcs sacrifiés dans les abattoirs.. Ce fait trouve son explication dans les expériences de Toussaint démontrant que les lésions tuberculeuses du cochon appartiennent surtout à l'état aigu. Cependant, d'après les statistiques de Lydtin, les animaux atteints seraient d'environ 0,02 pour 100.

L'espèce porcine a une grande aptitude pour contracter la phtisie; la contagion a lieu surtout par les voies digestives et cette maladie fait de nombreux ravages dans les pays d'élève.

Nous connaissons la voracité du porc qui accepte facilement toutes les substances alimentaires. Il peut devenir tuberculeux par l'ingestion des produits provenant de sujets phtisiques tels que : viandes, poumons, intestins, crachats de l'homme, etc.

Les ganglions de l'appareil digestif sont les premiers envahis. Les organes les plus gravement atteints sont généralement les lobes pulmonaires, le foie, les plèvres, le péritoine, les ganglions lymphatiques, la rate et l'épiploon. Quand la maladie est généralisée, on constate presque toujours une maigreur prononcée de l'animal.

Les altérations consistent dans des granulations saillantes, grisâtres, caséeuses ou crétacées, molles ou dures. Leur nombre est plus ou moins considérable et leur volume varie depuis la grosseur d'une tête d'épingle jusqu'à celle d'un grain de chènevis.

La lésion caractéristique du tubercule réside dans la présence du bacille de Koch qui présente la forme d'un bâtonnet court, ténu et immobile ; souvent, il renferme des spores et offre une grande résistance aux moyens de destruction. Ce microbe se rencontre dans tous les organes ; parfois, ils deviennent tellement nombreux qu'ils forment un véritable feutrage couvrant les éléments anatomiques au milieu desquels ils se sont développés.

Il faut bien se garder de confondre les tubercules de la phtisie avec des nodules d'une autre nature. Plusieurs entozoaires pourvus de kystes peuvent produire, dans les tissus, des foyers jaunâtres, grisâtres, caséeux ou calcaires. L'examen microscopique révèle la présence de l'helminthe ou d'une partie du parasite. Par l'inoculation, on évite toute espèce d'erreur.

Les mesures sanitaires ne seront jamais trop rigoureuses pour empêcher la propagation d'une maladie qui couche, chaque année, dans le tombeau, de nombreuses victimes[1].

Aussi bien, sommes-nous partisan d'exclure de notre alimentation tous les animaux gras ou maigres reconnus atteints de tuberculose.

De nombreuses expériences ont prouvé que le sang est virulent et qu'il communique la maladie même quand les bacilles ne sont pas visibles au microscope.

Les propriétés nocives de la viande ne peuvent plus être contestées. Des porcs sont devenus

---

[1] Extrait du rapport du docteur Bertillon, chef des travaux de la statistique municipale de la ville de Paris :

« Phtisie tuberculeuse. — Cette maladie, la plus meurtrière de toutes, a conservé sa fréquence ordinaire (5,289 décès pendant le premier semestre, soit 468 décès annuels par 100,000 habitants).

« La fréquence a été un peu moindre (2,208 décès) pendant le trimestre d'été. Année 1886. »

phtisiques par l'inoculation du jus de viande.

Nous croyons utile d'insérer *in extenso* la note de Toussaint, présentée à l'Académie des sciences, qui montre le danger de l'emploi de la viande des animaux tuberculeux :

« Le 29 mars 1880, j'ai eu l'honneur de communiquer à l'Académie des sciences de Paris les premiers résultats que m'ont donnés des recherches sur la tuberculose. Il s'agissait, dans cette note, de huit porcs, infectés soit par ingestion du poumon tuberculeux de vache, soit par l'inoculation du sang d'un jeune porc, issu d'une mère tuberculeuse, qu'il avait tétée et qui était morte de cette maladie.

« Dans la séance du 28 juin 1880, M. Bouley a bien voulu présenter de ma part un flacon renfermant des fragments de poumon, de foie, de rate, de centre phrénique, de diaphragme, de ganglions présentant des lésions très avancées, obtenus sur un porc de cinq mois, après l'ingestion souscutanée de 0,02 cent. de jus de muscle de vache tuberculeuse, exprimé avec la presse du commerce.

« Depuis cette époque, j'ai étudié la tuberculose dans ses différents modes d'infection, et je puis dire, après un grand nombre d'expériences faites sur des porcs, des lapins et des chats, qu'aucune maladie contagieuse ne possède une plus grande virulence. L'inoculation au lapin donne des résultats aussi certains que le charbon ; il en est de même des autres espèces employées aux expériences. Dans la tuberculose, tous les liquides de l'économie, le mucus nasal, la salive, la sérosité des tissus, l'urine sont virulents et peuvent donner la maladie. Quant au virus lui-même, dont je ferai connaître la nature dans une prochaine note, il résiste et conserve son action à la température qui tue la bactéridie du charbon.

« Si dans l'espèce humaine, la tuberculose paraît moins virulente, c'est que souvent elle s'y montre avec une forme chronique lente, qui peut durer des années et même guérir quelquefois ; elle n'en est pas moins redoutable et les médecins savent que l'on pourrait compter les faits de guérison de cette maladie. La contagion est aussi très difficile à constater, en raison de l'apparition tardive des phénomènes.

« Voici les expériences qui démontrent la résistance du virus et le danger de l'emploi de la viande et des débris des animaux tuberculeux :

« 1° J'ai extrait, avec une presse, d'un poumon de vache tuberculeuse, présentant un œdème du lobe antérieur, une assez grande quantité de jus, peu chargé de virus, presque transparent ; $0.01^{c}5$ de ce liquide a été injecté sous la peau de la partie inférieure de l'oreille d'un jeune porc et dix gouttes à deux lapins. Puis, j'ai injecté les mêmes quantités de ce liquide, porté dans un bain-marie à 55°-58° pendant dix minutes, à quatre porcs et à quatre lapins, dans la même région.

« Ces animaux, placés dans des loges différentes, ont été mis en observation. J'ai constaté très facilement le développement et la marche ordinaire de la maladie : tubercule local et engorgement dur du ganglion parotidien.

« L'infection générale est arrivée très vite chez les animaux : chose assez curieuse, les lapins qui avaient reçu le liquide chauffé moururent avant les autres.

« L'un des porcs fut tué deux mois après l'injection ; l'autopsie montra un tubercule local caséeux, un ganglion parotidien énorme, renfermant déjà des points crétacés. Dans le poumon, grande quantité de granulations grises ; tubercules dans la rate et le foie.

« Après le troisième mois, un autre porc fut tué en même temps que le témoin qui avait reçu du jus non chauffé. La différence entre les lésions des deux porcs était très faible ; il y avait cependant un état plus avancé chez le dernier.

« Les tubercules pulmonaires des porcs ayant reçu le jus chauffé furent ensuite inoculés à des lapins qui devinrent tuberculeux. Deux de ces lapins, tués après trois mois, ont montré de nombreuses lésions dans le poumon, la rate, les reins et les séreuses.

« Deux des porcs inoculés avec le jus chauffé sont encore vivants après cinq mois ; l'un d'eux cependant est près de sa fin.

« Des quatre lapins inoculés avec le liquide chauffé, l'un est mort accidentellement après trente-cinq jours ; le ganglion parotidien était caséeux, mais l'infection générale n'existait pas encore.

« Les autres lapins sont morts avec tuberculose généralisée du cent soixante-quatre au cent soixante-quatorzième jour ; l'un d'eux même présentait des lésions osseuses extrêmement développées aux membres antérieurs ; les articulations de l'épaule et du bras renfermaient un jus caséeux, les surfaces articulaires et même une partie des diaphyses étaient complètement détruites.

« Quant aux lapins inoculés avec le jus non chauffé, l'un fut tué quarante-trois jours après l'inoculation. Il présentait des tubercules gris nombreux dans le poumon et le foie. Le second, une lapine, vit encore : depuis son inoculation elle a fait trois portées ; dans la première, les petits sont morts le lendemain de leur naissance ; la deuxième comprenait cinq petits qui sont conservés, ainsi que ceux de la dernière portée, pour l'étude de l'hérédité. Comme la mère a en ce moment une tuberculose très avancée, il sera intéressant de constater les états successifs par lesquels passeront les petits.

« 2° Des tranches de muscles de la cuisse d'une truie tuberculeuse sont placées sur un réchaud et exposées à la chaleur du gaz, on les cuit à peu près comme les bifteks qui donnent le jus rouge. On exprime ensuite ces tranches sous la presse et le liquide qui en est obtenu est inoculé à deux lapins ; deux autres reçoivent du jus de muscles non chauffés.

« Ces derniers sont morts en cent vingt jours, presque en même temps, avec une pneumonie caséeuse et des tubercules dans tous les tissus.

« Des deux lapins qui avaient reçu le jus chauffé, l'un fut tué le cinquante-sixième jour après l'inoculation, et l'on constata des lésions locales et ganglionnaires, des granulations grises dans le poumon, l'épiploon et la rate ; l'autre est encore vivant, mais il maigrit et s'étiole : il mourra avant peu. »

Les expériences de MM. Vallin, Arloing, Galtier, etc., ont donné des résultats identiques. La cuisson ordinaire de la viande n'est donc pas suffisante pour éteindre ses propriétés virulentes. En effet, la température des parties centrales des morceaux qui paraissent sur nos tables atteint rarement plus de 48° et il faut une chaleur supérieure à 50° pour détruire le virus tuberculeux.

Actuellement, dans les grandes villes, l'inspection des viandes de boucherie n'est pas faite d'après ces principes.

On se borne à éliminer les organes malades, sauf le cas où les animaux sont très maigres ou atteints de tuberculose *généralisée*.

On a conseillé d'ouvrir des établissements spéciaux pour la vente des viandes provenant d'animaux phtisiques. Nous trouvons cette idée peu philantropique, car la santé du pauvre est aussi précieuse que celle du riche.

La tuberculose étant une maladie générale, *totius substantiæ*, nous estimons que tout animal phtisique doit être impitoyablement rejeté de la consommation.

M. Mandereau, inspecteur principal des viandes à Besançon, recommande de saler les viandes tuberculeuses. La salaison semble pratique pour les porcs gras atteints de tuberculose pulmonaire. En effet, la viande ayant subi une salure profonde nécessite, pour être consommée, une longue durée de cuisson susceptible de détruire le virus phtisiogène. Quoi qu'il en soit, nous comptons beaucoup sur les expériences de l'Institut Verneuil pour élucider toutes les questions qui se rattachent à ce terrible fléau.

RAGE

Cette affection qui se communique des animaux à l'homme inspire à tous une véritable terreur ; on ne saurait donc s'entourer de trop de précautions pour éviter ses conséquences redoutables.

Chez le porc elle se déclare généralement au bout de quelques semaines après la morsure d'un chien enragé. On a constaté des cas où elle survient au bout de huit jours, d'autres fois six semaines et même plus tard. L'animal fait entendre de forts grognements, il est inquiet et exerce de violents frottements autour des parties mordues. La maladie se décèle encore par de l'inappétence, des grincements de dents et une salivation anormale.

Le porc enragé entre périodiquement en fureur, ronge le bois de sa clôture et mord tous les objets qu'il rencontre. Bientôt il se précipite sur l'homme et les animaux en cherchant à mordre ; il écume, salive et refuse toute nourriture. La faiblesse est extrême du deuxième au quatrième jour et l'émaciation très rapide ; enfin l'animal succombe souvent paralysé de l'arrière-train du troisième au sixième jour, quelquefois beaucoup plus tard.

Les articles 10 et 14 de la loi du 21 juillet 1881 ordonnent l'abatage et la destruction des animaux reconnus enragés. Le législateur a sagement agi vis-à-vis de cette maladie.

Nous sommes même opposé à la consommation des viandes provenant des sujets simplement mordus ou suspects de rage, car nous estimons qu'elles présentent des dangers réels, en raison de la répulsion instinctive qu'elles inspirent à l'homme.

Dans tous les cas, on ne doit négliger aucune des mesures prescrites par la loi sur la police sanitaire.

TROISIÈME PARTIE

LA CHARCUTERIE

CHAPITRE PREMIER

HISTORIQUE

La charcuterie — chair cuite — est une industrie très importante ayant pour but la préparation et le commerce de la viande de porc. L'antiquité possédait ses charcutiers. Les Romains appelaient *suarii* les citoyens chargés de l'achat des porcs, *lanii* ou *carnifices* ceux qui avaient mission de sacrifier les animaux, *botularii* ou *porcinarii* les marchands de boudins, et *salsamentarii* ceux qui vendaient les salaisons.

Ces industriels tenaient leurs produits dans des tavernes désignées sous le nom de *popinæ* et dont les plafonds étaient tapissés d'une grande quantité de saucisses, saucissons, jambons ou autres produits. Quelques commerçants plaçaient des foies, des cœurs, des reins, des poumons dans des vases en verre remplis d'eau ou par une illusion d'optique ces organes paraissaient avoir doublé de volume.

C'étaient les enseignes primitives. Le peuple affluait dans ces endroits où les chairs du porc cuites et relevées de condiments étaient débitées à très bon marché. Les aristocrates de la vieille cité faisaient venir les salaisons de la Séquanie, pays renommé par ses produits. On recherchait de préférence certaines préparations. Apicius nous donne à ce sujet des détails bien curieux.

« Faites venir, dit-il, les jambons et les saucissons de la Gaule, de la Lycie ou de l'Ibérie, le porc salé du pays des Séquanes. Parmi les mets les plus estimés se trouvent les hures, les tétines, les glandes et surtout les vulves. On distingue les vulves en *ejectitia* et en *porcaria* : *ejectitia* quand on ouvre la mère pour en tirer les petits; *porcaria* lorsqu'on la laisse mettre bas avant de la tuer. Une vulve *ejectitia* est de beaucoup préférée à une *porcaria*. On recherche celle d'une truie vierge ou qui n'a encore mis bas qu'une fois. La tétine d'une truie qui vient de mettre bas forme un mets très délicat et très estimé quand les petits n'ont pas encore tété. »

Apicius découvrit un moyen de faire gonfler les foies de la truie absolument comme ceux des oies : l'animal engraissé avec des figues sèches était abattu après avoir été, préalablement, abreuvé de vin miellé.

Ces préparations particulières nous peignent parfaitement cette époque de décadence et nous inspirent le plus profond dégoût.

Servius nous apprend que les intestins accommodés d'une certaine façon étaient surtout recherchés. Dans le passage suivant : « *Vis, frater, ab ipsis ilibus?* », nous devons comprendre qu'il s'agit de saucisses et de boudins puisque le mot *ilibus* vient d'*ilia* qui signifie intestins farcis.

A Rome, les bouchers et les charcutiers étaient divisés en plusieurs classes placées sous la protection de la déesse *Bovina*. Ils formaient une association libre dont les traditions se transmettaient de père en fils dans un petit nombre de familles. Aucun étranger ne pouvait entrer dans la corporation. Ces usages passèrent en Gaule et s'y perpétuèrent longtemps.

En France, le commerce de la viande n'était pas divisé en plusieurs branches comme à l'époque actuelle. Les bouchers débitaient simultanément du bœuf, du veau, du mouton et du porc. La fonte des suifs, la cuisson des abats, la triperie entraient aussi dans leurs attributions. Ce privilège de tuer et de vendre les cochons dans Paris est confirmé par Delamarre : « Autrefois, dit l'auteur du *Traité de Police*, les seuls bouchers vendaient toute la grosse chair crue, celle du porc aussi bien que celle de tous les autres bestiaux qui composent encore aujourd'hui leur commerce. De plus, le lard et les jambons introduits dans la capitale étaient soumis à un droit d'entrée appelé « l'obole du rivage de Seine ».

Les différends relatifs à l'exercice des fonctions des bouchers étaient jugés en premier ressort par un chef pris chez eux, nommé à l'élection et qui était assisté de trois écorcheurs faisant fonctions de sergents et de greffier.

Les parties qui succombaient avaient droit d'appel devant le prévost de Paris.

Le droit d'appel s'est conservé à travers les siècles et il existe encore de nos jours. Ainsi, des contre-experts, nommés par l'administration, jugent contradictoirement, sur le désir des intéressés, les confiscations de viandes opérées par le service de l'inspection de la boucherie de Paris.

Les règlements concernant les personnes qui faisaient le commerce des porcs remontent à une époque très ancienne.

La création des *langayeurs*, des *tueurs* et des

visiteurs avait pour but d'assurer la salubrité de la viande de porc. Une ordonnance du 22 novembre 1375 établit leurs droits de la manière suivante : « Que nul ne s'entremette de langayer « pourceaux, jusques à ce qu'il ait esté témoigné « estre expert et connaissant en ce par le maistre « des bouchers de la grande boucherie, et qu'il « n'ait été cautionné suffisamment de dix livres « parisis. »

Les fonctions de langueyeur et celles de tueur étaient distinctes et chacune de ces professions était réglementée par les articles suivants :

« Aulcun ne pourra estre tueur et langayeur ensemble, sous peine d'amende arbitraire. Seront tenus lesdits langayeurs d'eslire domicile à Paris ou es-faubourgs de la porte Sainct-Honoré, dedans huy (en maison), et apporter leurs marques, pour ce que plusieurs desdits langayeurs demeurent es-villages de autour de Paris et ailleurs, et ne les peult-on trouver. »

« Que nul ne s'entremettre de tuer des pourceaux, et des mestiers de saulcissiers et charcutiers ensemble sous peine d'amende. »

« On enjoint à tous les tueurs de pourceaux reçus que de tous les porcs, dont ils seront requis par les bourgeois, marchands ou autres, de tuer et iceulx saler ; qu'ils ne les fasse tuer et iceulx saler par d'autres, soit par leurs serviteurs et les apprentis, que par eux-mêmes. »

Enfin, quand les tueurs ne remplissaient pas leurs fonctions d'une manière convenable, ils étaient condamnés à une amende de vingt sols parisis et à des indemnités envers le propriétaire de l'animal.

C'est pendant le moyen âge que des ordonnances et règlements organisent la corporation des charcutiers, saulcisseurs, oyers et rôtisseurs auxquels s'étaient joints les chandeliers et même les corroyeurs.

Ceux-ci vendaient la viande de porc cuite ainsi que les cervelas, andouilles, boudins et saucisses. A cette époque, les taxes nombreuses qui frappaient chaque tête de porc portaient obstacle à ce genre de commerce. Un auteur du xive siècle nous apprend qu'il se consommait dans Paris 27,456 cochons par an sans compter les lards, c'est-à-dire ceux qui étaient salés.

L'hôtel du roi, en office de viande de porc, montait, chaque année, à 624 animaux plus deux cents lards. La maison de la reine et des enfants consommait 744 porcs.

Les dépenses, de cette nature, des maisons des ducs d'Orléans et de Berry étaient identiques à celles de l'hôtel de la reine [1].

Bientôt une nouvelle profession vint se greffer à celles déjà existant et les pâtissiers firent con-

---

[1] *Le Ménagier de Paris.*

currence aux *oyers*. « En ce temps ancien, dit Delamarre, les pâtissiers étaient également cabaretiers, rôtisseurs et cuisiniers. C'étaient eux qui entreprenaient les noces et les banquets. Les anciennes ordonnances de police font défense à toutes personnes de les y troubler. Ce n'est pas qu'il n'y eut à Paris une communauté de rôtisseurs aussi ancienne que celle des pâtissiers, mais il n'était permis à ceux de cette communauté que de faire rôtir seulement de la viande de boucherie et des oyes. C'est de là qu'ils furent nommés *oyers*. Tout le gibier, toute la volaille et l'autre commune viande, même le porc, étaient préparés et vendus par les pâtissiers. Cet usage est tiré de leurs statuts. »

Ces deux corporations se partageaient donc le commerce des produits de la charcuterie. Le métier étant lucratif, les oyers et pâtissiers se réunirent en association dont les membres furent appelés *saulcissiers* et *chaircuitiers*.

Le 17 janvier 1475, le prévost de Paris autorisa la corporation par des lettres patentes qui contiennent les premiers statuts du commerce de la charcuterie. Nous citons seulement les articles principaux :

Art. 1er. Aucun homme ne pourra être maître saulcissier et charcuitier, cuire char, faire saulcisses, ne tenir ouvroirs, ne fenestres ouvertes à Paris, s'il n'a esté quatre ans apprenti à Paris et fait chef-d'œuvre, ou s'il n'est expert audit métier. Excepté les fils des maistres nez et procréez en loyal mariage, qui seront reçus à estre maistres audit métier, sans faire aucun chef-d'œuvre, ne avoir été apprenti, en payant seulement 20 sols parisis.

Art. 2. Que toutes les femmes desdits maistres saulcissiers et charcutiers qui demeureront veufves, pourront jouir et user dudit métier, et icelui exercer tout ainsi que si leurs maris vivaient.

Art. 4. Que nul et nulle dudit mestier ne vende hareng et marées, pourceque ès-jour on vend ladite marée et hareng, c'est le jour que on faict lesdites saulcisses, et qu'on haiche et appareille la chair dont on fait icelles, par quoy les dites saulcisses pourraient sentir le goust de ladite marée et hareng que auraient manié les saulcissiers, et ce sur peine de perdition de ladite marée et harengs.

Art. 5. Que nul n'achepte, ne vende ou mette en saucisses chars (chairs) de porcs sursemées, char de porc nourri en maladrerie, chez barbiers ni huiliers, sur peine de confiscation des chars, et d'être arses devant les hostels des délinquants et de 60 sols parisis d'amende.

Art. 6. Que doresnavant aucun dudit métier ne vende ou ne fasse vendre char cuite, soit qu'elle soit en saulcisse ou aultrement, qui soit puantes ou infectes, et non dignes de manger à corps humain, sous peine d'amende et confiscation.

Art. 14. Que nul maître dudit mestier ne vende sain (saindoux) en pots, s'il n'est bon, loyal et marchand, et de nouvelle fente, au moins de trois sepmaines de fonte, sur peine de confiscations desdits sains.....

Nous devons faire remonter à cette époque l'origine de la communauté des charcutiers de la capitale, car elle prit une place importante dans l'alimentation qu'elle n'a plus cesser d'occuper.

Les statuts obligeaient le charcutier d'acheter la viande de porc aux étaux des bouchers ; cependant, il lui était permis de fabriquer des saucisses avec d'autres viandes pourvu que celle-ci soient bonnes et convenables.

Une nouvelle sentence du 23 septembre 1477 admit, moyennant certains droits, comme maîtres-charcutiers, tous ceux qui exerçaient la profession. L'obligation d'acheter chez les bouchers la viande de porc crue pour la débiter après la cuisson suscita de très vives réclamations. Le 18 juillet 1513, Louis XII, prenant en considération les nombreuses doléances de la corporation devenue puissante, permit aux charcutiers d'acheter des porcs vivants sur les marchés de la ville de Paris et autres lieux pour en débiter les chairs crues ou cuites. Cette tolérance facilita ce genre de commerce et le nombre des charcutiers s'éleva, en quelques années, de onze à quarante.

D'après Delamarre, les quarante places des charcutiers étaient marquées dans les halles, au côté droit de la porte que l'on nommait la *Porte aux chapeaux*, et les places des forains (c'est-à-dire des charcutiers étrangers à la ville) en plus grand nombre, étaient en deux endroits différents, l'un à gauche de cette même porte que l'on nommait *Porte de France*.

Les jours de marché, les charcutiers de Paris débitaient à eux seuls jusqu'à 2,000 kilos de porc. En dehors de la vente faite dans leurs boutiques, ils devaient approvisionner tous les mercredis et samedis de chaque semaine cinquante-deux places réservées à cet effet dans les halles. Défense était faite de vendre pendant les quatre principales fêtes de l'année et les quatre fêtes de la Vierge. Le sacrifice des animaux dans leurs domiciles était formellement interdit. L'ordonnance du 20 mai 1738, qui contient ces obligations, fait remonter à cette date la création dans Paris des tueries à porc. Le premier échaudoir fut établi rue Neuve-Saint-Martin ; le second rue des Vieilles-Tuileries au faubourg Saint-Germain, et le troisième rue d'Orléans dans le faubourg Saint-Marceau. Les contrevenants aux sentences et arrêts étaient condamnés à la confiscation et à l'amende. Nous pourrions relever de nombreuses contraventions aux règlements qui ont toujours motivé des peines très sévères.

Malgré les difficultés pour obtenir le diplôme de maître-charcutier, nous constatons que leur nombre s'élève à soixante en 1680 et à quatre-vingt-dix en 1775. A cette époque, les boutiques des pâtissiers, des charcutiers, des rôtisseurs frappent la vue dans tous les carrefours. On y voit des langues fourrées, des jambons couronnés de lauriers, de grasses poulardes, des pâtés vermeils, des gâteaux tout sucrés. Les pâtissiers cuisent les viandes pour les ménages dans leurs fours. Delamarre ajoute à ce tableau de Paris, qu'il se consomme, chaque année, dans cette ville, près de 30,000 porcs. Les charcutiers métamorphosent le porc en 100 manières différentes ; et ce qu'on appelle saucisses, boudins, cervelas, langues, andouilles, etc..., y est d'un goût excellent, qu'on ne trouve pas ailleurs.

Les charcutiers, la fourchette à la main, distribuent les morceaux de petit salé, renfort journalier des dîners et soupers des demi-bourgeois. La corporation, avide de libertés nouvelles, protesta contre l'impôt du sel que toute la population parisienne considérait comme inique.

Une enquête du syndic des charcutiers soumise au roi expose ainsi les doléances de ces derniers :

« Le sel pour les salaisons se vend 13 *sols la livre*. Il est impossible, Sire, qu'à ce prix, ceux de notre corporation puissent préparer convenablement leurs viandes et les vendre à un prix marchand. Pour bénéficier, les revendeurs sont obligés de mélanger et de falsifier le sel, ce qui nous expose, malgré nous, à vendre nos préparations défectueuses et par suite à ce que nos produits ne répondent pas à l'attente des acheteurs.

Le syndic et conseil de la communauté supplient donc Votre Majesté de vouloir bien alléger de l'impôt de la ferme ; elle aura la reconnaissance de ses très humbles et fidèles sujets. »

Cette supplique ne fut pas écoutée et l'impôt du sel, qui rapportait gros à la caisse royale, fut maintenu dans toute sa rigueur.

Les charcutiers obtinrent des libertés d'un autre ordre. En 1704, nous voyons les langueyeurs supprimés et remplacés par des jurés vendeurs visiteurs de porcs. Ces places s'achetaient à prix très élevé. Un règlement de police, daté de 1771, nous montre le syndic des charcutiers chargé de nommer des membres pris dans la corporation pour exercer, à la foire aux jambons, l'office *d'inspecteurs* de viandes salées et desséchées. A la suite de réclamations multiples, on créa 50 offices d'inspecteurs-contrôleurs des porcs. Ces offices furent maintenus jusqu'en 1789. La Révolution, qui a donné à tous les citoyens de légitimes franchises, réglementa également, d'une façon heureuse, le commerce de la charcuterie.

En 1791, cette profession a bénéficié de l'abolition des maîtrises et jurandes.

En 1793, le nombre des charcutiers était encore

limité ; en 1823, nous constatons, par la suppression des anciens privilèges, l'émancipation complète de la charcuterie parisienne.

Tous les produits insalubres ont constamment été l'objet d'une judicieuse prohibition. Chacun sait, du reste, que la surveillance des viandes remonte à la plus haute antiquité. Les Romains avaient imposé aux bouchers et aux charcutiers des inspecteurs chargés d'examiner la viande avant la mise en vente.

Les commerçants étaient souvent condamnés à l'amende pour avoir transgressé la loi. Voici un exemple rapporté dans les *Acta diurna* ou *Gazette romaine de l'an de Rome* 585 : « Le quatrième jour des calendes d'avril. Les licteurs, de par Licinius, consul, et Lertinus, édile, ont mis les charcutiers à l'amende pour avoir vendu de la viande qui n'avait pas été visitée par les inspecteurs des marchés. L'amende doit être employée à la construction d'une chapelle dans le temple de la déesse Tellus. »

Chez les Juifs, les préceptes de Moïse constituent les premiers éléments qui règlent l'alimentation animale. La loi hébraïque établit qu'on ne doit consommer aucune viande excepté celle des animaux tués et visités par l'officier chargé de ce ministère.

Chez les Egyptiens, aucun animal n'était sacrifié sans avoir été, préalablement, soumis à l'examen des prêtres.

Dans le Coran, Mahomet dit aux croyants : « Les animaux morts, le sang, la chair de porc, tout ce qui a été tué sous l'invocation d'un autre nom que celui de Dieu, les animaux suffoqués, assommés, tués par quelque chute, ou d'un coup de corne ; ceux qui ont été entamés par une bête féroce, à moins que vous ne les ayez purifiés par une saignée ; ce qui a été immolé aux autels des idoles, tout cela vous est défendu. »

Dans tous les pays d'Europe, des règlements sévères ont été édictés pour sauvegarder l'hygiène et la salubrité publiques. Au moyen âge, nous voyons, en France, les langueyeurs établir un contrôle rigoureux sur la viande de porc.

En 1350, 1567, 1587, 1702, 1704, 1716, 1782, 1806, 1829 paraissent des édits, lois, règlements et ordonnances concernant l'inspection des substances alimentaires.

Une ordonnance du 25 mars 1830 place les inspecteurs des viandes sous le contrôle de la préfecture de police.

L'article 423 du code pénal interdit la mise en vente des aliments falsifiés ou corrompus. L'article 14 de la loi du 21 juillet 1881 défend la consommation des animaux morts ou abattus comme atteints de certaines maladies contagieuses. La viande de porc, qui entre en grande quantité dans notre alimentation, est donc justiciable de l'inspection. « Une production alimentaire de pareille importance, dit Chevalier, devrait être surveillée avec le plus grand soin, et cependant on n'a eu à signaler que trop souvent les fautes commises par divers charcutiers ; tantôt ils livrent à la consommation des viandes putréfiées ou moisies ; tantôt de la charcuterie faite avec de la chair provenant de chevaux morts de maladies. Un ancien préfet de police, Gisquet, a rapporté que, dans une seule visite, les préposés avaient confisqué plus de 10,000 livres de charcuterie avariée et qu'il fallut vingt charettes pour conduire tout ce butin à Montfaucon. »

Avant 1855, l'inspection de la boucherie était entre les mains d'anciens bouchers ou charcutiers choisis par le commerce ; depuis cette époque jusqu'en 1879 ces honorables patriciens ont été nommés par la préfecture de police. De nos jours, ce service important est confié à des vétérinaires admis seulement après un concours sérieux et qui présentent toutes les garanties pour remplir leurs délicates fonctions.

Nous terminerons en disant qu'on ne saurait prendre trop de précautions pour protéger la vie humaine : *Salus populi suprema lex,* disait-on fort judicieusement dans l'ancienne Rome. Aussi bien, les pouvoirs publics agissent avec sagesse en accordant toute leur sollicitude aux questions qui se rattachent à l'hygiène alimentaire.

CHAPITRE II

LES CHARCUTERIES PARISIENNES

A Paris et dans la plupart des grandes villes, la charcuterie constitue une profession spéciale tandis que dans les petites localités elle se confond, le plus souvent, avec le commerce de l'épicerie. Les charcutiers de la capitale, au nombre de neuf cents environ, forment une corporation astreinte à des statuts et des règlements identiques pour tous. Ils ont formé une association ayant pour objet d'assurer, en mutualité, les pertes causées par la mort des porcs frappés d'un coup de sang, de ceux atteints par la maladie dite de feu, de ceux écrasés ou étouffés dans les porcheries ou dans les voitures les transportant du marché aux abattoirs, enfin, de la perte résultant des porcs disparus. Cette assurance n'indemnise pas les propriétaires des animaux reconnus atteints de ladrerie. Les marchands charcutiers assurés versent une cotisation annuelle pour participer aux avantages de l'association.

On peut dire, sans crainte de se tromper, que tous recherchent les meilleures méthodes capables de donner la délicatesse à leurs produits, de les étaler avec élégance et de les parer très habilement. Il est hors de doute que les marchandises, soigneusement confectionnées et disposées avec une symétrie agréable à l'œil, attirent les consommateurs dont le nombre contribue à mettre l'industriel en renom.

En pénétrant dans une charcuterie parisienne, nous trouvons deux locaux parfaitement distincts : la boutique et le laboratoire. Ce dernier, encore appelé cuisine, est le lieu où se manipulent toutes les préparations. Il comprend une pièce généralement carrée et plus ou moins vaste renfermant les ustensiles nécessaires au métier. La machine à hacher les viandes, installée au premier rang, indique un progrès incontestable, car le hachage à bras, aussi long que fatigant, se trouve supprimé. De nos jours, les machines sont tellement perfectionnées qu'il est difficile de pouvoir faire mieux. Avec les différents systèmes le travail devient plus régulier et les chairs sont tranchées d'une manière uniforme.

Un habile mécanicien, M. Mareschal, a inventé

une excellente machine qui porte son nom. De son côté, M. Tussaud a construit une machine très ingénieuse et ne laissant rien à désirer. Nous ajouterons que ces deux inventeurs ont livré à la charcuterie des machines modèles à pousser les viandes qui sont adoptées même à l'étranger.

Un fourneau avec four pour faire les cuissons, tient également une place importante dans le laboratoire ainsi que la presse pour mettre à sec les cretons et leur faire rendre toute leur graisse. Un fumoir plus ou moins vaste est presque toujours établi dans la cuisine et on le construit exceptionnellement dans une pièce à part. La nomenclature des autres ustensiles indispensables à la profession comprend :

Un étai en bois debout pour hacher.
Un cornet à pousser les boudins.
Un cornet pour les saucisses longues.
Un cornet pour les cervelas.
Une pompe à injecter.
Deux marmites en fonte ou en fer étamé.
Un poêle à frire.
Un alambic pour passer la gelée.
Des écumoires et des passoires.
Deux cassettes dont une grande et une petite.
Des casseroles et des bassines.
Deux fourchettes dont une à grand manche.

Un égouttoir en fer-blanc.
Trois plateaux en fer étamé.
Des calottes en fer étamé pour jambons.
Des terrines.
Des boîtes à chapelure.
Des tinettes pour le flambard et pour la graisse.
Une pelle à main et un gril.
Une lèchefrite.
Un rouleau et des moules à pâtés.
Des couteaux pour travailler et pour hacher.
Une scie.
Un couperet et des tranchets.
Une ratissoire à main.
Une batte.
Une romaine.
Des paniers pour hachage et pour pesées.
Un croc.
Des boîtes pour le sel et les assaisonnements.
Des brosses pour laver.

Dans son livre *Le Ventre de Paris,* M. Emile Zola fait, en un style d'écrivain soucieux de la forme artistique, la description de la cuisine d'une charcuterie parisienne :

« Elle était si vaste que plusieurs personnes
« y tenaient à l'aise, sans gêner le service, au-
« tour d'une table carrée, placée au milieu. Les

« murs de la pièce éclairée au gaz étaient recou-
« verts de plaques de faïence blanches et bleues,
« à hauteur d'homme. A gauche, se trouvait le
« grand fourneau de fonte, percé de trois trous,
« dans lesquels trois marmites trapues enfonçaient
« leurs culs noirs de la suie du charbon de terre;
« au bout, une petite cheminée, montée sur un
« four et garnie d'un fumoir, servait pour les gril-
« lades; et au-dessus du fourneau, plus haut que
« les écumoires, les cuillers, les fourchettes à
« longs manches, dans une rangée de tiroirs
« numérotés, s'alignaient les chapelures, la fine
« et la grosse, les mies de pain pour paner, les
« épices, le girofle, la muscade, les poivres. A
« droite, la table à hacher, énorme bloc de chêne
« appuyé contre la muraille, s'appesantissait,
« toute couturée et toute creusée; tandis que
« plusieurs appareils, fixés sur le bloc, une pompe
« à injecter, une machine à pousser, une hacheuse
« mécanique, mettaient là, avec leurs rouages
« et leurs manivelles, l'idée mystérieuse et in-
« quiétante de quelque cuisine de l'enfer. Puis,
« tout autour des murs, sur des planches, et
« jusque sous les tables, s'entassaient des pots,
« des terrines, des seaux, des plats, des usten-
« siles de fer-blanc, une batterie de casseroles
« profondes, d'entonnoirs élargis, des râteliers

« de couteaux et de couperets, des files de lar-
« doires et d'aiguilles, tout un monde noyé dans
« la graisse.

« La graisse débordait, malgré la propreté excessive, suintait entre les plaques de faïence, cirait les
carreaux rouges du sol, donnait un reflet grisâtre
à la fonte du fourneau, polissait les bords de la table
à hacher d'un luisant et d'une transparence de
chêne verni. Et au milieu de cette buée amas-
sée goutte à goutte, de cette évaporation continue
des trois marmites où fondaient les cochons, il
n'était certainement pas, du plancher au plafond,
un clou qui ne pissât la graisse.

« La boutique grande et bien aérée est pavée avec
des carreaux bien lisses pour faciliter les lavages.
Des crochets en fer sont placés tout autour de la
pièce pour suspendre les abats et les morceaux
de porc frais. Nous voyons ensuite le comptoir,
remarquable par son élégance et pourvu d'une
caisse et de tiroirs. Il porte une paire de balances,
deux séries de poids, une étuve pour les grillades,
des couteaux et autres instruments. A l'opposé, on
trouve une espèce d'étal pour couper, peser et
débiter la viande crue. Les couperets, battes, scie
à main, etc..., placés à proximité, sont toujours à
la disposition du charcutier. De chaque côté de la
porte d'entrée se trouve un enfoncement vitré des-

tiné à l'étalage. A l'extérieur et en haut de la porte d'entrée les mots Charcuterie et Comestibles sont inscrits en lettres dorées. Enfin sur le fronton de la maison se trouvent une ou plusieurs têtes de porc flanquées d'enjolivements plus ou moins réussis.

« Les degrés composant la place affectée à la *montre* sont en marbre afin de conserver aux comestibles leur fraîcheur. Le charcutier met une grande intelligence et beaucoup de goût dans la disposition de ses marchandises. Des boudins forment plusieurs chaînons à la partie supérieure ; les saucissons et les cervelas se croisent carrément les uns sur les autres en décrivant de nombreux festons. Sur la tablette sont placés alternativement des buissons de saucisses, des assiettes garnies, de longs cervelas, des langues fourrées, des hures, des jambons, des dindes aux truffes, etc... A ces produits viennent s'ajouter les rillettes, les sardines, les escargots et les bocaux de truffes. Toutes ces pièces, admirablement disposées, offrent à l'œil du passant d'agréables séductions. Pour achever d'embellir l'étalage, nous remarquons diverses préparations appétissantes mises sur des corbeilles et entourées de vases de fleurs et quelquefois d'un coquet jet d'eau. »

Nous empruntons à M. Zola cette ravissante description de l'étalage de la charcuterie :

« Il était posé sur un lit de fines rognures de papier bleu ; par endroits, des feuilles de fougère, délicatement rangées, changeaient certaines assiettes en bouquets entourés de verdure. C'était un monde de bonnes choses, de choses fondantes, de choses grasses. D'abord, tout en bas, contre la glace, il y avait une rangée de pots de rillettes, entremêlés de pots de moutarde. Les jambonneaux désossés venaient au-dessus avec leur bonne figure ronde, jaune de chapelure, leur manche terminé par un pompon vert. Ensuite arrivaient les grands plats : les langues fourrées de Strasbourg, rouges et vernies, saignantes à côté de la pâleur des saucisses et des pieds de cochon ; les boudins, noirs, roulés comme des couleuvres ; les andouilles, empilées deux à deux, crevant de santé ; les saucissons, pareils à des échines de chantre, dans leurs chapes d'argent ; les pâtés tout chauds, portant les petits drapeaux de leurs étiquettes ; les gros jambons, les grosses pièces de veau et de porc, glacées, et dont la gelée avait des limpidités de sucre candi. Il y avait encore de larges terrines au fond desquelles dormaient des viandes et des hachis, dans des lacs de graisse figée. Entre les assiettes, entre les plats, sur le lit de rognures bleues, se trouvaient jetés des bocaux d'aschards, de coulis, de truffes conservées, des terrines de foies gras, des boîtes moirées de thon et de sardines. Enfin, tout en haut, tombant d'une barre à dents de loup, des colliers de saucisses, de saucissons, de cervelas, pendaient symétriques, semblables à des cordons et à des glands de tentures riches ; tandis que, derrière, des lambeaux de crépine mettaient leur dentelle, leur fond de guipure blanche et charnue. Et là, sur le dernier gradin de cette chapelle du ventre, au milieu des bouts de la crépine, entre deux bouquets de glaïeuls pourpres, le reposoir se couronnait d'un aquarium carré garni de rocailles, où deux poissons rouges nageaient continuellement[1]. »

L'art et l'habileté du charcutier consistent à se servir avec goût d'ornements appelés *socles* pour donner une belle apparence à ses produits. Pour bien réussir un socle, il faut de l'intelligence et de la pratique ; les plus belles décorations, en ce genre, représentent deux chimères, deux cornes d'abondance, deux lions, deux sphynx, etc.

Le haut du socle est garni avec des fragments

---

[1] Emile Zola, *loco citato*.

de gelée découpés en dents de loup que l'on place autour de la pièce.

Les *hatelets* figurent le plus souvent un sanglier ou différents oiseaux.

On les enjolive de truffes ou de saindoux de couleur carmin, rouge et vert poussés au cornet.

Les écrevisses, les crêtes de coq et les truffes peuvent également servir. Enfin, on fait des décors de toute sorte avec des fleurs artificielles.

Tarif des droits d'octroi, décime compris, réduits en exécution du décret impérial du 3 novembre 1855, et de l'arrêté du préfet de la Seine en date du 6 novembre 1855.

CHARCUTERIE ET COMESTIBLES

Viande fraîche de porc sortant des abattoirs, le kilo.	9 c. 74 mill.
Les mêmes viandes et graisses, comestibles de toute nature venant de l'extérieur, lards salés et petit-salé de porc.	11 64
Droits d'abattoir.	2
Pannes, crépines, ratis, gras de porc (fondus ou non).	9 74
Issues de porc, pied, têtes, queues et abats rouges	4 18
Viandes travaillées, fumées, salées, saucissons, jambons, lards et poitrines, par 100 kilogr.	22 c. 78 mill.

La viande des bestiaux abattus à l'extérieur paie le droit d'abattoir comme des bestiaux abattus dans l'intérieur.

Il est consigné, pour l'entrée dans Paris d'un porc vivant, quelle qu'en soit la grosseur ou le poids, une somme de 154 francs, laquelle reste déposée jusqu'à l'abatage de l'animal.

CHAPITRE III

UTILISATION DE LA VIANDE DE PORC

La chair du porc occupe un rang distingué dans l'économie domestique et figure avec honneur sur les tables bien servies. Le consommateur est heureux de rencontrer dans la boutique du charcutier des pièces fraîches délicatement accommodées ou des conserves succulentes; le voyageur attardé improvise avec elles des repas confortables et délicieux. C'est le porc qui triomphe dans ces mille préparations où les casseroles de toutes dimensions et les lèchefrites brillantes ne font jamais relâche.

Il n'est guère possible d'aborder cette branche culinaire sans effleurer la description de rôtis embaumés, de graisses odorantes, de grillades exquises, en un mot des mille produits chauds et froids qui sont la base ou le renfort de nos repas.

Les régions de l'animal qui sont transformées

en grillades et rôtis, comprennent généralement les filets, le carré de côtelettes ou échinée.

Les jambons et les épaules ont quelquefois aussi les honneurs de la broche.

La tête, les oreilles, la langue, les pieds, la queue, les organes internes sont encore des parties utilisées fraîches ou manipulées.

PRODUITS FRAIS

Côtelette au naturel. — La côtelette de porc, parée et assaisonnée de chaque côté avec du sel et du poivre, est grillée pendant dix à douze minutes. On la retourne à point et on sert avec des cornichons.

Côtelette au beurre. — On fait fondre à moitié un morceau de beurre auquel on ajoute du persil haché et un peu de bon jus ; la côtelette assaisonnée et cuite sur le gril est ensuite servie chaude avec un filet de vinaigre.

Côtelette en papillotte. — La côtelette assaisonnée avec sel, poivre et persil haché est placée au milieu d'une feuille de papier beurré.

On recouvre avec de la farce truffée, et la cuisson s'opère sur le gril à feu doux.

Filets de porc frais. — Les filets piqués de lard sont placés dans un vase avec des bardes, tranches de veau, carottes, oignons, girofle, persil, ciboule et laurier.

On ajoute un peu de gelée et on fait cuire doucement en ayant soin de mettre du feu sur le couvercle pour glacer les filets. Il faut une heure de cuisson pour obtenir un mets délicieux.

Carré de porc braisé et glacé. — Le carré est désossé, piqué de gros lardons et de truffes. On dispose au fond d'une casserole des bardes de lard, des carottes, du sel, du poivre, du persil, du thym, de la ciboule, du laurier et un jarret de veau.

On mouille avec moitié bouillon et moitié vin blanc ; la cuisson à feu doux donne une excellente préparation culinaire. Pour la manger froide, il est bon de couvrir de gelée, de saupoudrer de fines herbes et d'orner avec un cordon de truffes.

Carré de porc en ragoût. — Le carré découpé en côtelettes est soumis au feu avec du bouillon, sel, poivre, ciboule, persil et thym. On passe au feu avec du beurre des champignons et des cornichons. On assaisonne et on mouille avec moitié bouillon et moitié vin blanc. On fait un roux et on sert les côtelettes flanquées de cornichons ou de toute autre garniture.

Echinée à la broche. — Il faut enlever les os de l'échinée, parer et ciseler les bords en petits carrés ou en losanges. Saupoudrez de sel dessus et dessous, mettez à la broche et faites cuire pendant une heure. Après cette opération il faut servir avec une sauce poivrade.

Jambons. — Lorsque les jambons ne sont ni salés ni fumés et ne servent pas à la fabrication des saucisses, ils sont roulés, désossés et mangés frais. Le jambon bien mariné pendant deux jours est rôti et arrosé avec la marinade. Il est encore excellent désossé et cuit au bouillon. Dans ce cas, on a eu le soin d'émincer la couenne et de le glacer.

Jambonneaux. — La cuisson des épaules seules ou avec des légumes est une préparation tout à fait élémentaire. Quand ces pièces sont mises en saumure pendant quelques jours, elles prennent le nom de *petit salé*.

Pieds. — Les pieds servent à confectionner des gelées et plusieurs préparations estimées. On les mange également à l'état frais.

Langue — Fraîche ou convertie en langue fourrée elle fournit un plat exquis.

Oreilles, groin, queue. — Ces parties du porc donnent d'excellent petit salé. On les consomme encore à l'état frais.

Poumons, cœur, foie. — Ces organes, peu recherchés des palais délicats, sont hachés pour la confection des diverses espèces de saucisses. Ils servent également à faire des hâtereaux, des cayettes ou boulettes fines.

Rate. — C'est le morceau le plus infime de l'animal ; le charcutier qui a l'habitude de ne rien perdre le fait entrer dans les saucisses de basse qualité. A la campagne, on le jette en pâture au chien.

Rognons. — Les reins de porc sautés constituent un fin régal.

Cervelles. — Pour être agréables au goût les cervelles ont besoin d'être bien accommodées. On les sert généralement frites, en papillotte ou à la sauce genevoise.

Ris. — Les ris de porc sont dégorgés, blanchis, panés et grillés sur un feu ardent.

Epiploon. — Le repli du péritoine, encore appelé toilette ou crépine, est utilisé pour envelopper les côtelettes farcies, saucisses plates, pieds truffés et diverses pièces farcies.

Ratis. — La graisse des intestins est fondue seule ou mélangée avec le lard et la panne.

Estomac. — Cet organe, bien cuit et finement haché, entre dans la confection des saucisses et des andouilles.

Intestin grêle. — Le menu sert d'enveloppe aux boudins et saucisses. Les parties du canal intestinal comprenant le colon, le cœcum et le rectum (boyau gras ou fuseau) ont les mêmes usages.

Vessie. — Cet organe parfaitement lavé, gonflé et séché, est utile pour l'emballage du saindoux et des saucissons.

Fiel. — Le liquide renfermé dans la vésicule biliaire est employé pour le dégraissage des étoffes.

Os. — Les os soumis à la cuisson donnent des bouillons et des gelées excellentes ; réduits en poudre on les utilise comme engrais.

Peau. — La peau convenablement nettoyée devient comestible ; elle n'est pas à dédaigner cuite avec des légumes ou dans un bouillon légèrement salé. Elle est fort précieuse pour faire des gelées d'une consistance remarquable.

LE SANG

Les anciens croyaient que le sang renfermait l'esprit de la vie qu'ils appelaient l'âme. Moïse, en interdisant à son peuple le sang des animaux, dit : « La vie de toute chair est dans le sang ; que nul d'entre vous, ni même les étrangers qui sont parmi vous, ne mange de sang : *Non debes animam comedere* [1]. »

Les Grecs en proscrivaient également l'usage alimentaire.

Cet élément vital qui remplit le système circulatoire des animaux renferme deux parties parfaitement distinctes : une solide et une liquide.

Il est composé d'albumine, de fibrine, de l'hématosine ou matière azotée particulière, de chlorure de sodium, d'oxyde de fer, etc. Il ne contient pas de substances hydrocarburées.

Sa richesse en albumine est de 16 à 18 p. 100.

La quantité d'oxyde de fer contenue dans les cendres serait pour mille parties :

Sang de bœuf : 0,71 ; sang de porc : 0,78 ;

---

[1] *Lévitique*, cap. XI.

Dans 1,000 kilogr. de sang, il y a principalement :

790 kilogr. d'eau, 32 kilogr. d'azote, 400 gr. d'acide phosphorique, 600 gr. de potasse et 100 gr. de chaux.

Le sang de porc, d'un arome agréable, joue un rôle important au point de vue alimentaire. On l'utilise notamment pour fabriquer des boudins concurremment avec celui de bœuf, de veau, de mouton et même de cheval.

Personne n'ignore que celui de ces animaux a une saveur moins agréable et beaucoup plus fade.

En Italie les classes pauvres se nourrissent avec le sang.

En Suède on le mélange au blé pour en faire un pain très nutritif. Les esquimaux ne dédaignent pas de consommer le sang de leurs rennes. Nous utilisons tous les jours celui de lapin, lièvre, volaille, etc...

Quoi qu'il en soit, ce liquide est échauffant et généralement difficile à digérer ; aussi les produits dans lesquels il entre en notable proportion ne conviennent qu'aux estomacs robustes.

Il renferme beaucoup de fibrine et sa coagulation est rapide.

On doit l'utiliser peu de temps après sa sortie

du corps parce qu'il s'altère promptement, et dans ce cas il est susceptible d'acquérir des propriétés vénéneuses. Nous recommandons de ne jamais s'en servir, quand il commence à tourner, pour empêcher des intoxications.

Les pharmaciens préparent avec le sang de porc une poudre alimentaire appelée *hémopulvine* qui contient 13,24 pour 100 d'azote. Le plus souvent, on utilise pour ce produit le sang des autres animaux qui, du reste, jouit en médecine d'une certaine renommée. Plusieurs médecins recommandent les breuvages et les bains de sang pour la guérison de l'anémie.

L'industrie extrait l'albumine du sang et l'emploie pour clarifier les vins et les sirops; les résidus sont livrés à l'agriculture comme engrais.

Les charcutiers de la capitale confectionnent avec le sang du porc une quantité considérable de boudins dont la consommation est prodigieuse aux environs de Noël.

PRODUITS MANIPULÉS

La charcuterie ancienne avait des procédés longs et coûteux pour la manipulation de ses produits. Les temps sont bien changés, car les machines à hacher et à entonner économisent la main-d'œuvre et perfectionnent les préparations. La propreté du laboratoire, des linges et de tous les ustensiles qui font partie du matériel des charcutiers est absolument indispensable, pour assurer la qualité et la conservation des produits.

CHAIR A SAUCISSES

Le collier, la tête, la gorge et diverses parties du porc auxquelles on ajoute du bœuf, du veau et du lard servent à confectionner la farce ou chair à saucisses. Il est essentiel de s'assurer que les viandes sont exemptes d'os et de les assaisonner pendant le hachage. On obtient ainsi leur manipulation convenable, propre et rapide. Les épices qui entrent dans cette préparation sont : sel, poivre, piment, muscade, girofle, cannelle, thym, laurier, marjolaine et romarin.

Il est d'usage d'ajouter deux œufs par kilo de chair hachée.

La farce entre dans la confection des saucisses, des préparations de volailles, têtes, oreilles, veau et patés. Elle sert à faire des boulettes de godiveau, à farcir divers légumes tels que : choux-fleurs, concombres, artichauts, etc...

Si on ajoute 150 grammes de truffes coupées en tranches par livre de hachage, on obtient une farce truffée délicieuse.

SAUCISSES

Autrefois il existait seulement deux espèces de saucisses : les rondes et les plates ; les unes et les autres étaient faites avec un mélange de lard, chair maigre, persil et ciboule que l'on hachait finement. On y ajoutait des œufs, de l'eau, de la farine et quelques épices.

L'emploi des truffes dans la confection des saucisses date du xive siècle. Cuites sous la cendre ou dans du bon vin blanc, elles étaient servies sur les tables princières en guise de farce.

A notre époque, les saucisses comprennent un grand nombre de variétés parmi lesquelles nous citerons les suivantes.

SAUCISSES PLATES ET LONGUES

Les crépinettes ou saucisses plates sont confectionnées avec le hachis enveloppé dans l'épiploon.

On les aplatit un peu en long et on leur donne la grosseur voulue.

Les saucisses longues ne diffèrent des précédentes que par leur forme plus allongée.

Les boyaux de mouton conviennent parfaitement pour envelopper les chairs à saucisses.

SAUCISSES LARGES AU FOIE

Cette variété de saucisse se prépare avec un morceau de crépine assez grand, au milieu duquel on place des couches minces de farces et de foie haché et à demi cuit. L'assaisonnement ordinaire consiste en sel, poivre et muscade. Ensuite, il suffit de rabattre l'un sur l'autre les bords de la toilette et de fumer légèrement la saucisse.

SAUCISSES RONDES

Des menus de mouton, de la longueur d'un mètre environ, servent d'enveloppe aux chairs hachées et suffisamment pressées pour rendre la saucisse ferme et régulière. On a soin de ficeler très court les extrémités des boyaux.

SAUCISSES TRUFFÉES

Les saucisses de ce nom subissent les mêmes préparations et prennent toutes les formes précédentes, seulement la chair ordinaire est remplacée par une farce bien truffée.

SAUCISSES DE MÉNAGE

On prend deux parties de porc maigre et une partie de lard qui sont hachées et assaisonnées pour chaque kilo de : sel, 35 gr. ; salpêtre, 1 gr. ; piment, 2 gr. ; poivre, 3 gr.

L'ail, le thym, la marjolaine, la coriandre sont les aromates nécessaires. On ajoute une petite quantité de vin rouge à ce mélange soigneusement pétri. Mettez-le dans des boyaux de bœuf, ficelez et placez dans un endroit sec. Ces saucisses cuites dans l'eau, le pot-au-feu ou avec des légumes sont excellentes.

La chair de bœuf maigre peut remplacer sans inconvénient celle du cochon.

SAUCISSES FUMÉES

Ces saucisses exigent les préparations précédentes. Puis, on les égoutte pendant quarante heures avant de les exposer à une fumée un peu chaude.

Elles sont très bonnes cuites dans une eau bien assaisonnée.

CHIPOLATAS

Ces saucisses sont d'origine italienne. On remplit un menu de mouton avec de la farce ordinaire sans trop la serrer, puis on tourne le boyau par bouts de deux centimètres de longueur.

Il faut donner la forme d'un chapelet de grosses noisettes. En remplaçant le hachis ordinaire par de la farce truffée ou des filets de volailles on confectionne des chipolatas aux truffes ou de volailles.

Ces saucisses passées au beurre servent comme garnitures de légumes.

SAUCISSES DE STRASBOURG

Elles sont fabriquées avec moitié de maigre de porc et moitié de maigre de bœuf. Les chairs hachées menu sont poussées dans des boyaux de cochon. On les roule et on les suspend au fumoir. Elles sont excellentes cuites à l'eau ou dans le potage. On peut encore les faire griller.

SAUCISSES DE FRANCFORT

Cette saucisse se prépare avec la farce ordinaire à laquelle on ajoute un litre d'eau par

12 kilos de chairs hachées. Ce mélange, battu et manié avec soin pendant dix minutes, est entonné dans des boyaux de cochon. Il ne reste plus qu'à fumer les saucisses jusqu'à ce qu'elles aient contracté une belle couleur jaunâtre. Très appréciées par leur finesse et leur délicatesse. On les exporte beaucoup en Russie.

SAUCISSES ANGLAISES

Les saucisses anglaises se confectionnent avec un mélange de porc, de veau et de graisse de rognons de bœuf. Pour chaque kilo de substance il faut : 15 gr. de sel, 2 gr. de poivre, 1 gr. de muscade, du thym et enfin un œuf.

SAUCISSES ESPAGNOLES

Du maigre de porc, du lard, du veau hachés grossièrement et assaisonnés de sel, piment, safran, laurier, vin de Madère ou de Malaga servent à fabriquer les saucisses espagnoles.

SAUCISSES HOLLANDAISES

En Hollande, on pile dans un mortier du bœuf et du lard que l'on épice convenablement.

Le hachis emballé dans des boyaux de bœuf est conservé dans une saumure légère.

SAUCISSES ALLEMANDES

Nous signalerons encore les saucisses allemandes de basse qualité, confectionnées avec les déchets du triage des saucissons, les débris de chairs à saucisses, etc... On ajoute 250 grammes de sel par 7 kilos de chairs et beaucoup d'épices. Le mélange est ensuite emballé dans des menus de cochon. Ces saucisses, qui laissent beaucoup à désirer, sont grillées ou cuites dans du bouillon.

BOUDIN ANCIEN

Nos ancêtres fabriquaient deux sortes de boudins : le noir et le blanc. Le boyau du porc servait d'enveloppe ; le sang, la panne et des épices entraient dans la confection du boudin noir. Celui-ci était cuit à l'eau, et pour l'empêcher de s'ouvrir on prenait la précaution de le piquer de temps en temps jusqu'à cuisson complète. Il était rôti sur le gril et servi chaud.

Le boudin blanc était préparé avec de la graisse de porc et de la volaille rôtie, très finement hachées, arrosées de lait, de jaune d'œuf et assaisonnées avec sel et poivre. Le menu de porc servait également d'enveloppe à cette farce, qui était fort recherchée. On le faisait rôtir comme le précédent.

A notre époque, les procédés de fabrication sont perfectionnés et rendent les boudins beaucoup plus délicats et moins indigestes.

Il est essentiel de consommer, tout d'abord, les boudins confectionnés avec de gros boyaux parce qu'ils se conservent moins longtemps que les petits. De fait, ils contractent plus aisément une saveur aigrelette et rance fort désagréable.

Les boudins, même fumés, qui sont gardés trop longtemps deviennent durs et perdent une partie de leur saveur. Comme leur enveloppe est durcie avec la masse on ne peut plus l'en séparer; dans ce cas, il faut se garder de le faire cuire sur le gril. L'unique moyen de le rendre comestible est d'opérer sa cuisson dans l'eau à tout petit feu.

Quand on ajoute au liquide du thym, du laurier, de la marjolaine, une petite quantité de beurre et de graisse, le boudin devient aussi sapide qu'à l'état frais.

En général, les boudins de foie fumés ne se conservent pas au delà de deux mois. Après cette période ils rancissent et contractent une saveur détestable.

L'enveloppe du boudin ne doit jamais être consommée.

BOUDIN NOIR

Pour fabriquer le boudin de Paris ou de brasse ordinaire, il faut hacher deux litres d'oignon pour une saignée de porc qu'il faut faire cuire lentement sur un feu doux. On ajoute 2 kilos de cretons et l'assaisonnement suivant : sel, poivre, piment, persil. On chauffe le mélange que l'on entonne dans des menus de cochon. Les boudins sont ensuite plongés dans l'eau bouillante pendant quinze ou vingt minutes. Il faut les surveiller attentivement pour éviter les déchirures. Avant de se servir des boyaux on doit s'assurer qu'ils sont intacts. On constate la cuisson du boudin lorsqu'en le piquant il ne sort plus de sang, ou le pressant sous les doigts il demeure ferme. La cuisson trop prolongée lui enlève ses qualités. Pour le rendre plus croustillant, plus délicat il faut le faire griller sur un feu vif ou cuire dans la poêle avec un peu de beurre.

Le boudin de table ou de Nancy, est confectionné avec un litre d'oignons hachés très menus, de la panne, du sang, du lait, des œufs, des pommes de reinette cuites en marmelade, du persil, du sel, du poivre, des épices et un peu de bon cognac. Ce mélange est chauffé et entonné dans des boyaux de porc. Sa cuisson s'opère comme précédemment.

Dans le boudin de Lyon il entre simplement du sang de porc, des oignons, du sel, du poivre, du piment, du cognac et des fines herbes hachées. Pour les boudins à la crème, si appréciés des gourmets, on passe un litre de sang de porc. Ensuite, les oignons finement hachés sont mijotés pendant trente minutes environ dans un peu de graisse. On ajoute sel, poivre, épices, fines herbes et un demi-litre de bonne crème. On pousse dans des boyaux de porc. La cuisson s'effectue dans une marmite remplie aux trois quarts d'eau bouillante.

Ces boudins cuits dans la poêle avec des oignons

ou des pommes sont délicieux. Nous devons dire que les boudins noirs ne se truffent jamais.

BOUDIN BLANC

Boudin blanc à la parisienne. — Hachez très menu et pilez au mortier la chair d'un poulet avec 250 grammes de lard frais; faites bouillir deux litres de lait auquel vous ajoutez de la mie de pain, un oignon haché, six blancs et deux jaunes d'œufs, poivre, sel, laurier et persil.

Maniez le tout, faites cuire jusqu'à liaison, entonnez dans des boyaux de porc et ficelez.

A défaut de volaille on peut prendre 1 kilo de veau bien blanc et convenablement dénervé.

Les foies gras de volailles, les chairs du lapin, du lièvre, de la perdrix, du faisan, celle du homard et de l'écrevisse conviennent également.

Boudin blanc du Mans. — Ce boudin, très renommé, a été inventé au commencement du xviiie siècle par un charcutier manceau.

On le confectionne de la manière suivante : on prend 2 kilos de maigre de porc et 4 kilos de lard frais que l'on hache convenablement. Ensuite on met dans une bassine 6 œufs, 120 grammes de sel, 20 grammes de poivre, 10 grammes d'épices, un oignon, un peu de persil et un litre de lait.

On manie jusqu'à ce que la liaison soit complète. Il ne reste plus qu'à entonner dans un boyau de porc et à ficeler. La cuisson s'effectue comme précédemment.

Boudin à la Richelieu. — Les boudins à la Richelieu se préparent avec les filets d'une volaille et 125 gr. de lard frais. On pile et on ajoute trois jaunes d'œufs, 100 gr. de foie gras, 50 gr. de beurre et 100 gr. de truffes hachées. Cette farce bien assaisonnée est enveloppée dans la crépine et grillée sur un feu doux. A ces diverses sortes de boudins nous ajouterons ceux préparés avec du gruau, du foie, des poumons, des langues de porc et des fraises de veau.

Nous mentionnerons également les boudins blancs au maïzena, les boudins maïzena aux raisins de Corinthe. Toutes ces variétés sont très recherchées.

CHAPITRE VI

DES ANDOUILLES

Au xvi° siècle, l'andouille proprement dite occupait déjà un rang élevé dans l'art culinaire.

Elle se composait d'un hachis de viande de porc, de panne, de fraises de veau bien assaisonné et emballé dans des menus. On la faisait cuire sur un feu modéré dans une petite quantité d'eau avec sel, poivre, oignon, girofle et vin blanc. Ainsi préparée elle était digne de figurer sur les tables bien servies.

La fabrication moderne des andouilles ne laisse, à coup sûr, rien à désirer. Les boyaux de porc ou de mouton minutieusement nettoyés, lavés, échaudés et séchés servent à leur préparation.

L'andouille de Lyon, de grosseur ordinaire, a une certaine renommée. Des fraises de veau, des menus de cochon coupés en bandes et des bordures de ratis que l'on espace régulièrement, composent l'intérieur de l'andouille. On assaisonne avec sel, poivre, moutarde et échalotes hachées. Les boyaux bien blancs, coupés par bouts d'environ trente centimètres, servent de fourrures. On pique les andouilles, on les met avec des oignons dans une marmite contenant de l'eau en ébullition et on laisse cuire doucement pendant deux heures.

Après refroidissement elles peuvent être grillées, rôties à la poêle ou coupées en tranches passées au beurre.

Les andouilles fumées pendant dix ou douze jours se conservent crues une année entière. Pour les manger, il suffit de les cuire pendant quatre heures ; on les sert coupées en tranches.

L'andouille de Genève, dite longeole, légèrement fumée est bien délicate. Elle se mange immédiatement après sa fabrication ou se conserve pendant plusieurs semaines.

Nous signalerons aux amateurs l'andouille de Vire à la fraise de veau qui, grillée et servie très chaude, constitue un plat savoureux.

LES ANDOUILLETTES

Andouillette de Paris. — Elle se prépare en coupant les boyaux en rubans ou bandes étroites.

Dans le milieu et sur toute la longueur de l'andouillette on dépose un lardon ; le sel, le poivre et le piment servent d'assaisonnement. On roule les boyaux de la longueur d'un mètre en enfermant le lardon dans le milieu et on les entonne dans la fourrure.

Leur cuisson s'effectue à feu doux durant quatre heures environ et on les presse sur un linge blanc pour donner la forme carrée. Après complet refroidissement, l'andouillette coupée de la longueur demandée est glacée avec un mélange de panne fondue et de graisse de veau. Elle est ciselée, c'est-à-dire que des incisions ont été faites pour la parer, et cuite sur le gril ou dans la poêle.

Andouillette de Troyes. — Elles ont une grosseur moyenne et une longueur de 20 centimètres environ.

Une fraise de veau et des boyaux de cochon coupés en rubans très étroits servent à les fabriquer avec du sel, du poivre, du persil, des échalotes, des muscades et des champignons. On les fait cuire avec un bouillon additionné d'aromates et de bon vin blanc. Grillées sur un feu un peu vif et servies bien chaudes elles sont un vrai régal de gourmets.

Andouillette truffée. — Le procédé pour truffer andouilles et andouillettes est fort simple. Immédiatement après la cuisson, on pratique des incisions à la première enveloppe pour y faire entrer des truffes coupées en morceaux. On *fourre* une deuxième fois et on fait cuire pendant quinze minutes.

En faisant mariner et fumer les andouillettes, on obtient de bons résultats au point de vue de la qualité et de la conservation.

Mentionnons encore les andouillettes de Damme ordinaires et les andouillettes de Damme aux truffes qui possèdent une saveur et une délicatesse remarquables.

RILLETTES ET RILLONS

Rillettes du Mans. — La renommée de ces rillettes n'est plus à faire. Cet apéritif est dit bien réussi quand il possède le goût de la noisette. On sert la rillette dans les déjeuners, en tartine sur des tranches de pain. Elle est préparée de la manière suivante : on hache menu 2 kilos de maigre de cochon et 3 kilos de gras que l'on fait cuire à petit feu pendant cinq heures. Le sel, le poivre.

le laurier, les clous de girofle et d'autres ingrédients servent d'assaisonnements. Il faut avoir soin de remuer souvent pendant la cuisson.

On passe dans une passoire, on égoutte et on emplit les pots à rillettes. Ceux-ci sont couverts d'une couche de saindoux assez mince et soigneusement bouchés. Les rillettes se servent toujours froides.

Rillettes de Tours. — Elles sont plus foncées en couleur que les précédentes parce que la cuisson a lieu sur un feu plus ardent. Quant au procédé de fabrication il est absolument le même.

Rillettes d'oies. — Dans ces rillettes entrent les chairs de l'oie convenablement désossées et dénervées. Le lard est coupé en dés réguliers. Pour roussir le mélange, on ajoute au saindoux une petite quantité d'eau et l'opération continue comme précédemment.

Rillons. — La confection des rillons est identique à celle des rillettes. La seule différence se trouve dans la présence ou l'absence de graisse.

Les rillons sont servis à sec sur un plat et mangés froids ou chauds.

Les rillettes préparées avec de la graisse sont toujours consommées froides.

DES SAUCISSONS

Les écrivains du xvie siècle rapportent que les saucissons faisaient les délices de l'époque et que les procédés de fabrication étaient parvenus à un haut degré de perfection. Nous pouvons dire que, de nos jours, cette préparation ne laisse absolument rien à désirer. La propreté dans le nettoyage des boyaux et les manipulations de la viande est une condition indispensable pour obtenir de bons produits. L'emballage et le séchage doivent se faire avec les plus grandes précautions ; en outre, les chairs doivent provenir de sujets adultes, sains, bien nourris et engraissés dans des limites convenables. Quand elles sont fermes, rosées, tendres, on est certain de fabriquer des saucissons de qualité supérieure. En l'espèce, la cuisson du saucisson a une réelle importance. Plus il est sec, moins il faut de temps pour le faire cuire parce que les assaisonnements lui ont déjà fait subir un certain degré de coction. En revanche, il est nécessaire de le plonger plus longtemps dans le bouillon pour rendre les chairs moins coriaces.

La durée de la cuisson est calculée comme suit :

Pour un saucisson du poids de 0 kil. 250.   25 minutes.
Pour un saucisson du poids de 0 kil. 500.   45   —
Pour un saucisson du poids de 2 kil.   1 h. 45   —
Pour un saucisson du poids de 1 kil.   1 h. 15   —
Pour une saucisse emballée dans un menu de porc. 10   —
Pour une saucisse entonnée dans un boyau de bœuf. 20   —
Les saucissons secs de grosseur ordinaire et pesant une livre, demandent. . . . 15   —
Pour un poids d'un kilo. 30   —
Pour un poids de deux kilos. 45   —

La même durée de cuisson s'applique aux saucisses sèches.

Nous allons passer en revue les différentes sortes de saucissons.

Saucisson ordinaire. — Pour le préparer, il faut hacher et dénerver la chair de porc en ayant soin de réunir deux tiers de maigre et un tiers de gras. Chaque kilo de mélange exige 25 gr. de sel, 2 gr. de poivre et 1 gr. de salpêtre. On manie pendant dix minutes et on entonne dans des boyaux de bœuf. Puis le saucisson est ficelé et légèrement fumé. La cuisson s'effectue dans une marmite remplie d'eau bouillante. Après avoir mijoté pendant une demi-heure ou plus, suivant la grosseur, on le retire pour le faire sécher doucement.

Saucisson de Paris. — Il est presque semblable au précédent. La cuisson généralement adoptée consiste à le plonger à froid dans un bouillon et à faire bouillir seulement pendant cinq minutes. On retire le saucisson, on le pique et la cuisson dure encore trente minutes. Enfin, on le laisse tremper pendant un quart d'heure, on le fait sécher et on lui donne du brillant en le frottant avec un linge.

Saucisson de Lyon. — Sa réputation est universelle. Il se fabrique avec les meilleures parties du porc, notamment les jambons. La viande employée doit être complètement exempte de graisse et de nerfs.

Les muscles sont très finement hachés pour former une pâte dense et ferme. Pendant l'opération on ajoute : sel, 45 gr. ; poivre, 3 gr. ; lardons découpés, 135 gr. et un peu d'ail. Quand la pâte est bien maniée on l'entonne dans des boyaux de porc. Le saucisson est piqué avec soin pour en extraire l'air ; plus il est serré et mieux il se conserve. Quand il est séché on l'expose à l'air dans un endroit sec.

La viande de bœuf ajoutée à celle de porc, même dans une faible proportion, fait perdre au saucisson cette belle couleur rosée et cette finesse de goût appartenant à celui qui est exempt de tout mélange.

Le saucisson de Lyon se consomme toujours à l'état cru.

Saucisson moelle de bœuf. — Avec des tranches de veau, de la moelle de bœuf, de la chair de porc, des oignons, du persil, des fines herbes finement hachées et assaisonnées, on obtient une sorte de saucisson dite à la moelle de bœuf.

Saucisson d'Arles. — Ce saucisson doit sa délicatesse à des conditions locales particulières. Il faut hacher encore plus menu qu'à l'ordinaire un quart de chair de bœuf et trois quarts de celle du porc. Le mélange bien pilé et épicé est poussé dans des boyaux de bœuf.

Lorsque le saucisson est convenablement séché et un peu fumé il est mangé cuit ou cru. Les charcutiers de la capitale imitent assez bien cette excellente variété de saucisson.

Saucisson aux truffes et aux pistaches. — Il se fabrique par les mêmes procédés. On hache de la bonne viande de porc dans la proportion de un quart de gras et trois quarts de maigre. Pour chaque kilo de pâte l'assaisonnement est de : sel, 30 gr. ; sucre pilé, 2 gr. ; poivre, 2 gr. ; salpêtre, 1 gr. ; épices, 1 gr. ; pistaches, 10 gr. ; truffes en tranches, 100 gr. Maniez ce mélange et arrosez de vin de Madère. On entonne dans un boyau de bœuf, on fume et on soumet à la cuisson.

Saucisson de foie gras aux truffes et aux pistaches. — Ce saucisson renferme quelquefois du veau ajouté à la chair du porc. La farce contient une certaine quantité de foie gras, des jaunes d'œufs, des épices et du bon curaçao. Il est nécessaire de le faire cuire pour le conserver.

Saucisson de Strasbourg. — On le confectionne avec mi-partie de porc et mi-partie de bœuf. Le hachis étant bien travaillé on ajoute un litre d'eau par 5 kilos de substance. La cuisson et le fumage s'opèrent comme à l'ordinaire. Ce saucisson doit être mangé frais.

Chorizos. — Les saucissons, dits chorizos, sont de provenance espagnole. On hache de la chair et du foie de porc ; on ajoute du lard et les assaisonnements connus. La pâte est emballée dans des boyaux de bœuf avec beaucoup de poivre en grains et de longs morceaux de piment. Le saucisson est alors exposé à la fumée de genièvre et son enveloppe est frottée avec du piment.

Ces petits saucissons très recherchés en Espagne sont servis grillés ou braisés

Saucisson suisse. — Il doit sa réputation à la qualité de la viande employée. Immédiatement après l'abatage du porc les chairs sont hachées, assaisonnées et entonnées dans des menus, vessies de veau ou boyaux de bœuf. On fume sans chauffer. Ce saucisson se conserve très facilement pendant plusieurs mois. Sa cuisson se fait dans l'eau. En Suisse, l'exportation de ce produit fait l'objet d'un commerce assez étendu.

Saucisson d'Italie ou Salami — On hache menu 7 kilos de porc et 2 kilos de bœuf. On assaisonne le hachis et on le met dans une serviette pour en exprimer le jus. Celui-ci est remplacé par du vin dans lequel on a fait tremper une gousse d'ail. On ajoute du lard coupé en petits dés et on entonne dans des boyaux qui séjournent pendant vingt-quatre heures dans du vin blanc assaisonné. Ce délicieux saucisson est ensuite fumé et mangé cuit ou cru.

Saucisson à l'anglaise. — Dans ce saucisson, le

poivre en grains et le sucre sont remplacés par du melon confit au sucre et coupé en petits dés. Il y entre également du macis, du caviar et une petite quantité d'eau-de-vie.

Saucisson de volaille. — Les chairs désossées et dénervées de poules, dindes, oies, etc., servent pour cette espèce de saucisson. Si on ajoute des foies de volailles il est encore meilleur.

Saucisson de gibier. — La viande de certain gibier désossée, hachée et assaisonnée sert à faire d'excellent saucisson. On a soin d'ajouter pour chaque kilo de pâte 150 gr. de truffes en tranches.

Les saucissons au sanglier, légèrement fumés et mangés cuits, sont des plus délicieux.

Saucisson d'ours. — Nous devons signaler une variété de saucisson, rare chez nous, mais très commune à Saint-Pétersbourg. La chair de l'ours, mélangée à du caviar de Russie, sert à sa préparation. Nous ignorons sa valeur gastronomique.

Saucisson de poisson. — Les poissons à chair ferme sont préparés pour faire ce saucisson.

Ceux qui conviennent tout spécialement sont : le saumon, les truites, le brochet, la carpe et l'anguille.

DES CERVELAS

La fabrication des cervelas est déjà ancienne, car au moyen âge il s'en faisait une grande consommation. On les confectionnait avec des farces assaisonnées d'ail, de poivre en grains que l'on entonnait dans des boyaux de veau. Pour les fumer ils étaient suspendus dans le foyer de la cheminée. Leur cuisson avait lieu dans l'eau. Ils étaient servis comme entremets.

Aujourd'hui on choisit du gras et du maigre de porc qui est haché menu et dont la moitié est à l'ail et l'autre moitié sans ail. La pâte est poussée dans un gros boyau de bœuf auquel on donne la grosseur convenable. Il ne reste plus qu'à accrocher le cervelas au fumoir pour lui donner une belle couleur de fumée. Le charcutier le vend cuit ou cru. Les cervelas à l'oignon, à l'échalote, à l'ail ne conviennent pas aux estomacs faibles et aux personnes délicates.

Nous recommandons le cervelas aux truffes qui est vraiment très savoureux.

Les cervelas de veau, de lapin, de lièvre sont également recommandables. Même observation pour le cervelas de Milan ou à l'Italienne.

DE LA MORTADELLE

Mortadelle de Paris. — Elle se prépare avec du porc dénervé, assaisonné et entonné dans une baudruche de bœuf. Ce saucisson légèrement fumé est d'une bonne conservation. Il est toujours consommé cuit.

Mortadelle de Lyon. — Cette variété est préparée avec du porc de premier choix. On prend généralement les jambons qui sont dénervés, dégraissés et hachés convenablement. Dans l'assaisonnement il entre un peu de bon cognac. On emballe dans des vessies de bœuf ou de cochon ; on fume et on consomme cuit ou cru.

Mortadelle de Bologne. — La viande des porcs élevés dans cette localité donne à la mortadelle des qualités supérieures. Elle se fabrique de la même manière que le saucisson de Bologne. Ce produit figure avantageusement sur les tables somptueuses, mais il a le grave inconvénient de coûter fort cher.

CHAPITRE V

LES JAMBONS

Les jambons se composent de la cuisse et de l'épaule du porc. Ils font l'objet d'un commerce considérable dans plusieurs contrées, notamment : en Alsace et en Lorraine, à Mayence, à Wesphalie, à York et aux Etats Unis d'Amérique. Ces produits jouissaient d'une si grande faveur auprès des Romains que Caton enseignait les meilleurs procédés de conservation. Chez nos ancêtres, ils ornaient toujours les tables bien servies.

De nos jours, la manière de les préparer frais, de les saler et de les fumer a été perfectionnée à un haut degré, et, sous ce rapport, le progrès continue sa marche triomphale. L'habileté de la ménagère et l'art du charcutier font revivre les antiques coutumes gauloises, et la tranche de jambon figure avec honneur dans les festins des rois et les banquets du pauvre. Pour obtenir de bons produits il est nécessaire de prendre des animaux de bonne race, convenablement engraissés et d'apporter les plus grands soins dans leur préparation. N'oublions pas non plus que, la délicatesse du jambon dépend de la qualité du sel employé. C'est à celui bien épuré de Salies que les jambons succulents de Bayonne doivent en partie leur vieille renommée. Ceux de Fougères, d'York et de Hambourg ont aussi une réputation universelle. Chacun d'eux a des qualités bien distinctes dues à plusieurs conditions de localité.

Dans un ménage ordinaire, il est parfois difficile de tirer profit d'une pièce généralement trop volumineuse.

Le meilleur parti est d'enlever la noix en la coupant en deux dans le sens de la longueur; la partie dans laquelle se trouve l'os est immédiatement soumise à la cuisson et l'on peut servir un jambon encore présentable.

La seconde partie, qui n'est que de la chair, se détaille par tranches pour mettre soit en grillade, soit comme garniture dans des ragoûts ou avec des œufs.

Chaque pays adopte des procédés de salaisons se rapprochant plus ou moins de l'ancienne méthode. Dans quelques localités, on préfère la salaison par les saumures, dans d'autres c'est la salaison sèche ou mixte qui est usitée. Les mois de novembre, décembre, janvier et février sont les meilleures époques pour effectuer cette opération. Ces limites sont néanmoins subordonnées à la situation climatérique. Ainsi, dans le nord de la France la salaison des jambons a lieu pendant toute l'année ; dans le midi le salage serait défectueux l'été, et, on y renonce à ce moment.

Il peut arriver que le jambon reste dur même après avoir été suffisamment dessalé ; dans ce cas il faut le laisser mortifier un certain temps. On va beaucoup plus vite en enveloppant la pièce d'un linge et en l'enterrant pendant deux heures environ.

La cuisson se reconnait lorsque les chairs fléchissent sous la pression des doigts. On l'apprécie encore en enfonçant, dans l'intérieur du morceau, un tuyau de paille ou la pointe d'une lardoire qui doit pénétrer, quand il est suffisamment cuit, jusqu'au fond.

Les jambons se mangent chauds ou froids ; servis en tranches minces dans les entremets ils sont excellents pour aiguiser l'appétit.

Nous allons passer en revue les sortes de jambons plus avantageusement connues.

JAMBON DE FOUGÈRES

Le jambon breton, dit de Fougères, est le véritable jambon de ménage. Celui qui est vendu à Paris n'est pas trop salé, ce qui ne l'empêche pas de se conserver entamé pendant près d'un mois. Il est apprécié dans le monde des gourmets parce qu'il possède une finesse et une saveur remarquables. Il est avantageux par son prix relativement peu élevé.

Pour cette raison il fait la joie de toutes les classes de la société.

JAMBON BLANC DE PARIS

Ce jambon, de qualité excellente, est simplement désossé et salé pendant huit à dix jours. On le resserre fortement avec une grosse ficelle et on le fait cuire pendant deux heures. On retire la marmite, et, le jambon séjourne encore dans le bouillon bien aromatisé durant une heure. Enfin, il est mis sous presse pour le laisser refroidir.

JAMBON DE LORRAINE

Lorsque le jambon est salé et bien séché on le conserve dans les cendres où il contracte un goût délicat. Cette préparation est couramment en usage dans la Bourgogne et le Morvan.

JAMBON DE REIMS

Ce jambon demande seulement quatre ou cinq jours de salaison. On le fait cuire durant quatre heures environ dans un bouillon avec des carottes, oignons et plusieurs aromates. On le désosse et on introduit des épices dans son intérieur. Après refroidissement le jambon est graissé et passé à la chapelure rouge.

JAMBON DE BAYONNE

Ce jambon se distingue, entre beaucoup d'autres, par une délicatesse réellement supérieure.

Aussi nous regrettons que son prix ne le rende pas accessible à toutes les bourses. Ce produit excellent, salé en hiver dans le département des Basses-Pyrénées, est vendu à Paris aux environs de Pâques. On le reconnaît très facilement à sa crosse brisée. Il faut quatre heures pour le faire cuire convenablement, et quand on veut le rendre encore plus tendre, il est indispensable de le laisser pendant une heure dans son bouillon.

JAMBON D'YORK

Le jambon d'York est connu en France depuis une trentaine d'années seulement et sa réputation n'est plus à faire.

Plusieurs personnes lui reprochent, fort judicieusement, la quantité exagérée de graisse qu'il renferme. Toutefois, nous reconnaissons que la finesse du gras et la délicatesse des chairs compensent cet excès dans une certaine mesure.

La cuisson s'effectue comme à l'ordinaire, mais en raison de la tendreté des tissus, deux heures suffisent pour cette opération.

Dans plusieurs localités, à Hambourg et à Nantes

par exemple, on imite assez bien le jambon d'York au point de vue de la forme et de l'aspect extérieurs. Nous n'exagérons pas en disant que les neuf dixièmes de jambons qualifiés York sont des jambons de Hambourg. Malgré cela, les vrais connaisseurs ne se trompent jamais sur la provenance.

JAMBON ALLEMAND

Plusieurs districts de l'Allemagne fournissent des jambons justement appréciés en Europe.

Les plus renommés sont ceux de Hambourg, Mayence, Westphalie, Stuttgard et Gotha.

Nous citerons encore le jambon de Strasbourg dont la réputation est universelle.

Les jambons allemands, généralement peu salés et peu fumés, sont tendres et savoureux.

Leur cuisson s'effectue comme à l'ordinaire.

Dans les pays de production on a l'habitude de les manger à l'état cru. La fermeté du lard et la qualité des chairs encouragent cette consommation que nous sommes loin d'approuver.

JAMBON SUISSE

Ce jambon figure très rarement sur nos marchés. Comme sa production est même insuffisante pour le pays, il est nécessaire de faire des demandes particulières pour l'obtenir. C'est un produit excellent et nous regrettons qu'il ne fasse pas l'objet d'un commerce plus important.

JAMBON D'ITALIE

Les charcutiers italiens préparent des jambons non fumés fort appréciés dans cette contrée.

Ils ont l'inconvénient d'être trop salés.

On les conserve dans l'huile et on les sert crus et découpés en tranches excessivement minces. Nous avons rarement l'occasion de les goûter.

JAMBONS AMÉRICAINS

Avant le décret de prohibition des viandes salées, l'Amérique expédiait en France une quantité considérable de jambons conservés. Bien préparés, ils offrent plusieurs avantages, surtout au point de vue du bon marché. Les meilleurs proviennent de Chicago, Saint-Louis et Cincinnati.

JAMBON DE SANGLIER

Les jambons de marcassin, de sanglier simplement marinés ou salés et fumés forment des mets aristocratiques. Leur cuisson s'effectue à la broche, au four, dans un bouillon aromatisé et additionné de madère. Servis chauds, ils font l'ornement des tables princières.

JAMBONNEAUX

Les épaules de porc, salées et fumées par les procédés connus, prennent le nom de jambon de devant.

Chacun connaît pour en avoir mangé le jambonneau désossé, pané, au petit salé, etc.

Le jambon de devant, malgré son apparence modeste, est encore un luxe pour un grand nombre de tables ; du reste, il possède toutes les qualités de son congénère.

LES HURES DE PORC

La préparation des hures de cochon remonte à une époque fort ancienne. Il faut commencer par désosser la tête avec le plus grand soin, la saler en y ajoutant la langue, du lard, de la viande et des langues de veau. On fait cuire à petit feu dans un bouillon bien aromatisé. Après cuisson complète il faut parer la hure. On retire la peau recouvrant les langues qui sont coupées en deux dans le sens de la longueur. Il faut également découper les chairs en gros lardons et placer le tout dans une bassine. On fait un mélange parfait avec les assaisonnements nécessaires. Après une nouvelle cuisson d'une heure, la hure est mise dans un moule et fortement pressée pour en exprimer le liquide. On laisse refroidir pendant vingt-quatre heures, on recouvre de gelée et on pane avec de la chapelure.

HURE AUX PISTACHES

La hure, confectionnée comme nous venons de l'indiquer, est garnie d'un ou de plusieurs rangs de pistaches placées avec une certaine symétrie au milieu des langues.

HURE TRUFFÉE

La hure est préparée par la méthode ordinaire : puis on ajoute une certaine quantité de truffes épluchées, coupées par tranches épaisses et régulièrement disposées par deux ou trois rangées. Après refroidissement la hure est glacée ou panée.

HURE DE TROYES

La hure de cochon ou de sanglier à la troyenne renferme une certaine quantité de truffes et de pistaches. On la reconnaît à sa forme très allongée et surtout à l'absence de farce dont les autres sont bourrées.

FROMAGE DE COCHON

Les fromages de cochon constituent un aliment très avantageux pour les déjeuners à la fourchette.

Leurs prix peu élevés les rendent accessibles aux classes indigentes ; ils servent généralement à l'arrangement des assiettes garnies.

On fabrique plusieurs qualités de fromages suivant la nature des substances qui entrent dans sa composition. Ainsi les filets de la langue, le vin, les truffes, les pistaches peuvent manquer. Quoi qu'il en soit, la tête de porc est nettoyée et partagée en deux pour enlever la cervelle et la langue. Ensuite, on coupe chaque demi-tête en trois morceaux que l'on fait baigner pendant deux heures dans l'eau. Après la cuisson il faut désosser tous les morceaux ; les chairs sont découpées par gros dés carrés, placées dans une bassine avec des assaisonnements et fortement pressées. On doit mettre autour du moule des bardes en quantité convenable et laisser sous presse jusqu'au lendemain. Il ne reste plus qu'à glacer et à entourer de gelée ou de saindoux.

FROMAGE D'ITALIE

Le fromage d'Italie, ou pâté de foie, doit son nom à sa forme se rapprochant assez de celle du fromage au lait. Il a une origine déjà ancienne, car l'histoire rapporte que Louis XI en mangeait tous les jours à ses déjeuners. Il ne convient guère aux estomacs délicats, ce qui ne l'empêche pas d'être très recherché des gourmets.

On le confectionne en pilant un foie de porc avec du lard et force assaisonnements.

On fait un mélange bien lié en ajoutant des œufs et de la farine. Le moule à fromage ayant son fond rempli de bardes, on y entonne la pâte. Lorsque la moitié du hachis est placé on presse avec la main et on ajoute encore des lardons ; le moule est rempli et recouvert d'un morceau de crépine. Enfin la cuisson s'effectue au four. Cette préparation est servie froide et accompagnée de gelée ou de saindoux.

TÊTES

Les têtes de porc farcies demandent des manipulations plus nombreuses, telles que la mise en saumure et au fumoir.

Nous ferons la même observation relativement aux têtes de porc pressées qui exigent un travail assez long. Quand la pâte est suffisamment préparée on l'emballe dans une vessie de porc. Après la cuisson, on presse et on place au fumoir.

LANGUES

Les langues de porc, de bœuf, de veau fumées ou fourrées sont des plats très appréciés dans le monde gastronomique.

LANGUE DE PORC

Elle se confectionne de la manière suivante : la langue est mise en saumure pendant une huitaine de jours ; on opère la cuisson pendant deux heures environ ; puis elle est dépouillée de sa peau, parée et fourrée dans un boyau de cochon. On ficelle solidement les extrémités du boyau et la langue est mise au fumoir pendant douze heures. Après cela, on l'a fait refaire durant un quart d'heure dans son bouillon et on la rougit avec du carmin.

LANGUE DE VEAU

La langue de veau à l'écarlate se prépare absolument de la même manière.

LANGUE DE BŒUF FUMÉE

On la prépare en salant une langue de bœuf, en la fumant crue et en la faisant cuire dans du bouillon. On la fourre dans une baudruche de bœuf et on fait refaire dans l'eau bouillante. Il ne reste plus qu'à rougir la langue avec du carmin et à la placer de nouveau pendant deux heures dans le fumoir.

La ville de Strasbourg a une certaine renommée pour sa fabrication de langues de bœuf fumées à l'écarlate.

A Dijon on prépare également des langues fourrées d'une grande délicatesse.

LANGUES DE TROYES

Les charcutiers de Troyes ont le mérite de confectionner des langues de mouton fumées d'une finesse remarquable. Leurs procédés diffèrent peu de ceux indiqués précédemment. La réputation acquise provient de la qualité des produits et des soins apportés dans leurs manipulations.

LANGUES FOURRÉES DES ARDENNES

Les langues préparées dans cette localité sont également délicieuses ; les charcutiers préfèrent fourrer celles de bœuf parce qu'étant plus grosses elles donnent plus de bénéfices, sans pour cela coûter davantage.

OREILLES

Les oreilles de porc préparées de diverses manières fournissent un mets recherché. Quand elles sont lavées, ratissées, salées et cuites dans un bouillon bien assaisonné elles donnent un petit salé délicieux. On les sert avec des cornichons, de la moutarde ou une sauce piquante.

Les oreilles marinées, en gelée, à la Sainte-Menehould, glacées aux truffes, bien relevées et servies avec une garniture convenable ne laissent rien à désirer.

GROINS ET QUEUES

Ces parties du porc préparées soit au petit salé,

soit en gelée, soit à la Sainte-Menehould, sont aussi des plats d'amateurs.

PIEDS

On accommode les pieds de cochon de plusieurs manières différentes. Les pieds au petit salé, en gelée, farcis aux truffes et aux pistaches, ont un goût excellent.

PIEDS A LA SAINTE-MENEHOULD

Cette préparation mérite certainement les honneurs de la description.

Les pieds trop gros sont fendus en deux parties, nettoyés et ficelés. On les place dans une marmite avec des carottes, racines de persil, oignons, ciboules, poireau, thym, laurier, girofle, bouillon et vin blanc. Après la cuisson, il faut retirer les pieds et les placer dans une bassine. On dégraisse le bouillon, on le tire au clair et on le verse sur les pieds de façon à bien les recouvrir de gelée. Après refroidissement, on déficelle les pieds, on graisse avec du saindoux et on a soin de les paner avec de la chapelure blanche. Enfin, on les grille sur un feu vif pour donner une belle couleur jaune.

L'usage est de les servir avec de la bonne moutarde ou une sauce piquante.

DES GALANTINES

On appelle galantines des mets assortis avec les chairs de volailles ou de veau assaisonnées avec plusieurs ingrédients.

Ces préparations sont connues depuis longtemps, car les pipefarces de l'ancienne cuisine n'étaient que différentes variétés de galantine.

Les charcutiers du XIXe siècle font, sous la même dénomination, plusieurs préparations très en vogue.

Les coqs, poules, dindons, dindes, pigeons, perdreaux, faisans, etc., entrent dans la confection des galantines.

GALANTINE DE VOLAILLE

Lorsque la grosseur de la volaille est médiocre, il faut en employer plusieurs et y ajouter de la rouelle de veau. Les vieilles poules sont mortifiées pendant quelques jours pour attendrir les chairs. Il faut dépouiller, désosser, dénerver et découper la volaille en petits carrés que l'on assaisonne de sel, de poivre et d'épices. On ajoute du veau, de la chair à saucisses, du foie gras, des œufs, de la farine et du madère. Quand ces substances sont pilées, et maniées convenablement on les renferme dans la peau de la volaille avec des bardes très minces et des lardons de langue fourrée bien espacés.

On rapproche l'un de l'autre les bords de la peau en ayant soin de bien ficeler et on effectue la cuisson sur un feu doux avec une bonne gelée. Lorsque la galantine est cuite on la place dans un moule en la recouvrant de son jus. On la presse avec un poids et on laisse refroidir jusqu'au lendemainx.

On opère de la même manière pour confectionner les galantines truffées, de veau farci, de pigeons, de faisans et de perdreau.

La galantine panachée offre à la coupe des lignes uniformes et des nuances bien distinctes. De fait, elle est confectionnée avec des couches régulières et lisses des chairs de la dinde, de veau, de langues, de jambon, de farce, de bardes, de truffes et de pistaches. Quand cette variété de galantine est bien réussie elle fait le régal des véritables gourmets.

LES PÂTÉS

Nos ancêtres faisaient grand cas des pâtés préparés avec la viande du porc.

Les charcutiers du xiv⁰ siècle confectionnaient différentes espèces de pâtés tant chauds que froids avec du cochon, de la volaille, du gibier et du poisson. De nos jours, on les distingue également par la nature des substances qu'on y fait entrer.

La cuisson des pâtés a une grande influence sur leur qualité et il est indispensable de bien soigner cette opération.

On dore les pâtés pour leur donner un aspect séduisant. Ils sont jaunis, à l'aide d'un pinceau, avec un liquide composé de blancs et jaunes d'œufs cassés et bien battus.

Nous estimons beaucoup les pâtés de Strasbourg, Chartres, Auch, Périgueux, Pithiviers, Langres, etc... Mais, toutes ces préparations sont d'une digestion laborieuse et conviennent seulement aux estomacs robustes.

PATÉ DE PORC FRAIS ET DE BOUDIN NOIR

On fait griller des filets de porc coupés en tranches minces et on les dispose par couches au fond d'un pâté avec des morceaux de boudin légèrement frits. Quand le pâté est rempli, il faut le recouvrir d'une bande de lard et le soumettre à la cuisson.

On le mange aussitôt retiré du four.

PATÉ DE VEAU ET DE JAMBON

Pour confectionner ce pâté, on utilise la viande d'un veau bien blanc à laquelle on ajoute une quantité double de chair à saucisse et de jambon dépouillé de sa couenne.

La cuisson s'effectue dans un four bien corsé. Nous mentionnerons seulement les pâtés de bœuf de foie gras de Strasbourg, de volailles truffées, de canards d'Amiens, les pâtés de bécasses et bécassines, de grives, perdreaux, faisan, mauviettes, lièvre, chevreuil, sanglier, poissons et les nombreux pâtés aux truffes.

Toutes ces préparations, qui rivalisent entre elles

par une finesse et une saveur remarquables, doivent être mangés froides.

Les petits pâtés frits et fabriqués avec des viandes peu épicées sont les seuls qui soient consommés chauds. Dans ce nombre figurent ceux accommodés aux hures truffées, boudins blancs aux champignons et aux crêtes de coq.

TERRINES

On appelle ainsi des pâtés de viandes cuites dans une terrine que l'on conserve pour être mangés froids.

La confection des terrines est d'une grande utilité pour la conservation d'un grand nombre de substances alimentaires.

Nous connaissons parfaitement les terrines de volailles, de foie gras truffé, de chevreuil, lièvre, perdreau, faisan, bécasses, alouettes et de poissons.

Les terrines truffées de Nérac, Ruffec, Périgueux, Toulouse, etc., ont une renommée universelle. Malheureusement, ces délicieuses conserves ont l'inconvénient d'être échauffantes et d'une digestion difficile.

CHAPITRE VI

DES GRAISSES

La graisse ou tissu adipeux (*adeps,* Στεαρ) se rencontre dans l'économie, soit en masses arrondies, comme aux reins, soit en plaques étendues, comme au bassin et aux parties inférieures de l'abdomen, soit en couches épaisses, comme sous la peau. Les matières grasses ne se trouvent point dans les tissus organiques à l'état de liberté, elles sont emprisonnées dans des cellules spéciales ou dans d'autres formées aux dépens des corpuscules élémentaires du tissu. Ces cellules, rarement isolées, sont accumulées en grand nombre dans certaines parties du corps. Chez les sujets en bonne santé et bien nourris, on constate la matière grasse spécialement dans les cavités du tissu cellulaire, mais elle affecte de préférence certaines régions. Le plus souvent, elle est abondante sous la peau, à la surface des muscles et dans la cavité abdominale. Les poumons, le foie, la rate et d'autres viscères renferment peu ou pas de graisse, sauf dans les cas pathologiques. Les notions relatives à la constitution des substances grasses sont encore bien imparfaites.

D'après Mulder et Donders, les cellules adipeuses du porc seraient entourées de deux membranes, dont l'une soluble dans la potasse caustique serait destinée à réunir entre eux les divers espaces cellulaires; l'autre, interne, inattaquable par la potasse concentrée bouillante et par l'acide acétique. Ces membranes débarrassées de la graisse sont formées par une substance soluble dans l'eau que l'on croit être de la gélatine, et par une autre matière insoluble dans l'eau bouillante et identique à la partie fondamentale du tissu élastique.

Elles contiennent des matières salines, du carbone, de l'hydrogène, de l'oxygène et de l'azote.

L'analyse du tissu adipeux dans nos espèces domestiques, due à Schultze et Reineke, prouve que la quantité d'eau qu'il renferme est dans un rapport constant avec le poids des membranes.

ORIGINE	POIDS DE L'EAU	POIDS DES MEMBRANES
Porc.	4,7	1
Mouton.	5,8	1
Bœuf.	6,0	1

La proportion de graisse varie également comme le prouve le tableau suivant :

ORIGINE.	POIDS DE LA GRAISSE	POIDS DES MEMBRANES	POIDS DE L'EAU
Porc.	88,00-97,00	0,93-3,12	»
Mouton.	79,56-94,51	0,77-4,03	»
Bœuf { Lombes .	90,00-94,00	» »	»
Bœuf { Poitrine .	64-27	0, 8-4,88	30

Les principales conditions de l'accumulation de la graisse résident dans l'état de santé, la nourriture, le repos, la température convenable, etc.

Sous la poussée d'un engraissement développé, le tissu adipeux refoule les muscles qui peuvent s'atrophier et dégénérer en substance graisseuse.

Ses usages sont importants, il constitue en quelque sorte un aliment de réserve pour remplacer dans certaines circonstances les matières hydrocarbonées qui peuvent faire défaut à l'économie.

Les tissus graisseux sont le siège de nombreuses productions pathologiques, et les plaies qu'elles peuvent présenter ont peu de tendance à la cicatrisation.

La graisse offre des différences bien tranchées suivant les espèces animales.

Chez les herbivores, elle est plus ferme, plus solide et moins odorante que dans les carnivores. Nous la trouvons fine, douce et onctueuse chez les oiseaux. Celle des poissons et des cétacés est presque fluide et surtout odorante.

Quand les animaux sont jeunes, elle est abondante et de couleur blanche ; plus tard elle diminue de qualité et se colore en jaune.

La teinte rosée que nous rencontrons parfois dans la graisse du porc est causée par la présence de grumeaux rougeâtres qui proviennent d'une saignée imparfaite.

Cette substance est insoluble dans l'eau, sa densité est toujours inférieure à celle de ce liquide. Elle contient une matière d'une odeur forte et repoussante ainsi que certains sels, notamment du chlorure de sodium.

Son goût est désagréable comme celui de la plupart des carnassiers.

La fusion a lieu entre 25 et 30 degrés ; elle brûle avec une flamme très éclairante, se colore, dégage des vapeurs irritantes et donne constamment une épaisse fumée. Chauffée à 100 degrés, elle entre en ébullition et se décompose. Sa consistance varie selon les régions du corps : sous la peau elle offre une fermeté plus grande que dans les autres parties. Ramenée à ses éléments primitifs, elle est ainsi composée :

Carbone.	79,088
Hydrogène.	11,146
Oxygène.	9,756

Il entre dans sa composition immédiate de la stéarine, margarine et oléine en proportions variables. On isole ces corps assez facilement. La quantité d'oléine est en raison directe de la mollesse et de la friabilité de la graisse. Nous connaissons sa grande solubilité dans l'éther, la benzine, les huiles grasses ou essentielles ; elle est soluble en partie dans l'alcool.

Le procédé ordinaire pour extraire la graisse consiste à chauffer à feu nu, dans des chaudières en cuivre, les parties qui la renferment et divisées en menus morceaux avant la fonte. A l'aide d'écumoires, on débarrasse la matière grasse des membranes qui sont, après cette opération, désignées sous le nom de *cretons*.

Un autre procédé, dû à d'Arcet, consiste à chauffer les substances grasses par l'action de la vapeur sur un bain d'eau acidulée d'acide sulfurique. L'acide dissout les membranes adipeuses et la graisse forme une couche liquide à la surface du bain ; il ne reste plus qu'à la recueillir dans des réservoirs.

Les parties musculaires et les enveloppes graisseuses se déposent au fond du vase en donnant un résidu appelé *boulée*.

Nous ne parlerons pas du procédé d'extraction par les alcalis caustiques et inventé par Evrard, de Douai, parce qu'il est spécialement utilisé pour la fonte des suifs.

LE LARD

Le lard est une couche graisseuse accumulée sous la peau du porc en quantité plus ou moins considérable. Les animaux doués d'une grande précocité, abondamment nourris, donnent un volume de graisse énorme comparativement à celui de la chair. Les qualités du lard résident dans sa blancheur et sa densité, car il est très apprécié quand il présente l'aspect et la résistance du marbre. Lorsqu'il a le grain fin et la couleur légèrement rosée, il est parfait. Cette finesse de grain, dit Baudement, se manifeste quelquefois par une succession de petites rides ondulées qui courent sur la surface de la graisse et la rendent comme usée.

La couleur rouge plus ou moins prononcée indique presque toujours un état inflammatoire ;

dans ce cas, le lard prend mal le sel et il subit finalement l'altération connue sous le nom de rancissement. L'absence de fermeté peut encore provenir du genre de nourriture auquel l'animal a été soumis. Ces conditions sont peu favorables pour les bonnes salaisons, parce que le lard s'imprègne mal de sel ou bien il fond en grande partie sous l'action dissolvante de cette substance. Quand on le rencontre dense, ferme et compact, il peut être facilement découpé en petits fragments pour larder les viandes.

L'expérience démontre encore qu'il donne moins de déchet et moins de perte à la cuisson. Ces qualités sont justement appréciées des habitants des campagnes, qui sont heureux de retrouver les morceaux en entier pour les manger en tranches distinctes et isolées.

On consomme le lard frais, salé, séché et fumé. Ce produit est la grande ressource de la ménagère. Il est indispensable pour faire cuire la soupe et les légumes ; decoupé en morceau il sert à confectionner les délicieuses omelettes au lard, il entre encore dans la préparation d'un grand nombre de mets parfaitement connus.

On l'utilise pour piquer et barder certaines pièces, former un fond de cuisson et envelopper le gibier. Quand il est reconnu impropre à ces usages, on le fond avec la panne pour obtenir du saindoux. Le résidu ou creton entre dans la fabrication du boudin.

L'Amérique est le centre du commerce important d'huile de lard encore appelée *lard-oil*. A Chicago et à Cincinnati on fait fondre le lard découpé en morceaux dans des chaudières immenses. Lorsqu'il est fondu et figé on le presse dans des toiles. Cette huile de couleur blanc jaunâtre reçoit, en Europe, de nombreux usages.

Le lard est exposé à diverses altérations. Au contact de l'air il devient jaunâtre, se gâte et rancit. Dans le Midi on recherche cette odeur et cette saveur rances. Nous sommes loin de priser cette aberration du goût, car le rancissement communique au lard une odeur et un goût prononcés d'ammoniaque. Du reste, c'est une altération due au dédoublement des matières grasses par les substances azotées et aqueuses. En outre, les tissus ainsi décomposés sont bientôt envahis par de nombreuses moisissures ou végétaux cryptogamiques très vénéneux. L'examen microscopique du lard rance révèle la présence de nombreux microphytes dans les tissus.

Ce précieux produit est encore exposé aux attaques de l'aglosse de la graisse (*aglossa pinguinalis*) ou du dermeste et de sa larve.

Il est d'une bonne économie de le protéger, au moyen de gaze et d'étoffes légères, pour empêcher les mouches d'y déposer leurs œufs.

Immédiatement après l'abatage les tissus graisseux du porc sont mous, flasques et dégagent une odeur caractéristique. Sous l'influence de la température ambiante, ils se raffermissent, deviennent plus denses, plus compacts et presque inodores.

Pendant la saison chaude la graisse a toujours une consistance moins grande que dans les temps froids et secs. La couleur recherchée est la blancheur très pure.

Lorsque la décomposition commence à l'envahir, elle acquiert une odeur repoussante et une saveur fort désagréable. En la traitant par l'acool bouillant, elle laisse déposer une matière brune dont le goût irrite l'arrière-bouche ; plus tard, elle revêt une teinte verdâtre caractéristique.

DU SAINDOUX

On appelle panne, axonge, saindoux la graisse qui garnit intérieurement la région de la poitrine. Cette substance est blanche ou légèrement jaunâtre et presque sans odeur. Saveur fade. Sa fusibilité varie entre 26 et 31 degrés. Exposée à l'air pendant un certain temps elle jaunit, devient acide et rougit le papier tournesol. Elle est soluble dans 36 parties d'alcool bouillant. Le saindoux contient 38 p. 100 de stéarine et 62 d'oléine. On l'emploie dans l'économie domestique comme succédanné du beurre. Les charcutiers et les pâtissiers en font grand usage. Il entre encore dans la confection des onguents, emplâtres et pommades. La graisse de basse qualité est livrée aux savonneries et aux fabricants de voiture pour les usages industriels.

Dans le commerce l'axonge est vendu en pots ou en vessies. On doit éviter de le garder dans des vases de cuivre ou dans des poteries vernissées avec le sulfure de plomb.

Il pourrait alors contenir, par l'effet de l'air, du stéarate ou de l'oléate de cuivre ou de plomb.

Pour découvrir le cuivre, on verse quelques gouttes d'ammoniaque sur la graisse qui prend immédiatement une teinte bleue. Le plomb se décèle par l'incinération qui laisse apparaître les globules métalliques. On s'assure que le saindoux ne renferme pas une trop grande quantité d'eau en séparant ce liquide à l'aide de la fusion à une basse température. Le procédé tout a fait élémentaire consiste à le malaxer avec une spatule : l'eau vient sourdre en petites gouttelettes à la surface de la graisse. Nous conseillons encore la poudre de sulfate de cuivre desséché que l'on pétrira avec l'axonge. Lorsque l'eau se trouve en excès le mélange prend immédiatement un ton bleu.

On falsifie cette substance par l'addition de pommes de terre cuites et broyées, de fécule, de chlorure de sodium, de plâtre fin, de kaolin, marbre pulvérisé ou par son mélange avec des graisses inférieures.

Pour reconnaître la présence du sel marin, il suffit de faire digérer l'axonge avec de l'eau distillée chaude. Celle-ci donne par le nitrate d'argent un précipité blanc cailleboté, soluble dans l'ammoniaque et insoluble dans l'acide azotique.

Quand il est mélangé avec le flambart il possède une teinte grise particulière, une mollesse anormale et un goût salé désagréable. Avec l'acide sulfurique, on obtient une coloration jaune légèrement orangée.

Pour découvrir les corps inertes comme du plâtre, on fait fondre sur l'eau chaude le produit frelaté et les matières étrangères se déposent bientôt au fond du vase.

LE FLAMBART

Les charcutiers accumulent dans des cuves en pierre ou des tonneaux tous les résidus provenant de la cuisson des viandes qui donnent par le refroidissement un produit spécial appelé flambart. Ils s'en servent généralement pour la conservation des pièces et plus tard le livrent au commerce des savonneries.

Après un temps plus ou moins long le flambart devient jaunâtre puis verdâtre.

Avant une altération plus avancée, le commerçant peu scrupuleux le soumet à la coction en présence de plantes aromatiques pour le vendre sous la dénomination alléchante de graisse de rôti.

On prévient cette fraude en le dénaturant soit avec du noir de fumée, soit avec du pétrole, soit avec de l'essence de térébenthine ou avec toute autre substance qui laisse une odeur particulièrement accusée.

On distingue le flambart des autres graisses à l'aide de réactions chimiques dont voici les principales :

L'acide sulfurique lui donne une coloration rouge, terre de Sienne.

Avec le bisulfure de calcium le flambart se décolore et prend une teinte jaune pâle.

L'acide phosphorique décolore incomplètement la masse à froid ; à chaud, on produit une coloration jaune sale avec mousse grise abondante.

Le bichlorure d'étain fumant se mêle très bien avec le flambart ; on obtient une masse fluide, jaune rougeâtre, beaucoup plus foncée que l'axonge.

CHAPITRE VII

LES SALAISONS

Les chairs du porc, de même que celles provenant d'autres animaux, ne sont pas toujours consommées fraîches ; on les conserve par des procédés divers qui permettent de les mettre en réserve et de les garder pendant un temps plus ou moins long.

La substance généralement employée est le sel, qui donne des résultats excellents quand il a pénétré et imbibé convenablement tous les tissus. Cependant il présente l'inconvénient d'enlever à la viande une certaine quantité d'eau qui entraîne avec elle plusieurs substances nutritives. En évaporant la saumure jusqu'à cristallisation et en ajoutant aux viandes, lors de leur cuisson, les eaux mères de consistance sirupeuse, on leur restitue les éléments qui avaient passé dans la saumure.

Le sel ou chlorure de sodium possède des propriétés antiseptiques remarquables : en pénétrant dans les interstices musculaires, il détruit les ferments et microbes et préserve les tissus de la putréfaction.

La salaison est bien faite sur la viande fraîche de bonne qualité à la condition qu'elle soit séparée en fragments d'un volume convenable. « Pour être exactement salée, dit notre collègue M. L. Cartier, la viande doit être coupée en morceaux et désossée, afin que la moelle des os, la moelle épinière que le sel ne peut atteindre ne corrompent pas le reste de la salaison [1]. »

Le désossement n'est pas toujours accepté dans la pratique, car certaines pièces privées de leurs os, les jambons par exemple, feraient assez triste figure sur nos tables. Du reste, la conservation est suffisante lorsque tous les morceaux plongent entièrement dans la saumure. N'oublions pas, cependant, que le sel employé doit être de bonne qualité, c'est-à-dire blanc et bien épuré.

Ce conservateur par excellence est rapidement absorbé par le jus de la viande fraîchement abattue, et à mesure qu'elle se dessèche la salaison devient plus mauvaise.

Quand elle provient d'animaux malades, sa con-

---

[1] *Manuel de l'inspecteur des viandes*, p. 327.

servation n'est jamais de longue durée ; les morceaux prennent bientôt une couleur verdâtre et dégagent l'odeur aigrelette caractéristique de l'altération. Les chairs saigneuses, ladriques, fatiguées, etc., donnent ces résultats.

La salaison de la viande s'opère de plusieurs manières.

SALAISON SÈCHE

La salaison sèche consiste à frotter et recouvrir de sel les viandes que l'on place dans un saloir. On s'assure que le sel recouvre tous les vides pour intercepter l'accès de l'air et on comprime les morceaux au moyen de planches maintenues par des poids.

Il faut remanier la viande de temps en temps et ajouter une nouvelle quantité de sel. Elle se conserverait ainsi pendant plusieurs mois, mais pour empêcher une saveur salée trop prononcée, il vaut mieux la retirer au bout de trois semaines du saloir. On l'essuie convenablement, on laisse égoutter, on place dans un lieu très sec ou on soumet au fumage. A la campagne, il est d'usage de suspendre les morceaux dans la cheminée.

Plusieurs personnes ajoutent 60 grammes de salpêtre par kilogramme de sel. Cette addition raffermit la surface de la viande, la rend moins sensible aux influences atmosphériques et lui donne une belle couleur rosée. Une dose trop forte aurait pour effet de lui communiquer une teinte grisâtre, peu appétissante et surtout de nuire à la santé du consommateur.

Le procédé de faire bouillir les morceaux quelques instants dans de l'eau salée, avant de les immerger dans la baignoire, ne doit pas être encouragé à cause de la perte des principes nutritifs résultant de cette opération.

Voici, d'après le professeur Tanner, le meilleur procédé de salaison à sec.

L'on se sert d'une table ou bien d'une auge faite en ardoises de dimensions requises, et ayant tout autour une rainure destinée à faire écouler la saumure, qui peut ainsi se déverser dans des vases convenablement placés pour la recevoir.

Les ingrédients suivants sont nécessaires pour un porc de 140 kilogrammes :

Sel	5 kil.	
Salpêtre	»	112 gr.
Sel gris	»	250 —
Sucre brut	»	500 —

La viande étant placée sur la table, on frotte d'abord le côté de la peau avec un peu de sucre ; puis aussitôt que le sel, qui a été parfaitement séché au four, est refroidi, on le mélange avec les autres ingrédients, et on frotte bien la viande. Le résidu de ce mélange est ensuite appliqué sur la viande et divisé également entre les différents morceaux. S'il fait chaud et humide, la salaison est plus rapide que lorsqu'il fait froid et sec. Au bout de sept jours environ, on frotte de nouveau la viande ; les morceaux qui se trouvent au-dessus sont mis au-dessous, et l'on a soin aussi de les retourner. On répète cette opération une troisième et même une quatrième fois, selon le jugement de l'opérateur, et le lard se trouve alors prêt à être séché.

Salaison à la saumure. — La saumure est la substance liquide qui se dépose au fond des récipients où les salaisons ont été placées ; elle n'est primitivement qu'une solution à froid du sel dans l'eau qui se mélange ensuite aux parties liquides de la viande. Elle se compose :

Eau	1.000	parties.
Sel de cuisine.	30	—
Cassonade.	20	—
Salpêtre	5	—

On fait bouillir le tout pendant une heure en prenant le soin d'écumer. Ce liquide s'emploie à froid et peut servir trois ou quatre fois en additionnant chaque fois d'une petite quantité des matières qui ont servi à sa confection.

La saumure sèche anglaise se compose :

Sel. . . . . 20 parties.
Salpêtre . . . . 1 partie.

Pour les grosses pièces, on double la proportion de salpêtre. En ajoutant une petite quantité de cassonade on obtient, après quelques minutes, un mélange de belle couleur rosée.

La saumure russe sert principalement à conserver les jambons, les épaules et les hures.

Pour trente kilogrammes de viande on prend :

Sel. . . . . 2 kil.
Mélasse. . . . . 0 — 500 gr.
Sucre. . . . . 1 — »

On fait dissoudre dans l'eau nécessaire pour couvrir les morceaux.

La saumure faite depuis peu a une couleur roussâtre lavure de chair, elle revêt une teinte d'autant plus foncée qu'elle devient plus ancienne. Son odeur est celle d'une décoction concentrée et froide de viande et naturellement sa saveur est très salée. Sa densité est d'environ 1,210 et à l'état frais elle rougit le papier tournesol. Soumise à l'action de la chaleur elle se trouble, se boursoufle à 100 degrés et donne un dépôt considérable ayant une teinte blanc roussâtre en partie soluble dans l'eau.

Primitivement ce liquide est clair, demi-transparent ; peu à peu il se trouve mélangé de fragments de viande, de matières graisseuses qui lui font perdre sa limpidité.

En abandonnant à elle-même une saumure de bonne qualité, elle se divise en trois couches :

1° A la surface du liquide nagent des corpuscules de diverse nature et d'une grande ténuité qui proviennent des matières en suspension dans l'air. L'examen microscopique démontre qu'ils sont également formés de cristaux de margarine, de chlorure de sodium, de cellules adipeuses isolées ou agglomérées et de petits corps analogues à des globules d'oléine ;

2° La couche moyenne est constituée par la saumure proprement dite qui, soumise à l'évaporation, fournit de nombreux cristaux de sel marin ;

3° Au fond du récipient se forme un dépôt blanchâtre de consistance sirupeuse et composé en grande partie de cristaux de chlorure de sodium.

Lorsque la saumure est ancienne ou qu'elle renferme en trop forte proportion les principes qui la constituent, elle sale moins bien et s'altère plus facilement.

Le microscope, dans ce cas, révèle la présence de nombreux éléments figurés : vibrions, microzymas, bâtonnets, etc.

On a tenté de soumettre la saumure à la dialyse pour utiliser uniquement la partie colloïdale. Les résultats n'ont pas été heureux parce que l'albumine, les phosphates alcalins et d'autres matières passent à travers la substance poreuse.

Les viandes fraîches immergées dans la saumure diminuent de poids ; si la salaison est trop prolongée elles sèchent, durcissent et perdent la plus grande partie des liquides qu'elles renferment après l'abatage.

Pour se rendre compte de la qualité de ce liquide, il est indispensable de le goûter et de le sentir.

Quand il commence à fermenter il devient louche et quelques gouttes, vigoureusement frottées entre la paume des mains, laissent dégager une odeur aigrelette. Sa saveur désagréable est due au développement de composés ammoniacaux ; dans ce cas, il devient alcalin et ne rougit plus le papier tournesol.

CHARCUTERIE

M. Girard a fait l'analyse d'une saumure malsaine qui a donné pour cent : 34, 68 de matières fixes, dont :

22,00 Na Cl
4,90 KO, AzO^3.
7,78 de matières organiques.

De nombreuses expériences ont démontré que l'azotate de potasse en excès communique à la saumure des propriétés vénéneuses. La nocivité est en raison directe de son altération et celle qui provient des salaisons rances a une action très nuisible sur l'économie. Il est inutile d'ajouter que les ptomaïnes et les leucomaïnes qui se développent dans les saumures anciennes sont des causes certaines d'intoxication.

M. Reynal a spécialement porté son attention sur ce point, et il avance :

1° Que la saumure administrée pure, à la dose de cinq centilitres, est un vomitif pour le chien ;

2° Qu'à la dose de deux à trois décilitres, elle produit des phénomènes d'intoxication sans occasionner la mort, si l'animal peut vomir, mais que cette quantité tue le chien en un temps très court si par un artifice quelconque on empêche le vomissement ;

3° Qu'à la dose d'un litre, la saumure provoque

chez le cheval une irritation de la muqueuse intestinale ;

4° Qu'à la dose de deux à trois litres, la saumure empoisonne le même animal dans le court espace de vingt-quatre à quarante-huit heures ;

5° Qu'à la dose d'un demi-litre, elle est toxique pour le porc ;

6° Enfin, que de trois à quatre centilitres, cette substance est toxique pour les volailles.

L'action de la saumure sur l'économie est d'autant plus active que sa préparation remonte à une date plus éloignée ; les propriétés toxiques de la saumure, provenant des viandes rances, sont beaucoup plus actives.

M. Goubaux attribue uniquement les effets toxiques de ce liquide au chlorure de sodium absorbé à haute dose, et nous partageons cette manière de voir.

Nous connaissons la salaison à la pompe qui consiste à injecter, au moyen d'un trocart mince et effilé, de la saumure dans le tissu musculaire.

Les charcutiers qui se servent de cet instrument font bouillir le liquide pour le rendre plus concentré et le débarrasser de toutes ses impuretés.

La saumure employée est ainsi composée :

    Sel marin. . . . . 15 kil.
    Sucre. . . . .   2 —

Le sucre qui remplace le salpêtre a le précieux avantage de rendre la viande plus tendre.

Ce mode de salaison mérite donc d'être répandu, car avec un saleur injecteur on gagne les deux tiers du temps nécessaire à la salaison ordinaire.

De nombreuses circonstances peuvent modifier les avantages ou les inconvénients de chaque procédé.

Nous préférons la salaison sèche pour les grosses pièces de dix à vingt kilos parce qu'elle n'enlève pas à la viande son jus et ses qualités ordinaires.

D'un autre côté, la saumure donne de bons résultats quand on conserve, de cette manière, les petits morceaux destinés à être bouillis ainsi que les viandes qui proviennent des animaux jeunes et bien engraissés.

Avec la salaison humide, le jus contenu dans les tissus se dépose dans la saumure tandis qu'il est retenu dans la viande avec la salaison sèche.

Or le jus donne le parfum, l'arome et la saveur à la viande et celle-ci privée de ce précieux liquide devient un aliment indigeste et peu alibile.

Enfin la salaison par la saumure doit être employée, de préférence, dans les saisons et les climats humides parce que l'autre procédé ne conserve pas les morceaux dans un état suffisamment sec.

Nous recommandons de n'employer que du sel bien séché ; dans le cas contraire il en faut une quantité beaucoup plus grande et un usage immodéré de cette substance présente des inconvénients.

Le sucre n'a que des avantages pour remplacer le salpêtre et il ne fait jamais de mal, même à dose exagérée.

Dessalaison de la viande. — Quand il s'agit de dessaler rapidement un morceau de viande, il est nécessaire de le maintenir, pendant quelque temps, suspendu au milieu de l'eau. En le laissant au fond du vase, il demeure en contact avec le sel déposé ; dans ce cas, l'opération est toujours fort longue et souvent incomplète.

La conservation des jambons, du petit salé et du lard est très importante et demande quelques détails.

Jambons anglais. — En Angleterre, les jambons façon d'York sont préparés avec beaucoup de soins. On les frotte avec un mélange de sucre et de salpêtre ; on poudre à plusieurs reprises pendant trois jours et on dépose dans un récipient en grès rempli de saumure bien aromatisée. Un mois après, on retire les jambons qui sont égouttés et ensuite soumis au fumage.

Jambons d'Alsace. — En Alsace-Lorraine et dans les Vosges les jambons sont préparés par le même procédé.

Jambons de Mayence. — Même observation pour les jambons préparés à Mayence, seulement ils sont fumés pendant plus longtemps. On les consomme sans être soumis à la cuisson.

Jambons de Bayonne. — A Bayonne et dans les environs les jambons frottés de sucre et de salpêtre sont déposés dans le saloir et bien recouverts de sel. Pendant quinze jours cette opération est renouvelée une fois chaque jour, ensuite on met les jambons sous presse pendant dix jours. Au bout de ce temps on les lave, on les essuie et on les fume durant trois semaines ou un mois.

Jambons de Strasbourg. — Ces jambons sont d'abord laissés sous presse, à l'état frais, aussi longtemps que possible. Ensuite ils sont saupoudrés de sel et de salpêtre et remis entre des planches chargées de poids. On verse de la saumure faite de vin blanc et d'eau saturée de sel à l'ébullition à laquelle on ajoute des épices et des aromates. Les jambons baignent dans ce liquide pendant vingt jours environ au bout desquels ils sont séchés, fumés et conservés dans la cendre ou le foin sec.

Petit salé. — Les morceaux de petit salé, si recherchés des gourmets, sont d'abord frottés de sel et déposés dans le saloir en couches successives ; la partie supérieure et les intervalles doivent être bien remplis par du sel. On ajoute du laurier, de la sauge, du thym, des oignons et des gousses d'ail pour aromatiser la saumure qui communique alors à la viande un goût délicieux.

Il faut avoir soin de couvrir le saloir aussi hermétiquement que possible. Au bout de huit jours seulement les morceaux peuvent être consommés. On doit se garder de les retirer du saloir avec les doigts, mais il faut se servir d'une fourchette spéciale.

Lard. — Quand on veut conserver le lard pendant deux ou trois ans, on le frotte avec du sel et on le place dans le saloir, les morceaux l'un contre l'autre, intérieur contre intérieur. On les maintient sous presse pendant un mois, puis on fait sécher et on serre dans une caisse avec du foin bien récolté.

Quand on se sert du lard conservé dans la saumure pour piquer les viandes blanches, celles-ci deviennent rouges par la cuisson. On pare à cet inconvénient en employant du lard conservé dans la saumure blanche.

CHAPITRE VIII

SALAISONS AMÉRICAINES

Les viandes porcines salées, de provenance américaine, ont été l'objet de nombreuses discussions et leur importation a été prônée ou combattue suivant les auteurs. Chaque parti a apporté dans les débats des faits plus ou moins authentiques qui nous font un devoir d'éclaircir cette importante question économique.

L'élevage du porc aux États-Unis forme une industrie qui a pris, en quelques années, une extension considérable. Nous en jugeons par le nombre des animaux s'élevant aujourd'hui à 43,300,000 têtes. Dans les fermes les plus vastes comme dans les maisons les plus modestes on s'efforce de nourrir des cochons. Les habitants tiennent cette viande en grand honneur, ils en consomment des quantités relativement considérables, soit à l'état frais, soit transformée en produits de charcuterie.

Nous nous ferions difficilement une idée exacte du nombre des jambons et de quartiers de lard livrés tous les ans à l'alimentation publique.

Les Américains portent toute leur attention sur l'élève du porc : habitations bien comprises, hygiène, soins de propreté, nourriture abondante et choisie, eau limpide et à profusion, etc..., rien n'est épargné pour soustraire les animaux aux causes morbides et produire une viande de bonne qualité. Ces renseignements puisés à une source authentique détruisent les faits avancés au Parlement par M. Gaudin qui s'exprimait ainsi : « En Amérique, il y a dans d'immenses étendues de très grands champs de maïs dans lesquels on lâche des bœufs. Croyez-vous que ces bœufs soient en quantité suffisante pour tout manger ? *Il paraît* que non, on y met des porcs aussi. On met deux porcs par tête de bœuf, et les porcs viennent manger, non pas ce qui reste du maïs, mais le maïs que les bœufs ont déjà mangé, absolument comme vous voyez la volaille venir picorer sur le fumier des chevaux. » (Séance du 27 mars 1882.)

En avançant que, dans ce pays, les porcs se nourrissent de détritus et de déjections de toutes sortes, il y a eu exagération outrée sans preuves à l'appui. Nous comprenons facilement que des porcs ne peuvent engraisser en se nourrissant exclusivement d'excréments, et le développement des volumineux jambons que nous connaissons a certainement une autre origine.

Le commerce des animaux est si bien organisé qu'il mérite certains détails. Leur transport des fermes aux centres d'approvisionnements a toujours lieu par voies rapides, et, sous ce rapport, l'Amérique a la prééminence sur les autres nations. Les sujets contusionnés, fiévreux ou malades sont éliminés par les inspecteurs municipaux qui surveillent scrupuleusement les abatages et les salaisons. On les livre aux industriels pour la fabrication des engrais.

Les premiers marchés du monde pour les produits salés sont ceux de Chicago, Cincinnati et Saint-Louis. Les procédés d'exploitation sont d'une perfection remarquable et les principales opérations se font mécaniquement.

M. André, inspecteur des abattoirs de Charleroi, nous rapporte comment les choses se passent.

Les cochons sont enfermés dans une cour et se pressent vers une étroite ouverture ; là, ils glissent sur un plan incliné, ils sont saisis et suspendus par les pieds à une chaîne sans fin qui traverse l'usine ; au passage l'animal est saigné ; un peu plus loin il est soumis à un jet de vapeur et à l'action de brosses énergiques qui l'épilent complètement ;

plus loin encore, il est ouvert, vidé et fendu, puis nettoyé sous de puissants jets d'eau ; il passe dans des chambres où il est refroidi ; de là, il est découpé ; les morceaux sont classés suivant leur qualité, et enfin le porc est salé, mis en barils et expédié sur les deux continents.

D'autre part nous lisons dans le *Journal d'Agriculture pratique*, année 1880, les renseignements suivants donnés par E. Mérice :

« La rapidité avec laquelle on saigne et l'on apprête les porcs dans les grandes maisons spéciales de l'Amérique est un fait bien connu. Tout ce qu'on en dira ici, c'est que le porc est attrapé par le pied de derrière, hissé en l'air, tué, saigné à blanc, échaudé, raclé, vidé, décapité, divisé en deux et déposé dans la chambre réfrigérante, en un temps variant de dix à quinze minutes.

La chair de porc et le lard, à leur sortie de la chambre réfrigérante, ont un tout autre aspect qu'à leur entrée. On les y met humides, chauds, flasques, ternes ; trente heures après, ils sont secs, frais, fermes, brillamment colorés, d'une consistance qui permet aux porteurs d'enlever les quartiers sur leurs épaules ou sur leur dos.

On les place sur un bloc massif, auprès duquel se tiennent deux servants armés de lourds fendoirs à longue lame. En quelques coups portés d'une main sûre, ils détachent d'abord les pieds, puis ils tranchent les jambes de devant au défaut de l'épaule ; enfin, avec un grand effort, ils séparent les reins des jambes de derrière ; après quoi, on pare les jambons avec des couteaux, et chaque partie distincte est placée dans un compartiment spécial.

Puis, on apprête, on fait mariner et l'on emballe le tout, soit en morceaux, soit en tranches, soit en jambons. Le sel qu'on emploie est tiré de Liverpool. Les manipulations durent environ trois semaines. Les quartiers et les jambons, après avoir été lavés, nettoyés et séchés, sont comprimés mécaniquement dans des boîtes carrées en bois qui, après avoir été clouées, n'ont plus qu'à partir pour l'étranger.

Les jambons subissent un traitement à part. On les laisse dix semaines environ dans la saumure pour qu'ils se saturent des éléments qui la composent, c'est-à-dire de sel, de salpêtre et de sucre. Après quoi, ils passent à la chambre où ils doivent être fumés ; on les y expose à la fumée de sciure de bois. Puis, on leur donne un coup de brosse et on les coud dans des enveloppes de calicot, avant de leur mettre des étiquettes. Il ne reste plus qu'à les empiler, de vingt à quarante, dans des caisses de bois qui doivent les emporter. Les tripes et les rognures servent, après avoir été hachées, à la confection de plusieurs espèces de saucissons qu'on fabrique suivant la convenance des localités qui leur servent de débouchés. Les résidus sont jetés dans des tiroirs chauffés à la vapeur, où ils sont convertis en lard de choix ; enfin, les rognures grasses et coriaces, la cervelle, les yeux et les autres issues deviennent également du lard, mais inférieur, ou donnent de l'huile de lard en grand usage aujourd'hui pour graisser les machines. »

Les précautions données aux viandes salées d'Amérique donnent raison à ceux qui combattent les mesures de prohibition dont elles sont encore l'objet.

La salaison sèche est particulièrement réservée pour les parties les plus estimées comprenant les filets et les jambons. Les autres morceaux sont conservés dans une saumure ainsi composée :

Eau	62,23
Albumine	1,23
Substances organiques	3,40
Chlorure de sodium	39,01
Acide phosphorique	0,48
Sels divers	0,26

Cette saumure a une couleur brune plus ou moins prononcée suivant la quantité des matières qu'elle renferme.

Les salaisons américaines convenablement préparées, c'est-à-dire dont le sel a pénétré à fond tous les tissus, sont dénommées *fully-cured*.

Elles sont fermes au toucher et résistent à la pression des doigts ; leur teinte extérieure est légèrement grisâtre. En pratiquant des coupes, elles présentent une couleur rosée dans toutes leurs parties, enfin la sonde enfoncée dans les muscles rapporte l'odeur agréable de la noisette.

Lorsque la salure a été incomplète ou défectueuse et que la putréfaction a commencé ses ravages, la viande est caractérisée par une grande mollesse et un aspect peu appétissant. Maintes fois, nous avons saisi des poitrines et des épaules travaillées par la fermentation. En les incisant, nous découvrons une couleur violacée qui passe rapidement au verdâtre par suite du contact de l'air ; en outre, l'odorat perçoit l'odeur repoussante des matières animales corrompues. D'autres fois c'est la saumure qui se trouble, devient louche, s'aigrit et finalement exhale une odeur putride. Enfin, les pièces conservées sont parfois recouvertes à leur surface extérieure d'une infinité de moisissures. Si le liquide renferme du chlorure de sodium et du nitrate de potasse à doses véritablement exagérées, la viande peut dégager les émanations semblables à celles de l'eau de javelle. Dans tous les cas, il est facile de reconnaître la salubrité de ces divers produits.

Nous constatons que parmi toutes les viandes, celles du porc conviennent le mieux pour être salées ; viennent ensuite les chairs du bœuf. La viande de mouton prend mal le sel, durcit, se racornit et devient difficile à digérer.

Nous comprenons la grande faveur dont jouissent les salaisons porcines dans les villes et dans les campagnes. Elles sont d'une utilité incontestable pour les personnes qui ne peuvent consacrer beaucoup de temps à leurs repas. On a également des mets nombreux et variés qui détruisent l'uniformité du régime si contraire aux lois physiologiques normales. La viande de porc froide, salée, fumée et conservée est recherchée du soldat en temps de paix. En campagne ou en manœuvre, elle est acceptée avec joie parce que le militaire est souvent forcé de manger sur le pouce. Il prend sa nourriture en quelques minutes et il est à même de continuer la marche ou de soutenir le combat.

BOUCANAGE ET FUMAGE

Le boucanage consiste à faire sécher à la fumée la viande à conserver. Le procédé est à peu près le même partout, les détails seuls diffèrent ainsi que les substances utilisées pour la combustion.

En Angleterre, les pièces destinées au boucanage sont d'abord plongées dans l'eau salée pour enlever le sang et les matières solubles qu'elles contiennent. Quand elles sont bien égouttées, on les frotte, pendant huit jours, avec la saumure composée de : sel, salpêtre, cassonade et sel ammoniac ; enfin on les soumet à la fumée du genévrier.

Les Allemands suspendent les morceaux dans des chambres à plafond bas où arrive une fumée très épaisse produite par des copeaux de bouleau, des feuilles de laurier, etc...

En Italie et en Espagne, on utilise avantageusement les feuilles et les troncs d'orangers, de citroniers, de romarins, etc..., dont la fumée donne à la viande une odeur très agréable.

En France, nous imitons assez bien les produits fumés de Hambourg ou de Milan. Nous produisons la fumée avec les essences de bois que nous possédons, c'est-à-dire le chêne, le hêtre et le peuplier. Malheureusement elles produisent beaucoup de suie, de goudron et d'autres substances peu susceptibles d'aromatiser nos viandes. Quelques industriels mélangent les préparations avec des matières spéciales pour leur communiquer un parfum factice.

Les chairs boucanées et fumées présentent généralement une apparence sombre et terne qui ne caresse pas les yeux ; au toucher leur consistance est remarquable, dans plusieurs cas on pourrait croire à des tissus momifiés. En pratiquant une coupe, on est frappé de l'aspect brillant des fibres musculaires qui tranche sur une couleur rouge plus ou moins prononcée ; l'odeur dégagée est agréable et révèle l'essence du combustible qui a servi à la préparation.

Dans ces conditions, la viande fumée se conserve longtemps et son transport par mer ou par terre offre une grande commodité.

De fait, la fumée est un précieux antiseptique par l'acide acétique, l'acide carbonique, la créosote et l'huile empyreumatique qu'elle renferme.

Les altérations peuvent cependant se produire quand l'opération a été défectueuse. En pratiquant une incision, on perçoit immédiatement une odeur aigrelette caractéristique et le plus petit morceau mâché donne un goût fort désagréable.

D'autres fois, la coupe offre en plusieurs endroits des intervalles vides reliés entre eux par des filaments qui lui donnent un aspect vitreux tout particulier. Enfin, la saveur âcre est parfois causée par l'usage du pin et du sapin dont la combustion donne un goût résineux insupportable.

Il est d'autant plus nécessaire de surveiller les produits boucanés ou fumés que leurs altérations sont parfois de nature à produire des intoxications.

Nous terminerons en disant que le boucanage et le fumage dépouillent les chairs de l'eau qu'elles renferment, en condensent les éléments nutritifs et développent les principes sapides qu'elles contiennent.

CHAPITRE IX

LA FOIRE AUX JAMBONS

Au moyen âge, le goût pour la viande de porc était si répandu que chaque ménage parisien un peu aisé élevait un ou plusieurs cochons.

Le clergé de la capitale célébrait solennellement les jours de Noël, de l'Epiphanie et plusieurs autres fêtes, par de plantureuses agapes, où l'on servait les chairs du compagnon de saint Antoine préparées de mille manières. On estime que l'antique foire aux jambons qui se tenait le jeudi de la semaine sainte au parvis de Notre-Dame remonte à ces époques lointaines. Quelques auteurs croient aussi qu'elle doit son origine aux redevances de viande de porc payées annuellement au chapitre de la célèbre cathédrale. Cette foire, qui s'est perpétuée jusqu'à nos jours, était approvisionnée par toutes les parties de la France. Les produits les plus renommés provenaient de la

Normandie, de la basse Bretagne et de la haute Bourgogne ; les jambons et le petit salé se vendaient au prix modique de dix sols la livre.

Le document le plus ancien qui en fait mention date du 5 avril 1488. Une ordonnance du prévôt de Paris de 1684 la fait commencer le mardi saint ; elle durait plusieurs jours après Pâques. Un arrêté du 12 messidor an VIII (1ᵉʳ juillet 1800) fixa cette foire du 14 au 19 germinal. Les chanoines s'étant plaint du bruit et de l'encombrement causés par une foule houleuse et bruyante, il fut décidé qu'elle commencerait le mardi saint et qu'elle n'aurait plus lieu place de la Cité.

Une ordonnance du préfet de police rendue le 24 février 1813, prescrit que désormais elle se tiendra les mardi, mercredi et jeudi de la semaine sainte sur le quai de la Vallée. En 1832, elle fut transférée au marché aux fourrages du faubourg Saint-Martin. Enfin une ordonnance du préfet de police, en date du 7 avril 1843, a décidé qu'elle aurait lieu désormais sur le boulevard Bourdon, entre la Seine et la place de la Bastille. Depuis les tristes événements de 1870-71, cette foire se tient chaque année les mardi, mercredi et jeudi de la semaine sainte sur le boulevard Richard-Lenoir.

Tous les ans, l'ordonnance qui la concerne est

renouvelée, affichée et portée, en temps utile, à la connaissance du commerce.

Elle est susceptible d'être modifiée suivant les nécessités imposées par les circonstances.

La vente du porc frais est absolument interdite pour éviter de léser les intérêts des charcutiers parisiens.

Des baraques en bois (système Colet), au nombre de trois cents environ, sont mises à la disposition des marchands moyennant une petite redevance. Avant l'ouverture de la foire, et pendant toute sa durée, les poids et les balances sont l'objet d'un contrôle rigoureux. Il existe même des bascules publiques permettant de vérifier le poids exact des comestibles achetés. Pendant la nuit, la garde des baraques et des marchandises est confiée à des hommes nommés par l'administration. Tous les produits sont soumis à l'examen des vétérinaires-inspecteurs, dont les fonctions sont loin d'être une sinécure. De fait, il s'agit de constater, chaque jour, la salubrité de plus de cent mille kilogrammes de viande.

Le service de l'inspection a saisi :

En 1882. . . . . 2,480 kil.
— 1883. . . . . 2,699 —
— 1884. . . . . 1,800 —
— 1885. . . . . 1,500 —
— 1886. . . . . 1,088 —
— 1887. . . . . 750 —

Nous reconnaissons avec plaisir que le chiffre des saisies va en décroissant.

Cela tient à ce que le nombre des industriels peu scrupuleux, qui essaient d'écouler des marchandises impropres à la consommation, devient moins grand chaque année.

Ces faits démontrent également le zèle des inspecteurs pour remplir leurs délicates fonctions.

La foire aux jambons est toujours très courue : la pluie, la poussière et les ardeurs du soleil ne sont pas capables d'arrêter les amateurs. Cette année (1887) les baraques ont été visitées par une foule extraordinaire, malgré une chaleur exceptionnelle accompagnée d'une poussière aveuglante.

Généralement, la vente a lieu d'une manière très rapide au grand avantage de tous.

Nous avons déjà vu plusieurs fois des marchands avoir écoulé tous leurs produits dans la matinée du deuxième jour.

Les principaux départements qui approvisionnent la foire chaque année sont : l'Aube, les Basses-Pyrénées, les Bouches-du-Rhône, la Franche-Comté, la Loire, la Manche, la Meuse, la Meurthe-et-Moselle, l'Alsace-Lorraine, la Sarthe et la Seine. Nous ne devons pas oublier l'Italie et la Suisse, qui nous envoient de fines pièces. Les produits les plus recherchés sont certainement ceux de

Lyon et d'Arles. Tours, Troyes, Vire ne manquent jamais d'expédier rillettes, andouilles et andouillettes. Les délicats jambons de Bayonne font l'objet de nombreuses transactions. La région de la Loire et la Suisse exposent en vente des comestibles de premier choix. Mais, disons-le hautement, la palme appartient à l'Alsace et à la Lorraine. Les charcutiers de ces pays annexés viennent, en grand nombre, rendre visite à la mère-patrie. Au fronton de leurs baraques, nous lisons le nom des villes de Strasbourg, Schlestadt, Colmar, Wissembourg, etc.

La charcuterie renommée des départements de la Meuse, des Vosges et de Meurthe-et-Moselle est aussi largement représentée. Les achats considérables qui se font pendant les trois jours de la foire affirment, d'une manière péremptoire, la prédilection du Parisien pour la viande de porc. L'apparition des saucisses, andouilles, saucissons, langues fumées, jambons de toute provenance, etc., est saluée par de joyeux hourrahs.

Chacun dévore des yeux toutes ces pièces appétissantes qui s'étaleront bientôt sur la nappe blanche et répandront dans le logis une odeur de convoitise. Dans les demeures les plus somptueuses, ces victuailles réveilleront le goût endormi des convives blasés et de tous les restaurants à la mode s'échapperont d'odorantes effluves de charcuterie.

Le prix des marchandises est susceptible de varier suivant de nombreuses circonstances. Nous avons constaté, pour cette année, la moyenne suivante :

ESPÈCES DE MARCHANDISES		PRIX-COURANT DU 1/2 KILOGR.	
		PLUS HAUT.	PLUS BAS.
Jambons de	Lorraine . .	1 fr. 40	1 fr. 15
	Yorck . . .	1 50	1 20
	Strasbourg.	1 15	1 »
	Mayence . .	1 40	1 10
	Westphalie.	1 25	1 »
	Bayonne . .	1 60	1 10
	Paris. . . .	1 20	1 »
Saucissons de	Lorraine . .	2 25	1 50
	Lyon. . . .	3 60	2 60
	Italie. . . .	2 50	2 »
	Arles. . . .	3 »	1 »
	Paris. . . .	1 20	0 80
	Cheval. . .	1 25	0 50
Andouilles de	Lorraine . .	1 50	. . . . .
	Vire . . .	2 »	. . . . .
	Troyes. . .	. . . . .	6 fr. la douzaine
Lard de	Lorraine . .	1 30	1 »
	Paris. . . .	1 »	0 80
Graisse de	Lorraine . .	1 10	0 80
	Paris. . . .	0 90	0 70

Depuis que des philanthropes bien connus ont mis tous leurs efforts à répandre l'usage alimentaire de la viande de cheval, elle a été largement utilisée pour la fabrication du saucisson. Nous devons encourager ce précieux aliment qui est appelé à rendre d'immenses services aux populations.

A l'instar du philosophe qui prouvait le mouvement en marchant, c'est en mangeant du cheval que nous parviendrons à en propager la consommation et à détruire de nombreux préjugés. C'est avec la plus vive satisfaction que nous voyons la vente des saucissons de cheval autorisée à la foire aux jambons. Les industriels ayant cette spécialité ont des places bien déterminées. Aux termes de l'ordonnance de police, il doivent faire connaître, par des écriteaux parfaitement en vue, la nature de leurs marchandises. Les règlements sont bien observés et les vétérinaires-inspecteurs n'examinent ces préparations qu'au point de vue de leur conservation et de leur salubrité.

Malheureusement, certains marchands peu délicats vendent, comme ayant été faits avec du porc, des préparations dans lesquelles entre la viande de cheval en proportion plus ou moins grande.

Cette fraude, de nature à surprendre la bonne foi de l'acheteur, doit être sévèrement réprimée et l faut employer tous les moyens nécessaires pour démasquer les coupables.

La fabrication des saucissons comprend plusieurs sortes :

1° Celle composée exclusivement de porc ;

2° Celle renfermant du bœuf, de la vache ou du taureau ;

3° Celle composée de cheval, âne ou mulet ;

4° Celle renfermant les produits mélangés des espèces précédentes ;

5° Celle dans laquelle il entre de la farine, des pois secs, des graines et des viandes diverses.

Le saucisson de porc, net de tout mélange, est facile à reconnaître. Il présente à la coupe une coloration rosée ou légèrement rouge pâle ; l'odeur est spéciale et la substance musculaire a le grain fin et serré. Le tissu adipeux blanc et ferme offre au toucher une sensation onctueuse toute particulière. La grande cohésion de tous les tissus permet des coupes franches et nettes. Soumis à la cuisson, le bon saucisson dégage une odeur agréable et donne le goût excellent que nous connaissons.

Le saucisson fabriqué avec les viandes de l'espèce bovine se distingue par une teinte rouge vif plus ou moins prononcée. La présence de la chair du taureau lui donne une nuance plus foncée ; certaines parties de l'animal, telles que le collier et le paleron, communiquent même une couleur noirâtre qui le rapproche beaucoup du saucisson de cheval. Le grain est d'autant plus fin que la viande est de meilleure qualité.

Tissus fermes et section facile ; odeur douce et agréable. On obtient, par la cuisson, un bouillon un peu jaunâtre et la viande de taureau fournit surtout beaucoup d'écume.

La viande de cheval est d'un rouge brun légèrement ocreux ; elle noircit bien vite au contact de l'air. Sa friabilité est remarquable et on la malaxe sans aucune difficulté. Dans ces conditions, le saucisson de cheval offre des caractères parfaitement tranchés. Teinte foncée presque noirâtre, coupe difficile et section imparfaite. Elasticité des tissus qui reviennent sur eux-mêmes quand ils sont comprimés, à l'instar du caoutchouc. Odeur spéciale, mais généralement masquée par les condiments. Saveur non aromatique. Il se fait surtout remarquer par son défaut de cohésion et ce saucisson se délite entre les doigts presque sans effort. La cuisson lente donne un bouillon pâle et plus ou moins huileux.

On reconnaît plus difficilement la nature de la viande quand celle-ci a été préalablement plongée dans l'eau bouillante. Il a été dit que l'emploi de l'acide sulfurique révélait une forte odeur d'écurie.

Nous avons tenté plusieurs essais qui ont donné les résultats négatifs.

Il est plus difficile de reconnaître la nature les saucissons mélangés de viandes diverses, même de chair de chien. Du reste, des auteurs affirment la bonté de la viande des épagneuls, pointers et braques. Au contraire, celle des dogues et surtout des terriers serait désagréable et indigeste.

De nos jours, le commerce fabrique avec une rare perfection des saucissons dans lesquels entrent le porc, le bœuf et le cheval. Les difficultés pour les reconnaître augmentent encore lorsque les viandes sont finement hachées, habilement mélangées ensemble et soumises à une fumaison prolongée. En effet, le fumage bien réussi condense les tissus en les dépouillant de leur eau. Pour vérifier la nature des chairs travaillées, on doit examiner entre elles les diverses variétés en ayant soin d'établir des termes de comparaison. Les modifications fournies par la cuisson, les indices précieux donnés par l'odeur, le goût et la consistance sont autant de jalons auxquels il est utile de recourir. Ajoutons que, pour toutes ces recherches, il faut avoir pratiqué, être du *métier,* car les difficultés grandissent tous les jours avec les ruses du commerce.

Enfin, nous allons nous occuper d'une variété de saucisson en grande vogue dans l'armée allemande et appelée l'*Erbswurst* par nos voisins d'outre-Rhin. Ce saucisson, composé de lard, de pois et de farine, pèse cinq cents grammes. Il comprend deux qualités, l'une destinée aux officiers, la seconde aux soldats. Confectionné avec beaucoup de soin le saucisson de première qualité est enveloppé d'une feuille d'étain. Celui donné au simple troupier est seulement revêtu de papier parcheminé à l'acide sulfurique. Sa fabrication est grossière et les morceaux de lard coupés en gros morceaux apparaissent au milieu de la farine de pois. On en fait cependant une soupe excellente à laquelle on peut associer du pain, du riz ou une pâte alimentaire. Il constitue une nourriture de fort bon goût et généralement estimée par le soldat allemand.

M. Ritter, de Nancy, nous fait connaître sa valeur nutritive.

	1re qualité.	2e qualité.
Matière albuminoïde	16,315 p. 100	15,733 p. 100
Amidon	11,626 —	12,260 —
Graisse	29,700 —	29,700 —
Sels	14,200 —	12,172 —

Dans la proportion des sels, il entre 6,789 de

chlorure de sodium pour la première qualité et 6,540 pour la deuxième.

Ce saucisson renferme tous les éléments de l'aliment complet et il peut suffire à lui seul, pendant un certain temps, à la nourriture de l'homme.

Il y a plusieurs années, on a tenté en France un produit de ce genre et dans lequel il entrait des viandes de porc, de bœuf, de la farine de pois, de la graisse et des condiments.

Nous espérons qu'on reviendra à de nouveaux essais, car un saucisson similaire rendra des services incontestables en temps de paix et surtout en campagne. De fait, les Allemands préparent d'excellente soupe à l'*Erbswurst*.

On racle le saucisson dans l'eau bouillante que l'on agite pour faciliter la désagrégation ; en quelques minutes on obtient un potage-purée auquel il est loisible d'ajouter du pain, du riz ou toute autre substance.

L'inspecteur n'éprouve aucune peine à reconnaître les saucissons de cette nature. Pour distinguer les matières animales, il suffit de se rappeler ce que nous avons dit plus haut. Le microscope révèle la présence de la fécule ou de la farine.

Quant aux préparations de charcuterie contenant certaines substances étrangères, on arrive aisément à les découvrir.

Ainsi, l'iode divulgue la fécule ; la mie de pain, projetée dans l'eau, surnage pendant un temps plus ou moins long.

Au contraire, le maigre de la viande se précipite immédiatement au fond du vase.

Nous aurions mauvaise grâce de clore ce chapitre sans mentionner le cochon de lait, qui n'est aucunement protégé, par sa cuirasse d'or, contre la gourmandise humaine. Cet intéressant animal, encore appelé goret, suspendu avec pompe au frontispice des baraques de la foire aux jambons, captive les yeux par son aspect séduisant.

Sa chair très recherchée se rapproche à la fois de celle du porc ordinaire et de celle de l'agneau. Elle peut être mangée quand l'animal est âgé de six semaines à deux mois.

La dégénérescence graisseuse décime malheureusement un grand nombre de gorets. Cette affection qui les frappe pendant la vie fœtale ou après la naissance laisse des lésions caractéristiques. Tous les tissus sont pâles et décolorés, la striation de la fibre musculaire a disparu et celle-ci renferme de fines granulations graisseuses. Les lobes pulmonaires sont le siège d'une inflammation œdémateuse ou d'extravasions sanguines. Le foie jaunâtre ou grisâtre offre à la coupe l'aspect graisseux. Les reins, le tissu musculaire du cœur, les intestins et même l'encéphale contiennent des corpuscules de graisse.

Avant d'être mis en vente, le goret est desséché ou fumé. Quand il est simplement séché à l'air il n'a pas cette belle teinte jaune doré distinguant celui qui a été soumis à la fumaison. La température humide favorise la formation de champignons vénéneux appartenant surtout au *Penicilium glaucum* et à l'*Aspergillus glaucus*. Les sporés de ces parasites injectés dans le sang amènent une mort très rapide. Pour les faire disparaître il faut essuyer soigneusement les parties avec un linge humecté d'eau ou d'huile.

Cependant nous conseillons de supprimer les tissus envahis par ces champignons.

La chair du cochon de lait est très tendre. La cuisson la plus avantageuse est le rôti, parce que ce procédé enlève à la viande l'excédent de substance grasse qui la surcharge. En outre, il développe des principes empyreumatiques qui en facilitent la digestion.

CHAPITRE X

LES CONDIMENTS

A. *Condiments sucrés.* — Sucre, miel, mélasse, cassonade.
B. *Condiments salins.* — Sel marin, sel de nitre, sel de magnésie.
C. *Condiments acides.* — Acide acétique, acide citrique, cornichons, câpres, achards.
D. *Condiments âcres.* — Poivre, piment.
E. *Condiments sulfurés.* — Ail, oignons, échalotes, cerfeuil, persil, ciboule, moutarde, safran, capucine, choucroute, raves, cresson.
F. *Condiments aromatiques.* — Angélique, anis, fenouil, coriandre, laurier, cannelle, muscade, girofle, gingembre, cachou, thym, sauge, sariette, pimprenelle, basilic, romarin, estragon, pistache, roseau aromatique, baies de genièvre, vanille, curaçao, rhum, fleur d'oranger.
G. *Condiments gras ou huileux.* — Axonge, graisse, beurre, huiles diverses.
H. *Condiments alimentaires.* — Champignons, truffes, caviar, boutargue, garum, beurre d'anchois, de homard et d'écrevisse.

On donne le nom de condiments à des substances destinées à produire ou à développer la sapidité des aliments. Leur emploi est indiqué à cause de l'action puissante qu'ils ont sur l'estomac : ils excitent l'appétit, favorisent les sécrétions salivaires et gastriques et facilitent la digestion des aliments un peu lourds.

Les condiments ne sont pas seulement utiles dans la pratique médicale, leur usage est encore justifié par des habitudes locales, de tempérament et un raffinement culinaire.

Nous suivons ainsi l'exemple des anciens dont nous connaissons le goût prononcé pour les assaisonnements énergiques.

Hippocrate, le père de la médecine, préconise plusieurs condiments aromatiques pour activer les digestions languissantes. Il constate également que le chlorure de sodium est indispensable à la composition normale du sang. On peut dire que tous les peuples ont fait un usage plus ou moins modéré des substances excitantes.

A ce point de vue, les Romains utilisaient l'ail, l'oignon, etc... De nos jours, les aromates sont en grande faveur. Chez les Perses, l'assa fœtida entre dans toutes les préparations culinaires. Les Anglais, qui fatiguent l'estomac par une grande consommation de viande, aident à la digestion par l'emploi des achards, du piment, de l'essence d'anchois, etc...

Les Français ont la muqueuse stomacale moins tannée que certains peuples, et cependant nous réunissons sur nos tables les excitants de toutes les parties du globe.

Si le besoin physiologique de stimulation nécessite parfois l'absorption des denrées qui réveillent les fonctions digestives, il est prudent de ne pas en faire un emploi abusif.

On ne tarderait pas à introduire dans l'économie des substances qui détermineraient progressivement l'inertie fonctionnelle de l'estomac. Des gastrites cruelles, des dyspepsies opiniâtres sont généralement la conséquence d'une alimentation somptueuse et trop richement épicée.

A. CONDIMENTS SUCRÉS

Les matières renfermant du sucre sont fort nombreuses, ce qui prouve l'importance de cette substance à la fois alimentaire et condimentaire.

On distingue deux principales classes de sucre : le sucre de canne et de betterave et la glucose ou sucre de raisin.

Le sucre de canne, étant cristallisé, est d'une assimilation assez difficile et d'une digestion laborieuse par suite de la transformation en sucre de raisin qu'il doit subir dans l'organisme. Cette opération exige toujours un travail susceptible de fatiguer et même d'irriter l'estomac. En outre, mangé en trop grande quantité, le sucre de canne émousse l'appétit et amène la carie dentaire. L'hygiène commande, pour éviter des accidents, d'en user modérément. A dose peu élevée, il constitue un condiment précieux pouvant rendre des services nombreux.

Le sucre augmente les facultés digestives des aliments auxquels il est associé et en modifie heureusement la sapidité ; il active l'élaboration du suc gastrique et facilite l'assimilation des substances alimentaires sans fatiguer le tube digestif. Il est aussi un antiseptique utile pour prévenir ou retarder la putréfaction des matières albuminoïdes.

Le sucre pur ne possède ni couleur, ni odeur ; il a une saveur agréable qui plaît à tout le monde. Il fournit peu de résidu et convient à tous les âges sans distinction de tempérament ou de climat. Cette substance est inaltérable à l'air et se dissout dans tous les liquides. Sous l'influence de la chaleur, elle entre en fusion, prend une couleur jaunâtre et si la température est élevée, elle se convertit en caramel. Le sucre forme avec la plupart des acides des sels ou saccharates plus ou moins solubles. La pulvérisation et le râpage modifient son goût en lui faisant subir un commencement de carbonisation.

Le meilleur est celui qui fond lentement dans l'eau en ne laissant aucune particule au fond du verre.

Le commerce falsifie le sucre en poudre par le mélange avec du sucre de fécule, du sucre de lait, des farines diverses et plusieurs autres substances inertes.

Miel. — Cette matière occupe ici une place importante. Elle est constituée par un mélange de sucre de canne et de sucre de raisin, de mucilage, de cire, de principes colorant et aromatique.

Le miel contient parfois des traces d'acides organiques. Il est généralement transparent, grenu en hiver et filant en été. Sa saveur est douce, sucrée et aromatique; très soluble dans l'eau, il possède des propriétés fermentescibles. Ses qualités varient suivant la provenance. Le miel des montagnes sur lesquelles croissent un grand nombre de plantes aromatiques jouit d'une délicatesse sans égale. Les miels de Cuba, de Suède et d'Algérie sont renommés à cause des orangers et des oliviers qui croissent dans ces pays. Ceux qui proviennent de notre belle Champagne ont un parfum exquis, dû à la grande quantité de plantes aromatiques fournies par la nature du sol. Le miel est d'autant plus assimilable et digestif qu'il renferme une proportion plus forte d'huile essentielle aromatique ; en outre, il jouit de propriétés laxatives utiles dans les cas bénins.

Les annales scientifiques rapportent des accidents toxiques déterminés par la consommation du miel. De fait, le suc de quelques fleurs, sans effet sur la santé des abeilles, peut causer des empoisonnements chez l'homme. Heureusement, ces intoxications sont très rares, parce que les abeilles évitent généralement de butiner sur les plantes vénéneuses.

On adultère le miel avec des fécules ou des sirops de glucose ou de dextrine. On y mélange encore de l'amidon, de la gélatine, du sable, etc...

La mélasse est plus difficile à digérer que les substances dont nous venons de parler. Elle a des vertus laxatives et son usage prolongé est susceptible d'irriter les organes digestifs.

B. CONDIMENTS SALINS

Depuis longtemps l'expérience physiologique a démontré la nécessité du chlorure de sodium dans l'alimentation, car les médecins de l'antiquité ont reconnu ses propriétés sur l'homme et les animaux.

Ce corps offre la forme de cristaux cubiques d'une couleur blanche plus ou moins prononcée, suivant le degré de pureté. Il décrépite sur les charbons ardents et se dissout facilement dans l'eau ordinaire ou soumise à l'ébullition. Sa saveur particulière et agréable contribue beaucoup à son grand usage dans l'économie domestique. C'est un des principes constituants les plus essentiels de l'organisme : il fait partie du sang, des produits de sécrétion et de tous les tissus. Le sel fournit l'acide chlorhydrique du suc gastrique et la majeure partie de la soude à la bile. Il joue un rôle important dans la composition du sang : il sert de dissolvant à l'albumine, à la fibrine et empêche la dissolution des globules.

Il contribue à maintenir dans le liquide sanguin l'eau nécessaire pour les fonctions de l'absorption, de l'exhalation, etc...

On sait que le sel est encore utile pour convertir en phosphate de soude une partie du phosphate de potasse que les aliments font parvenir dans le torrent circulatoire.

Ce condiment a donc une haute importance dans notre alimentation. Nous connaissons les douloureuses privations causées par son absence et les affections cruelles qui en sont la conséquence.

Le sel doit donc être consommé en quantité raisonnable ; il relève la saveur des viandes, excite l'appétit et facilite la digestion.

En trop grande proportion, il provoque une soif exagérée et détermine l'irritation de la muqueuse de la bouche et du pharynx. Un savant thérapeutiste, Barbier, estime que l'homme doit manger en vingt-quatre heures de 12 à 30 grammes de sel mélangé à la nourriture.

Plouvier, se basant sur des expériences personnelles, a reconnu que le sel absorbé en quantité un peu supérieure à celle qu'on emploie généralement donne un surcroît de force et de vigueur, augmente la puissance digestive de l'estomac, produit une augmentation rapide et très notable du poids du corps. A dose trop élevée, il est susceptible d'altérer la santé par l'irritation du tube digestif. La prudence indique donc de l'employer en quantité modérée.

On falsifie le sel en le mélangeant avec du plâtre, du sulfate de soude, du sel de saumure ou d'autres substances plus ou moins impures. Les sels provenant des vieilles saumures présentent des dangers pour la santé publique, parce qu'elles renferment toujours des matières putréfiées susceptibles de produire des intoxications.

Le sel gemme, le nitrate de potasse entrent dans la composition des saumures.

La magnésie contenue en petite proportion dans le chlorure de sodium lui communique une légère amertume.

C. CONDIMENTS ACIDES

Les condiments acides, presque exclusivement employés, sont l'acide acétique qui fait partie du vinaigre et l'acide citrique qui existe dans le jus de citron et d'orange.

Nous ajouterons dans cette classe les cornichons, les câpres et les achards, parce que le vinaigre entre comme élément essentiel.

Vinaigre. — L'origine du vinaigre se perd dans la nuit des temps. Nous pouvons admettre, avec certains auteurs, que cet assaisonnement est probablement dû à l'inattention de quelques vignerons occupés à préparer du vin. Les Orientaux en faisaient usage dès la plus haute antiquité.

Pline le recommande pour la conservation des végétaux. Cléopâtre avait recours à lui pour dissoudre les perles.

Tite-Live en fait l'éloge comme ayant servi à Annibal pour percer les rochers et traverser les Alpes. Dans quelques pays vignobles, la fabrication du vinaigre fait l'objet d'une industrie très importante.

Dans l'économie domestique, on le prépare en utilisant les lies de vin et les résidus de tonneaux. Aujourd'hui on le fabrique avec la bière, le poiré, l'empois, la pomme de terre, la betterave, les grains et même avec l'esprit de bois.

Le bon vinaigre est clair et limpide ; il a une odeur agréable, une saveur piquante et acide. Chargé de ferments, il se trouble et s'altère facilement.

Ses usages sont fort nombreux : il fait partie de toutes les salades et sauces vinaigrettes, il sert à conserver et à mariner les viandes. On l'utilise, étendu d'eau, dans les empoisonnements par les narcotiques et l'ammoniaque. Il constitue un gargarisme excellent, seul ou édulcoré avec du miel ou du sucre.

L'eau vinaigrée est une lotion hygiénique très employée pendant les chaleurs.

Le vinaigre est incontestablement un condiment agréable surtout quand on le charge de principes aromatiques, tels que l'estragon, le piment, etc...

Il relève les aliments, les rend plus appétissants et facilite leur chymification.

L'abus de cet acide produit des accidents graves ; il irrite la muqueuse stomacale, engendre des inflammations, détermine des gastralgies, des dyspepsies, trouble la nutrition, pervertit les fonctions digestives et amène une émaciation rapide du corps. Plusieurs personnes craignant l'obésité contractent la triste habitude de boire du vinaigre en certaine quantité. Cet usage détestable provoque des maladies rebelles, dues à l'action pernicieuse de l'acide sur les tissus de l'estomac et des intestins.

On doit en faire un usage modéré, surtout quand on soupçonne sa sophistication.

Le commerce peu scrupuleux ajoute de l'eau au vinaigre, et pour augmenter la force il mélange des acides sulfurique, nitrique, chlorhydrique, etc... D'autres fois, on y fait macérer du piment, des semences de moutarde ou de la racine de pyrèthre. Ces mélanges, susceptibles de produire des accidents, doivent être sévèrement réprimés.

Citron. — Le jus du citron possède les principales propriétés du vinaigre, mais il est plus recherché en raison de son goût très agréable. Il est le condiment indispensable des huîtres, des filets de sole et de beaucoup de mets chers aux palais délicats.

Avant sa maturité, l'orange possède une saveur légèrement aigrelette. Son jus doit être exprimé comme celui du citron, c'est-à-dire au moment de s'en servir.

Ce que nous venons de dire des acides acétique et citrique s'applique également aux acides malique, tartrique, qui sont quelquefois utilisés à titre de condiments.

Cornichons. — On les voit fréquemment paraître sur nos tables. Ils ont le privilège de stimuler l'appétit et de relever les aliments plus ou moins fades. Dans le commerce, on leur communique, avec des sels de cuivre, une couleur verte très dangereuse pour la santé du consommateur. Nous recommandons aux ménagères de faire elles-mêmes leurs conserves de la précieuse cucurbitacée.

Câpres. — Nous en connaissons plusieurs variétés : la câpre plate, la câpre capucine et la câpre ronde. Celle-ci est la plus recherchée. Les câpres sont d'autant mieux prisées qu'elles sont plus petites. Leur saveur chaude et piquante relève parfaitement les sauces, surtout quand elles ont acquis un goût aigrelet par leur séjour dans du vinaigre.

On dit que les fleurs vertes du genêt d'Espagne,

confites à l'instar des câpres, contractent absolument la même saveur.

Achards. — Ce condiment fait le bonheur de nos voisins d'outre-Manche et de quelques peuples du Nord. Il est composé d'oignons, de carottes, d'échalotes, de piments, de cornichons, de câpres, d'estragon, de grains de poivre et de giroflée, le tout bien confit dans du vinaigre. Cet amalgame très excitant est également d'une digestion excessivement pénible. Nous conseillons aux amateurs la plus grande réserve.

D. CONDIMENTS ÂCRES

Les substances appartenant à cette catégorie ont une saveur chaude, âcre et une odeur prononcée. Elles activent la sécrétion des liquides salivaires et gastriques et produisent une soif assez vive. Ces propriétés nous engagent à en user avec beaucoup de modération.

Poivre. — On trouve dans le poivre du piperin qui en est le principe actif, une huile concrète très âcre colorée en vert, une huile balsamique, une matière gommeuse colorée, un principe extractif semblable à celui qu'on trouve dans les légumineuses, du ligneux, divers sels terreux, des acides malique et tartrique, de l'amidon et de la bassorine.

Le poivrier est connu dès les temps les plus reculés. Il paraît originaire de l'Inde, mais on le récolte notamment dans les colonies anglaises de l'Asie, dans les îles hollandaises de Java, Sumatra et Bornéo. Le poivre noir et le poivre blanc proviennent de la même espèce de poivrier, seulement le premier est le fruit à l'état naturel et le second est décortiqué.

Les principes les plus actifs résident surtout dans l'enveloppe corticale.

Dans les pays chauds, on fait une consommation considérable de cette substance dont les propriétés stimulantes contrebalancent la débilité des organes digestifs causée par une température élevée.

Nos ménagères utilisent le poivre pour les sauces, marinades, ragoûts et autres préparations culinaires ; il est l'inséparable compagnon du sel.

Nous recommandons d'en faire un usage modéré à cause de son action irritante sur toute l'économie. Il accélère la circulation, détermine de l'ardeur dans l'émission des urines, produit un sentiment de chaleur à la peau; en un mot, il porte l'incendie dans tout l'organisme.

Les épiciers peu scrupuleux mélangent de la farine de chènevis au poivre en poudre.

La seule manière d'éviter la fraude est de moudre le poivre en grains.

Piment. — Le poivre long, encore appelé bétel, piment, poivre d'Inde, est le fruit du *capsicum annuum*.

Nous en connaissons trois variétés : le poivre long, le piment doux d'Espagne, le piment rond. Les Anglais confectionnent avec ces condiments des sauces ayant le mérite de susciter des gastriques aiguës ou chroniques. Nous conseillons de s'abstenir d'ingrédients semblables qui provoquent un appétit factice et ruinent la santé.

E. CONDIMENTS SULFURÉS

Ail. — Le bulbe et la tige verte de l'ail sont un condiment d'une utilité incontestable. Malgré son odeur désagréable, on l'emploie tous les jours pour la confection des sauces, hachis, gigots, rôtis, etc...

Dans le Midi, on mange l'ail à l'état cru avec

du sel et du pain. Chez plusieurs personnes il provoque des ardeurs d'estomac et communique toujours une haleine repoussante.

Échalotes. — Ces plantes sont utilisées crues ou cuites ; elles excitent l'appétit, mais ont également une odeur forte, désagréable. Cependant nous les préférons à l'ail.

Nous pouvons en dire autant des oignons, des ciboules, des rocamboles, des appétits (*allium schœnoprosum*), du raifort et du cochlearia.

Cerfeuil. — On distingue trois espèces de cerfeuil : le musqué, le frisé et le commun.

La cuisine et l'office emploient le cerfeuil dans les salades, potages gras, soupes maigres et produits de charcuterie. Cette plante, qui ne doit pas être confondue avec la ciguë, à laquelle elle ressemble par le feuillage, possède un goût agréable. Son usage n'offre aucun danger pour la consommation.

Persil. — Ce condiment entre aussi dans la confection d'un grand nombre de mets. On en cultive trois espèces : le persil commun, le persil frisé et le persil à larges feuilles. Cette plante stimule l'appétit et excite la circulation. Il convient aux personnes âgées et aux tempéraments lymphatiques. Il est de toute nécessité de ne pas le confondre avec la ciguë.

Moutarde. — La graine de moutarde comprend la noire et la blanche. Cette dernière, la plus employée dans l'art culinaire, développe l'appétit et stimule l'inertie stomacale. Les préparations de moutarde les plus en vogue sont celles de Dijon et de Bordeaux. La moutarde renferme un principe âcre et une huile essentielle susceptibles d'irriter les voies digestives quand on en fait un usage abusif.

Dans le commerce, on falsifie la moutarde en y mélangeant des farines de blé, de colza, etc...

Safran. — Pour relever plusieurs aliments, on se sert des fleurs d'un oignon de la famille des iris préalablement séchées sur des tamis de crin.

Le safran contient de la cire, de la gomme, de l'albumine, de la matière colorante et des huiles volatiles.

A dose modérée il excite l'appétit, mais l'abus détermine des accidents graves.

Son prix très élevé invite à le falsifier par le mélange de fleurs de souci et d'arnica.

Capucines. — Les graines de capucine ont une saveur piquante qui excite le tube digestif. Les fleurs de ces plantes entrent dans l'assaisonnement des salades.

Choucroute. Raves. — Les choucroutes et les raves sont des substances stimulantes, mais peu nutritives et indigestes. Leur emploi prolongé pourrait se compliquer d'embarras gastriques sérieux.

Cresson. — Le cresson doit au soufre et à l'iode qu'il renferme ses propriétés toniques, excitantes et antiscorbutiques, précieuses dans bien des circonstances.

F. CONDIMENTS AROMATIQUES

Angélique. — Cette plante possède des propriétés stimulantes élevées, très utiles pour dissiper les flatuosités de l'estomac causées par les aliments indigestes. On l'emploie encore pour les conserves au sucre.

Anis. — Les graines d'anis entrent dans certaines préparations culinaires, dans la confection des bonbons et de plusieurs liqueurs délicieuses. Elles ont une odeur agréable, un goût sucré et aromatique.

Le fenouil ou aneth possède les mêmes qualités.

Coriandre. — La semence de coriandre semble tombée dans un profond oubli, cependant ses propriétés stimulantes peuvent être utilisées dans l'économie domestique.

Le thym, le basilic, la pimprenelle, la sarriette, la sauge, le romarin sont des condiments d'un emploi assez rare. Ils ont une odeur plus ou moins pénétrante, une saveur légèrement âcre et aromatique.

Laurier. — Les feuilles de laurier sont plus à la mode. Elle ont un goût un peu amer qui n'est pas désagréable dans quelques préparations culinaires. Nous recommandons cependant d'en user avec modération pour éviter les accidents inflammatoires.

Cannelle. — La cannelle est la seconde écorce séchée d'un arbre de la famille des lauriers. Dans le commerce nous en trouvons plusieurse spèces : celle de Ceylan, de Chine et de Cayenne.

Toutes ces variétés contiennent du tanin, du mucilage, de l'acide cinnamique, de l'amidon, de la matière colorante et de l'huile volatile. Une petite dose de cannelle communique aux sauces, pâtisseries et autres aliments une odeur fort agréable.

Muscade. — Le commerce vend deux espèces de muscade : la muscade femelle ou cultivée, d'une odeur très aromatique et la muscade mâle, ou sauvage, dépourvue de saveur et d'odeur.

On nomme macis la seconde écorce de la noix muscade qui contient une certaine quantité de stéarine, d'élaïne, d'acide, de fécule, de gomme et d'huile volatile particulière.

Ces substances exercent une action irritante sur le tube digestif, et nous conseillons de bannir les muscades de l'arsenal condimentaire.

Clous de girofle. — On appelle ainsi les fleurs du giroflier. Elles renferment de la résine, de la gomme, du tanin, un principe extractif, de la caryophilline et une huile aromatique. Cette dernière a une action échauffante sur le sang et les estomacs malades ou délicats doivent complètement s'en abstenir.

Gingembre. — Cette racine était en honneur chez les anciens, surtout à titre de médicament. De nos jours, son usage est tombé en désuétude.

Le gingembre blanc a une odeur moins agréable et une action plus énergique que le gris. L'emploi de cette racine est parfois dangereux, surtout quand elle a donné lieu à la sophistication ; dans tous les cas elle constitue une substance qui échauffe le sang et irrite les organes digestifs.

Cachou. — Les Chinois et les Japonais préparent le cachou en faisant bouillir le bois d'une variété d'acacia. Ce produit amer, astringent et échauffant, est d'un usage condimentaire très borné. On le falsifie très souvent en le mélangeant avec de l'amidon ou d'autres substances inertes.

Thym. Sauge. Sariette. Pimprenelle. Basilic. Pistaches. Romarin. Roseau aromatique. Baies de genièvre. — L'emploi de ces condiments généralement rares est inoffensif. Ils ont une odeur plus ou moins pénétrante et une saveur légèrement âcre et aromatique.

Estragon. — On le cultive pour ses feuilles et l'extrémité de ses tiges. La saveur aromatique et agréable de cette substance excite l'appétit, relève les sauces, aromatise les conserves de cornichons et entre dans la composition de plusieurs variétés de moutarde.

Vanille. — Nous connaissons tous la gousse de vanille qui est le fruit d'une orchidée importée d'Amérique. Elle renferme du sucre, de l'acide benzoïque, de la résine, de l'huile grasse et un principe amer.

Cet aromate est en grand honneur dans les cuisines, laboratoires et offices ; son action excitante et digestive impressionne agréablement le système nerveux.

Curaçao. Rhum. Fleurs d'oranger. — Ces substances diverses sont toniques, stimulantes et salutaires ; elles communiquent aux aliments des qualités hygiéniques. Elles entrent également dans les glaces, crèmes, pâtisseries, pièces fines, délicates et parfumées.

G. CONDIMENTS GRAS OU HUILEUX

La division des corps gras est basée sur leur provenance et leur consistance ; nous connaissons le suif, la graisse, l'axonge, le beurre et les huiles. Les herbivores ont la graisse plus ferme, plus dense que les carnivores ; dans les oiseaux elle est douce, fine et onctueuse ; enfin chez les poissons on la trouve presque fluide.

Le commerce de la charcuterie fait un commerce considérable de la graisse qui découle des rôtis de porc, de veau, de mouton, de dinde, de canard, d'oie, etc...

Ce produit doit être ferme, d'une blancheur de neige et répandre une odeur parfumée ; quand il est mélangé avec des graisses inférieures, il présente une teinte gris sale, une saveur rance accompagnée d'une certaine fluidité.

Beurre. — On extrait le beurre du lait où il se trouve en suspension à l'état de globules. Quand il est pur, il se présente sous la forme d'une masse fine, assez ferme, onctueuse, jaune tendre. Odeur douce avec une saveur délicate rappelant la noisette.

D'après Chevreul, il est composé de margarine, d'oléine, de butyrine, de caprine et de caproïne.

Les usages du beurre sont fort nombreux. Comme substance alimentaire, il est nourrissant, digestif et laxatif. A titre de condiment, son importance est des plus grandes. Il entre dans les fricassées, les roux, les fritures et mille préparations culinaires dont il favorise la cuisson. Il contracte parfois une âcreté désagréable, surtout quand il est soumis à un feu trop fort. Cette particularité engage à faire les fritures avec de la graisse ou de l'huile.

Les falsifications du beurre sont malheureusement très nombreuses. On le colore avec le safran, curcuma, rocou et même le chromate de plomb.

D'autres fois on le mélange avec du beurre factice ou de margarine. La présence du borax, de l'alun, de l'amidon, du fromage blanc, des pulpes de pommes de terre, de l'axonge, du suif, etc..., est souvent constatée.

Le mélange avec des substances inertes est encore plus fréquent, telles que craie, plâtre, spath, argile. Ces fraudes diverses ont pour résultat de modifier la couleur, la qualité ou le poids du beurre.

Huiles. — La plupart des corps gras neutres sont fournis à l'organisme animal par les végétaux qui les contiennent généralement à l'état liquide. Ainsi l'huile est la graisse des plantes de même que l'axonge est la graisse du porc.

Les principales huiles alimentaires et condimentaires sont celles d'olive, de navette, d'œillette, de noix, d'arachide, de colza, de sésame, de noisette, de faîne, d'amande.

Les huiles de palme, lin, chènevis, pin, madia, raisin, soleil, marron d'Inde ne sont pas utilisées dans notre pays.

Ces diverses substances offrent de grandes différences de qualité qui servent à établir respectivement leur valeur commerciale.

H. CONDIMENTS ALIMENTAIRES

Champignons. — L'espèce très nombreuse des champignons comestibles constitue une substance fréquemment employée à titre de condiment.

Les propriétés alibiles de ces cryptogames sont parfaitement connues, de même que leur indigestibilité causée par la densité de leurs fibres. On trouve dans leur composition de la fongine et de l'acide fongique, de l'eau, des matières azotées, des sels, du sucre, de l'huile, de la bassorine, de la gomme et de l'adipocire. Il existe de nombreuses espèces toxiques qui produisent malheureusement trop souvent des accidents mortels. On doit rejeter de la consommation les champignons qui ont une chair molle et aqueuse, une odeur forte et désagréable, une saveur âcre, amère, acide ou salée. Il faut se méfier de ceux qui présentent une couleur verte, bleue, ou qui sécrètent un suc laiteux.

La prudence conseille de ne jamais manger les champignons de provenance douteuse quand on n'a pas les capacités indispensables pour discerner les bonnes espèces des mauvaises.

Truffes. — Ce précieux tubercule appartient à

la famille des champignons. Les Romains et les Grecs en faisaient leurs délices.

Les variétés les plus délicates sont :

La truffe noire du Périgord, la truffe grise de Bourgogne, la truffe marbrée de Provence et la truffe blanche du Piémont.

Nous savons que les noires sont les plus estimées. On dresse le chien et le porc pour la recherche de la truffe cachée au sein de la terre. La truffe est très difficile à digérer, ce qui ne semble pas nuire à sa réputation. Aussi les prix élevés de cette denrée a tenté les spéculateurs peu scrupuleux.

Caviar. — Ce produit préparé avec des œufs d'esturgeon a une couleur brunâtre et possède de grandes propriétés nutritives ; cependant son odeur forte et son aspect peu appétissant ne sont pas susceptibles de solliciter notre gourmandise.

Boutargue. — Cette conserve, analogue à la précédente, est confectionnée avec les œufs des mulets ou cabots. Couleur jaune brun et aspect peu engageant pour le consommateur.

Garum. — Le garum, si célèbre dans l'antiquité, était confectionné avec les intestins et le sang du scombre mêlés au sel. Ce condiment, qui jouissait chez les Romains d'une faveur immense, avait un goût âcre et une odeur nauséabonde identiques aux liquides s'écoulant des fromages putréfiés. Bien certainement il fallait avoir le palais blasé des *Apicius* pour rechercher un pareil produit.

Beurre d'anchois. — Ce condiment préparé à l'huile sert à faire des sauces et une sorte de moutarde dont il faut user modérément.

Beurre de homard et d'écrevisse. — Ce condiment à la mode est confectionné avec les œufs du homard et de l'écrevisse.

Il stimule l'appétit quand on n'en fait pas abus.

CHAPITRE XI

CONSERVATION DES VIANDES

De tout temps, l'art de conserver les substances alimentaires a été l'objet d'études nombreuses et spéciales. Les anciens utilisaient les aromates, le sel et la fumée; de nos jours, la science a fait des progrès immenses et les procédés préconisés donnent généralement de bons résultats. Le problème à résoudre consiste à préserver les aliments de la fermentation. Celle-ci est produite, d'après Pasteur, par les germes qui envahissent la substance organisée. Tout se réduit à la débarrasser de ces êtres microscopiques en la maintenant dans une atmosphère absolument privée de ferments.

Dans l'économie domestique, on conserve la viande fraîche pendant quelque temps en la protégeant contre la chaleur, les rayons solaires, les insectes et les divers agents de la putréfaction. Une erreur des campagnes est de descendre le garde-manger dans des caves humides et insalubres. Il faut, au contraire, placer les aliments dans des locaux secs et frais où l'air pur circule librement.

Nous classons les divers procédés de conservation des viandes, d'après leur mode d'action, en quatre groupes :

1° Par dessiccation ;
2° Par réfrigération ;
3° Par exclusion de l'air ;
4° Par isolation.

DESSICCATION

Ce procédé de conservation est connu dès la plus haute antiquité. On l'emploie encore aujourd'hui notamment dans l'Amérique du Sud.

Il consiste à couper les chairs en lanières très longues et excessivement minces, que l'on soumet à l'action de l'air et du soleil en les suspendant aux branches d'un arbre ou en les disposant horizontalement sur des claies à jour. Afin d'activer la dessiccation, on saupoudre ces lanières avec de la farine de maïs. Lorsqu'elles sont bien sèches, on les enroule comme une bande et on les met à l'abri de la pluie et de l'humidité.

Cette préparation de viande sèche *(carne seca)* trouve son application chez plusieurs tribus arabes pour les conserves de mouton.

TASAJO

Ce procédé de conservation se rapproche beaucoup de celui que nous venons de décrire.

On divise la viande en tranches plus larges, qui sont étalées sur des lits de sel. Au bout de quelques jours on les soumet à l'action d'un corps pesant ou d'une presse pour en faire sortir l'eau, enfin on l'expose à l'air et au soleil. Au moment de faire cuire le *tasajo dulce*, comme est appelé le bœuf desséché de cette façon, les Américains le font tremper dans l'eau pendant deux ou trois heures pour le ramollir, puis ils le font bouillir l'espace de six ou sept heures. Cette préparation donne un bouillon sain et excellent, mais la viande est dure et a perdu une partie de son goût naturel. Ce procédé offre l'avantage incontestable de diminuer considérablement le poids des provisions à emporter, car un kilogramme de chair desséchée représente quatre kilos de viande fraîche.

DESSICCATION A L'ÉTUVE

En Europe, les morceaux de viande sont desséchés en les portant pendant trois jours dans une étuve dont la température s'élève à 65 degrés centigrades. L'évaporation enlève bientôt toute l'eau de la viande qui devient dure comme du bois. Elle perd également une partie de sa graisse, que l'on recueille avec soin pour être utilisée dans l'industrie. On plonge alors les morceaux desséchés dans une forte dissolution de gélatine, et on les remet à l'étuve pour les retirer quelques heures après les avoir recouverts d'une espèce de vernis.

Dans cet état, la viande peut se conserver durant plusieurs années. Avant de s'en servir il faut la débarrasser, par plusieurs lavages à l'eau tiède, du vernis gélatineux.

PROCÉDÉ DIZÉ

En 1794 Michel Dizé, chimiste français, a inventé un système de conservation. Il faisait d'abord bouillir les viandes pendant vingt-cinq à trente minutes pour en retirer la partie albumineuse ou écume du pot qui surnage à la surface de l'eau ; ensuite elles étaient égouttées à l'air pendant douze heures, puis placées dans une étuve jusqu'à complète dessiccation. Au bout de dix ans les viandes ainsi préparées étaient encore reconnues propres à la consommation.

POUDRES DE VIANDE

A certaines époques ces poudres ont été préconisées pour la nourriture des marins et des troupes en campagne. L'expérience a fait renoncer à l'usage des biscuits, viandes et autres produits similaires dans la pâte desquels il entre de la viande hachée, cuite et desséchée. Ils fournissent, en effet, des matières peu appétissantes et complètement dépourvues de saveur.

PAIN A LA VIANDE

On doit à M. Scheurer-Kestner la fabrication d'un pain composé de pâte de farine et de viande hachée à poids égal, additionnée d'un peu de lard.

On obtient une soupe excellente en faisant bouillir cette préparation dans l'eau avec du sel. Le pain-soupe est de digestion facile, mais il a l'inconvénient de fatiguer promptement l'estomac et d'amener le dégoût chez le consommateur.

TABLETTES DE BOUILLON

Plusieurs savants se sont appliqués à conserver les bouillons et sucs de viande par une évaporation rapide et assez complète. Cette opération se fait à feu nu, au bain-marie ou au bain de sable.

Pour obtenir l'évaporation à feu nu il suffit d'exposer le vase à la chaleur d'une lampe ou d'un fourneau. Ce système réclame une surveillance continue.

L'évaporation au bain-marie offre plus de sécurité. Celle au bain de sable est également très commode. Ce procédé diffère du précédent par la nature de l'intermédiaire employé, qui se trouve être du sable au lieu de l'eau.

On prépare les bouillons et extraits de viande avec de la chair fraîche de bœuf bien exempte de graisse. La cuisson se fait à feu doux comme les bouillons ordinaires. Après refroidissement on dégraisse, on clarifie avec des blancs d'œufs et on évapore lentement jusqu'à consistance convenable.

Les bouillons sont mis dans des vases en fer-blanc dont l'ouverture est soudée par une plaque de même métal. Ces boîtes sont alors plongées dans un bain-marie et chauffées pendant une demi-heure jusqu'à 125 degrés. Avant de consommer le bouillon ainsi conservé il faut l'étendre dans trente fois son poids d'eau et soumettre à l'ébullition. Il a de plus grandes qualités lorsque les chairs de veau et de mouton sont associées à celle de bœuf. Toutefois il ne vaut jamais le bouillon fait avec la viande fraîche ; de plus, si l'évaporation a été trop rapide, il acquiert un goût de colle très répugnant.

PROCÉDÉ MARTIN LIGNAC

Cet expérimentateur a perfectionné le procédé précédent. Nous empruntons sa description à l'*Encyclopédie* Roret.

La viande est introduite crue dans des boîtes cylindriques de fer-blanc, qu'on achève de remplir avec un bouillon à demi concentré, et dont on soude immédiatement le couvercle. On place alors les boîtes dans un bain-marie, à fermeture autoclave, puis on chauffe à une température de 108 degrés, pendant un temps plus ou moins long suivant la grosseur des morceaux, après quoi on laisse refroidir pendant une demi-heure. La température intérieure des boîtes étant encore très élevée, les fonds se trouvent bombés par l'excès de pression. Alors on pratique, sur le fond supérieur de chacune d'elles, un petit trou, par lequel l'air et les gaz sont immédiatement expulsés par l'excès de vapeur, et que l'on ferme, aussitôt après cette expulsion, au moyen d'un grain de soudure. Ainsi préparé le bœuf est en partie cuit et d'un goût très agréable. En achevant de le faire cuire dans quatre ou cinq volumes d'eau, on obtient un bouillon excellent et un bouilli succulent.

SOUPE RUSSE

En Russie on soumet les quartiers de bœuf à une ébullition prolongée et on dégraisse le bouillon quand il est suffisamment concentré. Dans ces conditions la viande est fort appréciée pour la confection des potages et ragoûts.

EXTRAITS DE VIANDE DE BELLAT

Bellat, pharmacien français, a obtenu un extrait de viande qui se conserve indéfiniment, mais dont les propriétés nutritives sont très limitées.

La viande finement hachée, débarrassée de la graisse, des tendons et des aponévroses est traitée par l'eau dans un appareil. Ensuite on la soumet à la cuisson avec quantité égale d'eau et un poids déterminé d'os. On ajoute le bouillon ainsi obtenu à un liquide provenant de la première opération et l'on évapore jusqu'à consistance convenable.

Cet extrait pourrait rendre de grands services dans certaines circonstances.

EXTRAIT LIEBIG

Ce produit est confectionné dans l'Amérique du Sud à l'aide des formules de Liebig.

Il suffit, dit ce savant, pour l'extraction de tous les principes actifs, de faire bouillir pendant une demi-heure la viande avec huit à dix fois son poids d'eau. Avant d'évaporer le bouillon, il faudra enlever avec soin toute la graisse parce qu'elle se rancirait ; l'évaporation devra s'opérer au bain-marie. L'extrait de viande n'est jamais dur et cassant, mais il est mou et attire vivement l'humidité de l'air. La cuisson de la viande peut se faire dans des chaudières de cuivre bien propres, mais l'évaporation exige des vases d'étain pur ou mieux de porcelaine. — (*Lettre sur la Chimie.*)

RÉFRIGÉRATION

Une température douce, un air chaud, humide et orageux sont des conditions favorables à la décomposition des viandes. Au contraire, le froid rigoureux et constant exerce sur elles un pouvoir conservateur remarquable.

Les Américains ont tenté les premiers essais d'importation en Europe d'animaux abattus et conservés à l'aide de la glace. Ils ont recours à des machines frigorifiques qui produisent, sur le navire même, le froid nécessaire pour maintenir la viande à l'abri de toute altération. Les appareils Carré, les mieux perfectionnés, conservent les quartiers de bœuf ainsi que les moutons à une température de zéro. Nous avons vu aux Halles

Centrales plusieurs envois d'Australie. La viande a un aspect extérieur parcheminé ; la graisse, les muscles durs, desséchés ont sur toute la surface une teinte sombre et souvent noirâtre.

L'instrument tranchant pénètre difficilement dans les tissus qui ne dégagent aucune odeur appréciable. Cependant nous avons trouvé quelques viandes accusant des émanations semblables à celles qui s'emparent des substances animales humides. Grillées ou rôties, elles ne donnent pas la tendreté, le juteux, l'arome et la tonicité qui sont les qualités d'une bonne viande fraîchement abattue. Aussi longtemps que la température se maintient au-dessous de zéro, la putréfaction reste suspendue. Lorsque le froid cesse elle arrive avec une grande rapidité ; en été, il suffit de quelques heures pour faire sentir une odeur repoussante. De plus, nous avons constaté l'insalubrité de quelques animaux qui avaient été, bien certainement, gelés dans des conditions défavorables. Malgré leur prix peu élevé, ces viandes qui déplaisent à l'œil, à l'odorat et au goût, n'obtiendront jamais sérieusement la faveur du consommateur.

Ces considérations nous font tenir en mince estime l'installation des glacières dans les abattoirs publics.

Le système Tellier offre plus d'avantages, parce qu'il ne gèle pas la viande tout en la maintenant à une température suffisante pour sa bonne conservation.

Il consiste à l'envelopper d'un air froid et sec introduit dans les chambres réfrigérantes par un ventilateur. Pour obtenir le froid on emploie l'éther méthylique. Henri Bouley, chargé par l'Académie des sciences de faire un rapport sur les résultats donnés par ce système, a formulé des conclusions favorables. La viande reste imputrescible tant que l'action du froid se fait sentir, mais ses qualités comestibles ne se conservent guère au delà de six semaines environ. Au bout de deux mois elle a une saveur rappelant le goût d'une substance grasse. Enfin la perte produite par la dessiccation après une période de trente jours est évaluée à 10 p. 100.

Dans ces dernières années, de nouvelles recherches ont été faites pour conserver les substances alimentaires. M. Alvaro Neynoso, se basant sur les magnifiques expériences de Paul Bert, a conservé de la viande simplement enfermée dans des gaz comprimés sous une forte tension. En effet, Bert a démontré que les éléments de la putréfaction restent sans effet dans l'azote, l'acide sulfureux, etc.... comprimés à plusieurs atmosphères.

On a tenté d'introduire, dans des récipients clos hermétiquement, de l'azote à peu près pur, de l'acide sulfurique ou du sulfure de carbone.

Tous ces procédés offrent des difficultés qui en rendent l'application peu avantageuse.

Le moyen le plus simple pour empêcher l'action des germes putrescibles est de filtrer l'air par la méthode Pasteur.

Les chambres closes peuvent également servir dans le cas qui nous occupe. Nous savons que dans un air bien calme les agents fermentescibles se déposent. On conserve donc la viande fraîche pendant plusieurs jours, en la plaçant dans des boîtes étanches parfaitement fermées après que les germes en suspension dans l'air sont tombés. L'opération réussit mieux, quand on prend le soin d'enduire les parois de la chambre de goudron ou de poix qui retiennent les impuretés déposées par l'air. Il suffit ensuite de flamber la viande pour détruire tous les germes qui se trouvent à sa surface.

CONSERVATION PAR SIMPLE EXCLUSION DE L'AIR

Le rôle de l'air dans la décomposition des substances organisées étant connu, on a tenté de les conserver par la désoxygénation. Il est nécessaire d'élever la température en raison de la densité musculaire des morceaux soumis à l'action du calorique.

Le procédé le plus anciennement préconisé est celui d'Appert. Ce savant français, mort en 1840, a, le premier, fait une application rationnelle de ce principe, que lorsqu'une matière animale est renfermée dans un récipient parfaitement clos et soumis à une température supérieure à 100°, elle décompose l'air atmosphérique contenu dans l'appareil, absorbe l'oxygène et devient alors imputrescible.

C'est en 1804 que commencèrent les premières expériences d'Appert qui ont rendu d'immenses services à l'humanité. Sa méthode consiste :

1° A renfermer la viande désossée et coupée en morceaux dans des boîtes en fer-blanc ou en fer battu, après l'avoir préablement fait cuire presqu'à point ;

2° A remplir ces boîtes avec du bouillon ou avec une sauce préparée à part ;

3° A boucher et à souder ces vases avec la plus grande précision ; car c'est surtout de cette opération que dépend le succès ;

4° A soumettre les viandes ainsi renfermées à

l'action de l'eau bouillante d'un bain-marie pendant une heure et demie environ ;

5° A retirer les boîtes du bain-marie au temps prescrit. Au sortir du bain, elles présentent généralement en dessus et en dessous une légère convexité, mais par le refroidissement elles se dépriment et deviennent concaves. Quand la convexité persiste ou qu'elle se déclare plusieurs heures après l'opération, il faut éliminer la boîte parce qu'elle indique un défaut de fermeture ou une altération de la viande.

Cette remarque s'applique à toutes les conserves alimentaires.

Pour faire usage de la viande conservée, on enlève le couvercle des boîtes, on verse la conserve et sa sauce dans une casserole, on chauffe à feu doux ou bien on consomme froid.

PROCÉDÉ FASTIER

Plusieurs perfectionnements ont été apportés au système Appert. Ainsi, Fastier a eu l'idée d'ajouter un sel au bain-marie de manière à en élever la température jusqu'à 110°. A cette température les liquides renfermés dans les boîtes entrent en ébullition et tous les ferments sont détruits.

On emploie généralement le chlorure de calcium ou mieux un mélange de sel marin et de sucre. Ce procédé a encore l'avantage d'éliminer complètement l'air de la boîte par une petite ouverture ménagée dans le couvercle.

Après une ébullition suffisante, on bouche l'ouverture par un grain de soudure et les conserves ne laissent rien à désirer.

PROCÉDÉ MARTIN LIGNAC

Pour la conservation des morceaux de viande d'un certain volume, Martin Lignac opère de la manière suivante : il introduit dans chaque boîte une pièce pesant 10 kilos environ ; les intervalles libres sont remplis avec du bouillon à demi concentré et le couvercle est soudé hermétiquement. On chauffe les boîtes pendant deux heures dans un bain-marie autoclave à 108 ou 110° centigrades. A ce moment les vases se bombent par l'excès de pression de l'air chauffé qu'ils contiennent; on laisse refroidir pendant une demi-heure, et on pratique un petit trou sur le couvercle par lequel s'échappent immédiatement l'air et la vapeur ; on ferme ensuite cette ouverture à l'aide d'un grain de soudure et l'opération est terminée. Les morceaux de viande n'étant pas complètement cuits peuvent servir à préparer d'excellents bouillons.

Le perfectionnement le plus avantageux de ce procédé a été la réduction du volume des viandes dans la confection des conserves de bœuf comprimé. La viande fraîche, coupée en dés, est suspendue sur des claies dans une étuve où elle abandonne une grande partie de son eau sous l'influence d'un courant d'air chaud porté à 350°. Ensuite on comprime les morceaux au moyen de presses, dans des boîtes qui sont chauffées comme nous l'avons indiqué. Ces conserves d'une saveur agréable peuvent se conserver telles quelles ; en les faisant tremper deux ou trois heures dans l'eau chaude, elles offrent peu de différence avec la viande fraîche et trouvent alors leur utilité dans nombre de circonstances.

M. Willaumez a imaginé une méthode fort ingénieuse pour fermer les boîtes. Il introduit au milieu du couvercle un petit tube en étain nommé dilatateur. Ce tube, gros comme une plume d'oie et taillé en forme de cure-dent, permet l'expulsion de l'air pendant le bain-marie. On place avec précaution une tige en étain dans le dilatateur et le vase est soudé dès que l'ébullition est terminée.

M. Gannal s'assure de la qualité des conserves par le moyen suivant. Un mois après, on plonge les boîtes dans l'étuve pendant huit jours. Celles qui résistent à cette épreuve sans offrir de convexité sont reconnues bien préparées.

M. Hutchings a inventé un appareil permettant de reconnaître les défauts de soudure. Il se compose d'un grand cylindre en tôle disposé horizontalement ; on y place les boîtes et on ferme la porte qui se trouve sur l'un des fonds. L'air étant comprimé pénètre dans les boîtes mal soudées. Au bout de quelques minutes on lâche brusquement l'air comprimé ; par suite de la dépression atmosphérique les boîtes imparfaitement closes éclatent ; on les sépare des autres et après avoir refait la soudure on recommence l'expérience.

SUBSTANCES ISOLANTES ET ANTISEPTIQUES

Les matières isolantes préviennent l'altération des viandes en les garantissant contre les influences atmosphériques. Les antiseptiques ont le même but tout en agissant de différente manière. Les uns absorbent les parties liquides ou les produits de la décomposition, les autres coagulent l'albumine ou se combinent aux éléments dont la viande est constituée. Il faut toujours préférer les procédés qui ne portent pas de préjudice à la comestibilité et aux autres caractères de la viande fraîche.

GÉLATINE

En plongeant les morceaux dans un bain de gélatine concentré, ils se trouvent protégés par une enveloppe solide et imperméable. On peut encore dessécher la viande avant de l'immerger dans la solution gélatineuse. Il est utile, en cette occurrence, d'ajouter un centième de fuchsine dans le liquide pour rendre la matière enveloppante tout à fait inaltérable.

GRAISSE, BEURRE, HUILE

Dans l'économie domestique on fait souvent usage des corps gras pour la conservation de la viande. Les morceaux sont déposés, après cuisson, dans des pots en grès que l'on remplit avec du beurre ou du saindoux fondu. On bouche les vases avec du papier recouvert de parchemin ou d'une vessie de cochon et on les place dans des endroits secs et frais.

L'huile d'olive est très précieuse parce qu'elle permet de conserver la viande crue. Les morceaux découpés et trempés dans l'huile sont convenablement serrés dans des vases de grès. Le tout est recouvert de liquide ; puis on ferme hermétiquement. Plusieurs mois après l'opération, le goût de la viande, quoique légèrement modifié, n'est nullement désagréable. De plus, l'huile n'est pas altérée et sert encore aux besoins de la cuisine.

LAIT CAILLÉ

La viande se conserve très bien pendant sept ou huit jours plongée entièrement dans un vase rempli de lait caillé.

Les morceaux ne perdent pas leurs qualités organoleptiques et digestives ; de plus, ils ne contractent aucune odeur ni aucune saveur étrangère.

SUCRE, MIEL

On utilise quelquefois ces substances pour la conservation des viandes. Malheureusement elles contractent facilement le goût sucré; car il n'y a que celles ayant été fumées qui s'imprègnent peu de cette saveur. En outre, le prix du sucre rend ce procédé trop dispendieux pour les petits ménages.

On conserve encore la viande en l'enrobant dans du glucose, de la cassonade fondue, du goudron, de la glycérine, de la fécule, de la gomme arabique, de la paraffine, de la poudre de garance, de la sciure de bois, de la suie, du caoutchouc, du tan et plusieurs autres substances enveloppantes inaltérables à l'humidité.

Potel a imaginé un produit composé de gélatine, de glycérine et de tanin qui devient imperméable à l'air quand il est porté à une température de plus de 40 à 50°. D'après ce procédé, la viande fraîche se conserve pendant un et même deux mois sans présenter aucune altération.

On possède également un moyen de conservation par l'emploi d'un mélange d'acide borique et de glycérine (boroglycérine).

Nous avons parlé du sel marin, de la saumure et du boucanage ; nous n'avons donc plus à revenir sur ces procédés de conservation.

CHARBON

Le charbon de bois jouit de propriétés antiputrides précieuses pour conserver et désinfecter les substances animales. Il doit être pulvérisé ou concassé en petits fragments, lavé à plusieurs eaux et parfaitement séché. On étend le charbon sur un linge et on enveloppe les morceaux à conserver. Il est nécessaire que l'épaisseur de la couche de charbon soit au moins de deux à trois centimètres pour le développement des germes fermentescibles. La viande est ensuite bien ficelée et mise dans un endroit sec et frais. Avant de la soumettre à la cuisson, il faut lui faire subir plusieurs lavages pour la débarrasser complètement de toutes les parcelles de charbon qui pourraient y rester adhérentes.

Quand on veut conserver des morceaux cuits ou crus, seulement pendant une quinzaine de jours, il suffit de les entourer d'un linge fin et de les placer au milieu du charbon.

Ce procédé permet de s'abstenir de laver la viande.

BORAX

Il y a quelques années, on découvrait en Californie le cadavre d'un cheval parfaitement conservé dans un terrain imprégné de borax et malgré une température constante de 45° centigrades. Les expériences de Dumas ont également démontré que le borax en dissolution empêche les ferments solubles d'exercer leur action et qu'il ne produit pas d'effet sur les ferments insolubles. Les industriels ont tenté de nombreux essais en Angleterre et en Amérique sur les propriétés conservatrices du borax.

Dans la pratique, on met tremper les morceaux de viande pendant vingt-quatre ou trente-six heures dans une solution de borax. Celle-ci se compose généralement de 8 parties de borax, 2 d'acide borique, 3 de sel de nitre, 1 de chlorure de sodium et 100 parties d'eau. On embarille ensuite en ajoutant un peu de cette solution. Quand on veut se servir de la viande ainsi conservée, on la plonge avant la cuisson pendant vingt-quatre heures dans l'eau. Le borate de soude employé sous forme de saumure n'a pas produit de bons résultats ; il donne à la viande un aspect peu agréable et lui communique une saveur détestable.

SEL DE CONSERVE

Le sel de conserve ou biborate de soude en poudre est avantageusement utilisé dans les diverses préparations de charcuterie. Les essais nombreux ont prouvé que les viandes ainsi saupoudrées sont à l'abri des altérations. Ce sel arrête la fermentation quand elle débute, sans nuire aux qualités nutritives et assimilatrices des tissus. A petite dose il stimule l'appétit d'une façon plus énergique que le sel marin. Il deviendrait seulement dangereux par des doses excessives ou par des mélanges avec des sels d'alun et de plomb. Dans tous les cas, il est prudent d'enlever la première couche de viande des morceaux livrés à la consommation. M. Baillet, de Bordeaux, estime que le sel de conserve vrai ou biborate de soude pur permet de conserver les viandes pendant plusieurs jours. De fait, nous avons constaté par des expériences variées que ce sel a un pouvoir conservateur qui dure de six à quinze jours.

Pour saupoudrer les morceaux, on emploie un

petit soufflet ou une poudrière, de manière à déposer sur la viande seulement quelques traces de sel.

ACÉTATE DE SOUDE

Le docteur Sacc, de Neuchâtel, a imaginé une méthode de conservation basée sur les propriétés de l'acétate de soude. On fait tremper les pièces pendant une journée dans de l'eau tiède à laquelle on ajoute 10 grammes de sel ammoniac par litre de liquide. La viande est ensuite mise en baril et recouverte d'acétate de soude en poudre. Au bout d'une journée, on retourne le baril et il ne reste plus qu'à laisser sécher les morceaux durant vingt-quatre heures. Il peuvent alors servir à d'excellentes préparations culinaires.

ACIDE ACÉTIQUE

M. Runge place au fond d'une terrine en grès un décilitre d'acide acétique concentré; au-dessus il dispose un treillage sur lequel reposent les pièces à conserver. Quand le vase est fermé aussi bien que possible, les vapeurs de l'acide le remplissent et s'opposent à l'action des germes fermentescibles.

Il suffit d'exposer la viande pendant quelque temps au contact de l'air pour lui enlever toute saveur étrangère.

ACIDE CARBONIQUE

Ce procédé demande des opérations chimiques spéciales qui le rend accessible à peu de monde.

On place les viandes dans un vase en métal ou en grès pourvu de deux ouvertures dont l'inférieure est très petite. La supérieure, plus grande, est fermée par un bouchon dans lequel on ménage une petite fissure. Lorsque le récipient est complètement rempli de gaz acide carbonique on bouche les ouvertures avec précaution.

Pour ces fermetures on emploie généralement un mastic composé de farine de lin; puis, on soude par-dessus une rondelle de fer-blanc qui recouvre suffisamment chaque ouverture.

L'acide carbonique s'obtient en introduisant des fragments de craie ou de marbre concassé et de l'eau dans un flacon à large ouverture muni de deux tubulures : l'une porte un tube de verre, dit de sûreté, qui plonge dans l'eau et par lequel on verse de l'acide sulfurique ; l'autre porte un tube de dégagement qui s'enfonce dans le flacon de quelques millimètres et qui va porter sur la viande l'acide carbonique dégagé.

On peut aussi se servir d'un vase fermé par un bouchon de liège et percé de deux trous auxquels sont adaptés les tubes de verre.

Pour reconnaître le moment où le vase est rempli de gaz, il faut ajouter à l'ouverture supérieure un tube recourbé que l'on fait arriver dans une éprouvette remplie de lait de chaux.

Aussitôt que celui-ci absorbera le gaz qui se dégage, on aura la certitude qu'il n'y a plus d'air atmosphérique dans le vase.

ACIDE PHÉNIQUE

L'acide phénique a été employé pour conserver les substances animales, mais il communique un goût tellement désagréable aux tissus qu'il convient d'y renoncer.

Nous ferons la même remarque pour l'acide pyroligneux, la créosote et l'acide salicylique.

ALCOOL

La conservation avec l'alcool présente également de graves inconvénients, car ce liquide fait perdre aux viandes leur saveur ordinaire.

ACIDE SULFUREUX

Ce procédé consiste à placer les aliments dans des boîtes en fer-blanc à double fond remplies d'une atmosphère d'acide sulfureux.

On place dans le double fond une dissolution alcaline de protoxyde de fer pour empêcher l'acide sulfureux de se transformer en acide sulfurique. Les pièces coupées en morceaux sont déposées dans les caisses jusqu'au moment de s'en servir.

D'après la méthode Gamgée, on asphyxie l'animal avec l'oxyde de carbone : le cadavre est dépouillé, vidé et découpé ; les morceaux sont accrochés dans une chambre hermétiquement close, puis l'air de celle-ci en est soustrait. On introduit alors dans la chambre de l'oxyde de carbone et de l'acide sulfureux en certaine proportion. Sous l'influence des gaz la viande reste huit à douze jours sans présenter aucune altération.

Le docteur Vernois a proposé de suspendre pendant quinze à vingt minutes la viande fraîche dans une boîte de bois bien fermée, où l'on a placé de la fleur de soufre ou une mèche soufrée préalablement allumée. Il n'est pas nécessaire d'employer une grande quantité de soufre, surtout si on laisse la viande jusqu'au moment de l'utiliser dans les caisses où les fumigations ont été faites.

Cette méthode peu dispendieuse n'est pas entrée dans la pratique, parce que les viandes ainsi conservées ont un aspect noirâtre avec une teinte blanchâtre à leur surface.

LIQUIDES INJECTÉS

On a proposé d'injecter les animaux sacrifiés avec des liquides antiseptiques tels que : la saumure, la solution de nitrate de potasse, de chlorure de sodium, etc...

Ces divers procédés n'ayant pas donné des résultats satisfaisants ont été complètement abandonnés.

CHAPITRE XII

DANGERS DES VIANDES PORCINES INSALUBRES

L'histoire de tous les temps et de tous les pays a mis en évidence les nombreux dangers auxquels sont exposés les consommateurs de viandes malsaines. Aussi, l'hygiène recommande de s'abstenir de ces aliments pour conserver la vie et la santé. A la vérité, des substances parfaitement saines et reconnues telles, sont susceptibles de provoquer, en raison de l'intolérance des organes digestifs, certains troubles dans l'économie. Ces effets pathologiques déterminent presque toujours l'expulsion des matières ingérées et les accidents consécutifs n'offrent jamais de gravité. Le docteur Fonssagrives cite le cas de plusieurs personnes qui présentaient les caractères d'indigestion choLériforme toutes les fois qu'elles mangeaient des œufs, quel que soit leur mode de préparation.

« J'ai connu, dit le même auteur, une malade qui

était prise de crampes d'estomac, de vomissements et de diarrhée, toutes les fois qu'elle ingérait la plus petite parcelle de farine de sarrasin; une sauce préparée à son insu avec cette farine amena les mêmes accidents. »

Ces incompatibilités digestives rares, probablement dues à un état idiosyncrasique des sujets, n'offrent pas d'importance ici.

Nous condamnons les viandes avancées, corrompues, fiévreuses, surmenées, saigneuses, médicamentées ou empoisonnées; celles provenant d'animaux ayant succombé à une mort naturelle ou accidentelle; celle des animaux atteints de maladies spécifiques ou virulentes, de même que celles provenant des sujets trop jeunes ou trop maigres; enfin les viandes infectées de certains parasites doivent être exclues de la consommation. La chair de porc trichinée, mangée crue, donne infailliblement la trichinose si l'helminthe arrive vivant dans le tube digestif.

Les préparations de charcuterie bien cuites ou rôties à point, les boudins et saucisses confectionnés avec de la viande parfaitement cuite, de même que les saucissons et jambons fumés à chaud, n'offrent plus de dangers. Donc, tout se résume dans le degré de cuisson. Les épidémies de trichinose sont observées dans les localités où les habitants ont la mauvaise habitude de manger la viande crue, imparfaitement cuite ou ayant subi une simple fumigation précipitée.

La fumigation chaude qui monte à 52 degrés Réaumur et au delà tue la trichine. La salure et la mise en saumure de la viande rendent également le parasite inoffensif lorsque les morceaux ont séjourné cinq à six semaines dans la baignoire. D'aucuns ont l'excellente habitude de ne consommer jambons, épaules et poitrines qu'au bout de six mois, après les avoir exposés à la fumée suspendus tout un hiver dans la vaste cheminée.

Les chairs ladriques sont dangereuses puisqu'elles donnent à l'homme le ver solitaire.

La transmission du *ténia solium* a lieu par la consommation de la viande crue ou à peine chauffée.

Ce sont surtout les bouchers et les charcutiers qui subissent les conséquences de leur insouciance. Il semble naturel à un grand nombre d'entre eux de manger des tranches de porc cru ou d'étendre sur du pain des hachis de viande également crue. En 1804, Portassin faisait déjà l'observation que ceux qui sont occupés à des préparations animales fraîches ont souvent le ténia. Le docteur Deslandes constate le même fait. « Je consignerai ici, dit ce médecin, à propos d'une femme atteinte du ténia, une remarque trop singulière pour que je l'omette.

« Mme Saint-Aubin était charcutière, le mari de cette dame a rendu à diverses époques de longues portions de ténia; le sujet d'une autre observation que j'ai vu à l'Athénée et qui a été inséré dans son bulletin de novembre 1824, était aussi un charcutier. Ces personnes connaissent et m'ont cité un certain nombre d'individus de la même profession qui sont affectés du ténia; on m'en a, d'autre part, désigné plusieurs autres. »

Le docteur Merck a signalé également la fréquence du ver solitaire chez les charcutiers. Sur deux cent six malades, plus d'un quart appartenait à cette profession.

Ces industriels préviendraient tout danger en s'abstenant de l'usage des viandes malades; dans tous les cas, il est élémentaire de les soumettre à une cuisson complète.

Les annales scientifiques fournissent de nombreux exemples des dangers causés par la consommation des chairs du porc atteint de ladrerie. D'après plusieurs auteurs, le ténia solium est extrêmement commun en Abyssinie. Les habitants de ce pays le considèrent comme une incommodité inhérente à une bonne constitution.

Hommes et femmes sont affectés du ver solitaire depuis l'âge de cinq ou six ans. Les médecins attribuent la fréquence de cette maladie chez les Abyssiniens à l'usage de la viande crue. Aussi les Européens, vivant dans ce pays, qui ont la précaution de faire cuire le porc sont exempts du ténia.

En 1858, la ladrerie a régné à Lille à l'état endémique. Un rapport d'une commission d'hygiène mentionne que la fréquence de cette affection a coïncidé avec l'arrivée sur les marchés de cette ville d'une grande quantité de porcs ladres.

En 1863, Colligan et Mac Kinlay, de Glascow, ont rapporté un cas d'empoisonnement aigu par du porc atteint de ladrerie sur un enfant de quatorze mois ; la mort arriva douze heures après l'ingestion.

D'autres personnes ont également été malades. On a trouvé des grains de ladre sur les morceaux de viande qui restaient.

En 1865, le docteur Delpech a présenté à l'Académie de médecine un mémoire remarquable où sont consignés les deux faits suivants :

Un jeune mécanicien français s'engage dans les troupes de Garibaldi. Dans les environs de Bologne, campé en plein air, dépourvu d'autres aliments, il mange du porc cru. L'un de ses camarades, ancien charcutier à Paris, fait cette remarque que le porc est ladre. Ils n'en continuent pas moins leur repas. Le premier revenu en France rend d'abord des cucurbitains (anneaux du ténia), puis de longs fragments d'un ténia dont il se débarrasse par un traitement approprié.

Le fils, maintenant âgé de cinq ans, de M. le docteur G... (de Paris) a été élevé par une femme qui lui a fait contracter l'habitude qu'elle avait elle-même de manger de la viande de porc crue. L'enfant, chose assez rare à son âge, est atteint du ténia. Il est traité par l'emploi des graines de citrouille, et il rend, dans le courant de décembre dernier, un ténia solium de quatre mètres de longueur. On l'a surpris, il y a quelques jours encore, mangeant un morceau de boudin cru.

Nous sommes partisan de l'exclusion complète de l'alimentation des viandes ladriques parce qu'un seul scolex suffit pour transmettre le ver solitaire. Si la cuisson n'a pas été assez prolongée pour tuer le parasite il pourra accomplir toutes ses métamorphoses dans notre intestin. En outre, nous savons que dans un grand nombre de préparations culinaires le centre des morceaux est loin d'atteindre la chaleur nécessaire à la destruction de l'helminthe. Enfin, certaines salaisons et préparations de charcuterie sont bien souvent mangées sans avoir été soumises à la cuisson. Si les beaux jambons roses qui ornent nos tables renferment un nombre plus ou moins grand de cysticerques, nous risquons d'être affectés d'une maladie très incommode et toujours difficile à guérir.

Nous avons traité les viandes trichinées dans un chapitre spécial ; nous nous contenterons donc de rappeler la nécessité de les soumettre à une cuisson complète.

La nocuité des viandes provenant d'animaux malades ne fait de doute pour personne et les théories de M. Decroix ne sont pas admises par la majorité des hygiénistes.

La viande des animaux abattus dans des conditions spéciales, après des fatigues excessives ou bien au milieu des angoisses de la souffrance, de l'épouvante ou de la fureur a quelquefois entraîné des intoxications (Becquerel).

Les chairs ainsi spécifiées présentent dès le lendemain de l'abatage une teinte sombre, exhalent une odeur acide et se décomposent rapidement. Une mollesse extraordinaire, jointe à une couleur lavée caractéristique, leur donne un aspect repoussant. Elles deviennent nuisibles par des altérations intérieures encore imparfaitement connues. Les uns attribuent à ces viandes une activité vénéneuse, les autres admettent la formation des ptomaïnes, des leucomaïnes ou de vibrions divers.

Quoi qu'il en soit, dans la séance du 30 mars 1886, M. C. Leblanc a rappelé à l'Académie de médecine les cas nombreux d'empoisonnement constatés chez l'homme à la suite de l'ingestion de viandes provenant d'animaux malades. D'après Zundel, on a compté 206 malades à Wurtzen ; 241 à Chemnitz ; 350 à Middelburg (Hollande) ; 444 à Andelfinger ; 648 à Clothin. Le total des malades pour trente observations est de 3,342 dont 71 moururent et 533 furent prêts de succomber.

Nous frappons de la même proscription les viandes appartenant aux sujets atteints de rage, de gangrène, de septicémie, de charbon, etc...

En 1874, le fait suivant se passa aux environs de Valence. Une famille ayant un porc malade fit appeler le saigneur de l'endroit pour le tuer. Il le trouva enveloppé dans une couverture au milieu de la cuisine, froid et immobile et se refusa à *tuer une bête morte*. Un autre fut appelé qui, moins scrupuleux, dépeça le porc dont la famille mangea. Mais bientôt le mari mourut d'une affection gangréneuse à la jambe ; la femme fut atteinte d'une gangrène à la bouche et son frère en eut une au bras.

Nous pourrions citer de nombreux cas d'intoxication causés par les viandes septicémiques. Nous dirons seulement que, suivant Zundel, « il y a dans chaque cas de septicémie deux agents d'infection ; il y a toujours l'action d'un microbe et l'action d'un alcaloïde ; au dernier, il faut attribuer l'effet irritant et stupéfiant de l'infection ; au premier, à l'agent animé, l'action lente et de longue durée, mais continue. C'est le microbe qui provoque la dysenterie, la septicémie intestinale, les vomissements graves ; c'est l'alcaloïde qui produit la stupeur et la paralysie, le collapsus général. Cet état grave et rapide a une analogie frappante avec ce qu'on a appelé le botulisme, avec les effets du Wurstgift, avec la maladie qu'on observe après la consommation de certains poissons ou même de mollusques ».

Afin d'éviter la transmission de la phtisie à l'espèce humaine, il est de toute rigueur de ne pas utiliser pour la consommation les animaux atteints de tuberculose généralisée. Les sujets affaiblis par l'âge, le défaut de nourriture, la parturition ou par toute autre cause de nature non inflammatoire ne fournissent pas un aliment malsain. Le plus souvent, la viande provenant de ces animaux a perdu la plus grande partie de ses principes nutritifs, et nous croyons prudent de faire certaines réserves.

Quant aux chairs gâtées, altérées et corrompues elles répandent une odeur trop repoussante pour que l'on songe un seul instant à les livrer à la consommation. Du reste, leur ingestion ne tarderait pas à être suivie d'accidents très graves.

Lorsque l'altération d'une viande est tout à fait superficielle, les symptômes d'intoxication semblent être l'indice d'une simple intolérance des organes digestifs. Les cas signalés permettent de constater que trop souvent les accidents ont été causés par des viandes froides qui ne paraissaient pas malsaines. En pareil cas, on suppose que la surface de cette viande, généralement conservée dans des buffets où l'air est confiné, a subi un commencement de fermentation.

Celle-ci est favorisée par l'habitude des ménagères d'arroser d'un peu de jus ou de sauce les mets qu'elles veulent conserver pour être mangés froids. Le liquide étendu en couches très minces à la surface de la viande se trouve dans des conditions qui favorisent la putréfaction. L'estomac, cet organe très délicat, rejette bientôt un aliment que l'odorat ne pouvait supposer insalubre. Après deux ou trois selles demi-liquides et presque toujours suivies du vomissement des matières absorbées, le malaise disparaît et l'équilibre organique se rétablit. On rapporte également des exemples d'accidents consécutifs à la consommation de substances animales qui avaient successivement subi, dans un espace de temps très court, plusieurs préparations culinaires. Les désordres sont plus graves quand la fermentation acide ou putride de la viande est déjà bien établie. De violentes coliques, des nausées, des vomissements, une diarrhée abondante, des sueurs froides, une faiblesse extrême et parfois des syncopes sont les symptômes observés. Bien souvent la mort en a été la conséquence, et dans les cas de guérison la convalescence a toujours été longue et difficile.

A une fête populaire dans le canton de Zurich, au mois de juin 1839, environ six cents personnes font un repas de veau rôti froid et de jambon. Dès le soir même, un grand nombre étaient indisposées et au bout de dix jours cinq cents avaient été malades. Neuf personnes succombèrent. L'enquête médicale démontra que l'empoisonnement avait pour cause la décomposition de ces aliments.

Des cas nombreux d'intoxication ont été observés dans le Wurtemberg et les pays limitrophes de la forêt Noire. En 1878, une épidémie à phénoménisation typhoïde, causée par de la viande avariée, a été constatée à Kloten. On a pu s'assurer que ces divers empoisonnements provenaient de l'usage alimentaire de boudins, de saucisses, de jambons fumés et conservés. Plusieurs auteurs attribuaient aux productions cryptogamiques les effets toxiques des matières en décomposition.

Reuss admet que les phénomènes causés par la putréfaction se montrent seulement quelques heures après le repas. Au contraire, les effets produits par les mucédinées se manifesteraient plus tard, deux ou trois jours après l'absorption de l'aliment.

Relativement à l'action morbifique de ces viandes, on a mis en cause la présence d'un petit champignon de la nature de la *sarcina* et appelé *sarcina botulina*. Leurs effets nuisibles ont encore été attribués au développement d'un acide dans le gras rance ou à un poison spécial que les Allemands désignent sous le nom de *Wurtsgift*. Nous avons dit que maintenant, les ptomaïnes et les leucomaïnes étaient à l'ordre du jour jusqu'à la découverte d'autres alcaloïdes.

Nous connaissons bien des empoisonnements dus à la consommation du fromage de cochon, de patés de veau et de jambon et de plusieurs préparations de charcuterie. On a observé qu'ils étaient beaucoup plus fréquents en été, parce que la chaleur favorise la putréfaction des substances animales.

Le docteur Geiseler rapporte l'exemple d'une famille de huit personnes qui furent très malades après avoir mangé du lard moisi.

Les saucissons altérés présentent les mêmes dangers. Plus de quatre cents cas d'empoisonnement ont été observés en 1865 dans le Wurtemberg et sur ce nombre cent cinquante ont été mortels. « Généralement, dit le docteur Lethebey, les effets se produisent au printemps, et principalement en avril, lorsque les saucissons ont moisi et ont acquis à l'intérieur une consistance molle. Ils ont alors un goût nauséabond, sentent le pourri et se montrent très acides au papier d'épreuve. Si on les mange en cet état, ils produisent des effets dangereux, au bout de douze à vingt-quatre heures. Les premiers symptômes sont des douleurs d'estomac avec des vomissements, de la diarrhée, de la sécheresse du nez et de la bouche; puis survient un sentiment de profond abattement avec refroidissement des membres, faiblesse et irrégularité du pouls et défaillances fréquentes. Les cas mortels se terminent par des convulsions et une respiration oppressée entre le troisième et le huitième jour. »

Nous trouvons dans le *Moniteur de l'Hygiène publique* la relation d'un empoisonnement par le saucisson empruntée aux journaux allemands.

Dans le mois d'avril de 1886, tombaient malades, au village de S..., dix personnes qui avaient fait usage de viande de porc ayant été soumise à la fumée pendant vingt-quatre heures seulement.

Les animaux avaient paru sains ; on avait consommé du lard, du sang, du poumon, du foie, du muscle ; les boyaux qui avaient servi appartenaient au gros intestin, à l'intestin grêle et à l'estomac.

L'intervalle écoulé entre la consommation des saucissons et l'apparition des premiers symptômes varia de vingt heures à trois et cinq jours. Deux des malades succombèrent, la mort survint les troisième et sixième jours. La convalescence des autres malades fut lente et prolongée.

Il est donc indiqué de nettoyer et de désinfecter avec le plus grand soin l'intestin et l'estomac du porc qui doivent servir au saucisson ; leur cuisson prolongée est absolument nécessaire ; et comme il est plus difficile d'assurer l'antisepsie d'intestins volumineux, il vaut mieux n'accepter que de petits saucissons. L'intoxication déclarée, il faut débarrasser à tout prix le tube digestif et éviter d'administrer des albuminoïdes dans l'alimentation.

Les viandes peuvent encore contracter, par accident, des propriétés nuisibles. Celles des animaux empoisonnés ou ayant subi des traitements médicaux particuliers sont dangereuses.

Elles deviennent même vénéneuses par suite de la nature des aliments ingérés peu de temps avant la mort de l'animal.

Dans certains districts de l'Amérique du Nord, surtout dans les monts Alleghangs, la chair de tous les bestiaux est vénéneuse en raison de leur alimentation particulière. Ces faits ne nous surprennent pas, car nous savons que les lièvres qui se sont nourris du *rhododendron chrysanthemum* sont souvent vénéneux.

Les faisans qui, pendant l'hiver et le printemps, mangent des bourgeons de laurier présentent les mêmes dangers. En 1859, sept personnes moururent quelques heures après avoir consommé la chair de faisans; un grand nombre de baies de laurier furent trouvées dans les intestins de ces oiseaux. Quelques espèces animales sont réfractaires à l'action de certains poisons très énergiques pour l'homme. Nous citerons, par exemple, le lapin qui mange sans aucun danger une bonne dose de feuilles de belladone, mais celui d'entre nous qui consommerait ces chairs ressentirait probablement des effets funestes.

En Algérie, les troupeaux de moutons qui paissent l'*arthemisia absinthum* donnent une viande impropre à notre nourriture. En effet, cette variété d'absinthe, très abondante dans le pays, communique aux tissus musculaires une saveur fort désagréable qui rappelle le goût des viandes médicamentées par des huiles essentielles. Afin de prouver l'influence de l'alimentation sur les produits animaux, nous citerons un cas singulier. En 1842, une famille entière, à Toulouse, a été empoisonnée par un plat d'escargots qu'on avait ramassé sur un arbrisseau vénéneux.

Parmi les viandes impropres à la consommation, nous devons mentionner celles provenant des porcs monorchides ou cryptorchides. Soumises à la cuisson elles dégagent une odeur nauséabonde. La graisse, les viscères et les extrémités, telles que la tête et les pieds acquièrent un goût détestable qui diminue par le refroidissement sans toutefois disparaître. Cette particularité présentée par les chairs des verrats et par celles des porcs dont la castration est incomplète a été observée depuis longtemps. Sur les jeunes animaux, cette odeur n'existe pas encore ; à partir de trois mois, elle se développe d'une manière ascendante. On pense que l'élément particulier produisant cette odeur réside principalement dans la peau des pieds et celle de la tête, aux environs de la saignée ainsi que dans les glandes salivaires. Il ne faut pas penser un seul instant à livrer ces viandes à la consommation. Nous condamnons également certaines préparations de charcuterie confectionnées avec les débris et les raclures de la boutique ou du laboratoire. Elles sont plus sujettes que les autres aux diverses altérations que nous connaissons.

« Pour ne rien perdre, dit le docteur Vernois, certains marchands soumettent à l'ébullition tous les déchets de viande crue ou cuite, atteinte quelquefois en partie déjà de fermentation, hachant tous ces débris, les assaisonnent fortement et en font des conserves, des saucissons ou des pâtés à très bas prix. Ils y font même entrer parfois les utérus purulents des vaches mortes après le part. »

Au commencement de 1834, le conseil de salubrité de la Seine était saisi de plaintes relatives à des accidents causés par l'usage de charcuteries vendues dans le quartier des Invalides. Après de sérieuses enquêtes, il a été constaté que les préparations signalées avaient été confectionnées avec des déchets et des viandes de rebut. Les membres du conseil ont émis l'avis qu'il fallait absolument empêcher la vente de ces comestibles susceptibles de produire des accidents plus ou moins graves.

L'emploi de vases en cuivre ou en plomb pour la cuisson peut aussi amener des empoisonnements. L'expérience a démontré que le contact plus ou moins prolongé de matières grasses, acides ou alcalines avec le cuivre peut donner naissance à des sels de cuivre. L'usage de bassines étamées ou l'entretien très soigneux des vases en cuivre pare à ces inconvénients. Nous dirons encore que les vases dont le vernis est gercé de mille petits traits offrent des dangers sérieux. De nombreux phénomènes de fermentation ont été observés dans ce cas. Pour s'en convaincre, il suffit de faire aigrir du bouillon dans une de ces assiettes vernissées ; le liquide qu'on y remettra fermentera très rapidement, même après un lavage des plus minutieux. Le fait devient plus grave quand une personne atteinte d'une maladie contagieuse a fait usage de ces ustensiles fendillés parce qu'il peut rester dans les raies des germes qui ne sont pas détruits par un lavage ordinaire.

Nous terminerons ces considérations en disant quelques mots des viandes lumineuses ou phosphorescentes. Ce phénomène signalé depuis longtemps s'observe fréquemment sur les chairs de porc. Nous avons personnellement constaté le fait bien souvent sur des morceaux qui n'ont pas tardé à se putréfier. Leur aspect était normal, ils répandaient une légère odeur de relent et la phosphorescence était plus développée sur les muscles avoisinant les os. M. Moulé avance que les agents photogènes sont des parasites exclusivement aérobie que la putréfaction ne détruit pas.

M. C. Girard ayant remarqué la phosphorescence sur la viande d'un cochon nourri de débris d'équarrissage se demande si elle ne serait pas due, dans ce cas, à la présence de certaines combinaisons phosphorées.

Il est évident que cette théorie ne peut plus être admise. Actuellement, les viandes lumineuses ne sont pas considérées comme malsaines à moins d'une altération avancée. Dans tous les cas, nous recommandons aux consommateurs une cuisson prolongée pour détruire, à coup sûr, les parasites photogènes.

QUATRIÈME PARTIE

LOIS, RÈGLEMENTS

ET ORDONNANCES

CONCERNANT LA CHARCUTERIE

C'est à l'autorité municipale, et à Paris, au préfet de police, en vertu de lois promulguées, qu'il incombe de défendre, par des arrêtés ou des ordonnances, le débit, l'exposition ou la détention de denrées susceptibles de nuire à ceux qui les consommeraient.

LOI DU 16-24 AOUT 1790.

Titre XI, art. 3. Les objets de police confiés à la vigilance et à l'autorité des corps municipaux sont :

. . . .

4° L'inspection sur la fidélité du débit des denrées qui se vendent au poids, à l'aune ou la mesure, et sur la salubrité des comestibles exposés en vente.

ARRÊTÉ
PORTANT NOMINATION DU PRÉFET DE POLICE

Paris, le 7 ventôse an VIII (8 mars 1800).

Bonaparte, premier consul de la république,
Vu les articles 14 et 16 de la loi du 28 pluviôse dernier,

concernant la division du territoire de la république et de l'administration ;

En vertu de l'article 18 de la même loi, et sur la présentation du ministre de la police générale,

Arrête :

1° Le citoyen Dubois, membre du bureau central du canton de Paris, est nommé préfet de police à Paris.

2° Le ministre de la police générale est chargé de l'exécution du présent arrêté, qui sera inséré au Bulletin des lois.

Signé : BONAPARTE.

ARRÊTÉ

QUI RÈGLE LES ATTRIBUTIONS DU PRÉFET DE POLICE DE PARIS

Du 12 messidor an VIII (1er juillet 1800).
Extrait.

Art. 2. Le préfet de police pourra publier de nouveau les lois et règlements de police et rendre les ordonnances tendant à en assurer l'exécution.

Art. 23. Il assurera la salubrité de la ville,

En prenant des mesures pour prévenir et arrêter les épidémies, les épizooties, les maladies contagieuses ;

En faisant observer les règlements de police sur les inhumations ;

En faisant enfouir les cadavres d'animaux morts, surveiller les fosses vétérinaires, la construction, entretien et vidange des fosses d'aisances ;

En faisant arrêter, visiter les animaux suspects de mal contagieux, et mettre à mort ceux qui en sont atteints ;

En surveillant les échaudoirs, fondoirs, salles de dissection et la basse geôle ;

En empêchant d'établir, dans l'intérieur de Paris, des ateliers, manufactures, laboratoires ou maisons de santé, qui doivent être hors de l'enceinte des villes, selon les lois et règlements;

En empêchant qu'on ne jette ou dépose dans les rues aucune substance malsaine;

En faisant saisir ou détruire dans les halles, marchés ou boutiques, chez les bouchers, boulangers, marchands de vin, brasseurs, limonadiers, épiciers-droguistes, apothicaires ou tous autres, les comestibles ou médicaments gâtés, corrompus ou nuisibles.

Art. 32. Il fera veiller spécialement les foires, marchés, halles, places publiques et les marchands forains, colporteurs, revendeurs, porte-faix, commissionnaires;

Les abreuvoirs, puisoirs, fontaines, pompes et les porteurs d'eau.

Art. 33. Il fera inspecter les marchés, ports et lieux d'arrivage des comestibles, boissons et denrées dans l'intérieur de la ville.

Il continuera de faire inspecter, comme par le passé, les marchés où se vendent les bestiaux pour l'approvisionnement de Paris, à Sceaux, Poissy, la Chapelle et Saint-Denis.

Il rendra compte au ministre de l'intérieur des connaissances qu'il aura recueillies, par ses inspections, sur l'état des approvisionnements de la ville de Paris.

ARRÊTÉ

PORTANT QUE L'AUTORITÉ DU PRÉFET DE POLICE DE PARIS S'ÉTENDRA SUR TOUT LE DÉPARTEMENT DE LA SEINE, ET SUR LES COMMUNES DE SAINT-CLOUD, MEUDON ET SÈVRES. — *Extrait.*

Du 3 brumaire an IX (25 octobre 1800).

Les consuls de la république, le conseil d'État entendu,
    Arrêtent :

1° Le préfet de police de Paris exercera son autorité dans toute l'étendue du département de la Seine et dans les communes de Saint-Cloud, Meudon et Sèvres, du département de Seine-et-Oise, en ce qui touche les fonctions qui lui sont attribuées par l'arrêté des consuls du 12 messidor an VIII.

Art. XXIII. Sur la salubrité ;
Art. XXIV. Sur les approvisionnements.

2° Le préfet de police aura, à cet effet, sous ses ordres les maires et adjoints des communes et les commissaires de police dans les lieux où il y en a d'établis ; il correspondra avec eux directement ou par l'intermédiaire des officiers publics sous ses ordres ; et il pourra requérir immédiatement, ou par ses agents, l'assistance de la garde nationale desdites communes.

Le premier consul, signé : BONAPARTE.

LOI DU 7-14 AOUT 1850.

Art. 4. Le décret du 3 brumaire an IX, qui a placé les communes de Sèvres, Meudon et Saint-Cloud sous l'autorité du préfet de police pour les mesures de haute police, sera appliqué à la commune d'Enghien.

LOI DU 19-22 JUILLET 1791.

Art. 9. A l'égard des lieux où tout le monde est admis indistinctement, tels que cafés, cabarets, boutiques et autres, les officiers de police pourront toujours y entrer, soit pour prendre connaissance des désordres ou contraventions aux règlements, soit pour vérifier les poids et mesures, le titre des matières d'or et d'argent, la salubrité des comestibles et médicaments.

Art. 15. La municipalité, soit par voie d'administration, soit comme tribunal de police, pourra, dans les lieux où la loi n'y aura pas pourvu, commettre à l'inspection des titres des matières d'or et d'argent, à celle de la salubrité des comestibles et médicaments, un nombre suffisant de gens de l'art, lesquels, après avoir prêté serment, rempliront à cet égard seulement les fonctions de commissaire de police.

LETTRES PATENTES SUR LE COMMERCE DE LA CHARCUTERIE
Du 26 août 1783.

1. Les maîtres composant la communauté des charcutiers de la ville et faubourgs de Paris, créée et rétablie par édit du mois d'août 1776, jouiront seuls et exclusivement à tous autres, sauf les exceptions portées aux articles 3 et 6 ci-après, du droit d'y vendre, débiter tant en gros qu'en détail, et fabriquer toutes sortes de lards, jambons, petit salé, saindoux, vieux oing ; comme aussi toutes sortes de boudins, saucisses, saucissons, cervelas, andouilles et généralement tout ce qui se fabrique avec la chair de porcs, tant frais que salés et même avec d'autres viandes hachées et mêlées avec de la chair de porcs, telles que les langues fourrées, les pieds à la Sainte-Menehould, les panaches préparées à la braise, les boudins blancs et autres.

Ils pourront pareillement assaisonner lesdits ouvrages de charcuterie avec telles épices et autres ingrédients nécessaires, pourvu toutefois qu'ils soient salubres et non malfaisants.

2. Défenses sont faites à tous gens sans qualité de s'immiscer en ladite profession, sous quelque prétexte que ce puisse être, même sous celui d'association avec les maîtres de ladite communauté, sous peine de saisie et de confiscation des marchandises et ustensiles et de 200 livres d'amende.

3. Il est fait exception pour : 1° les épiciers qui peuvent vendre toutes sortes de jambons venant des provinces et de l'étranger, les mortadelles, les saucissons de

Boulogne, les lards salés et cuisses d'oie provenant des provinces, à la charge de vendre le tout nu, entier et sans débiter ; les traiteurs, pâtissiers et rôtisseurs qui peuvent acheter du marchand forain, le lard frais et salé, pour la préparation de leurs marchandises, et préparer et vendre les pieds à la Sainte-Menehould, les panaches de porc à la braise, les boudins blancs, saucissons, andouilles et langues fourrées ; le tout mêlé de chair de porc et autres viandes, à la charge d'acheter chez les charcutiers les chairs issues de porcs entrant dans leurs marchandises.

4. Il sera permis aux maîtres charcutiers d'acheter des issues et abatis de bœufs, veaux et moutons, pour les employer dans les ouvrages de leur profession seulement, sans pouvoir les vendre ni débiter de toute autre manière que celle ci-dessus indiquée.

5. Les maîtres de ladite communauté seront tenus d'exercer bien et loyalement leur profession, et suivant les règles de l'art, de n'employer que des marchandises saines et non gâtées, ni corrompues, et enfin de tenir leurs vaisseaux, chaudières et autres ustensiles nets, sous peine de saisie et confiscation desdites marchandises et ustensiles, et de telle amende qu'il appartiendra, selon l'exigence des cas.

6. Les marchands forains continueront à jouir de la faculté d'apporter, les jours de marchés ordinaires, tant à la halle que dans les marchés de ladite ville et faubourgs de Paris, du porc frais pour y être vendu en se conformant par eux à l'arrêt du parlement du 22 août 1769 ; en conséquence, défenses leurs sont faites d'introduire dans Paris et ses faubourgs aucunes marchandises de porcs, qu'après les avoir coupées par quartiers, à la seconde côte au-dessus du rognon ; comme aussi de vendre et débiter leurs marchandises dans les rues, même de s'y arrêter avec leurs marchandises, sous quelque prétexte que ce soit et notamment sous celui de les

livrer aux bourgeois; le tout sous peine de saisie et confiscation desdites marchandises et de 200 livres d'amende.

Les maîtres de la communauté jouiront pareillement de la faculté de porter au marché du porc frais pour y être vendu, en se conformant à ce qui est prescrit par le présent article, et sans qu'ils soient tenus de garnir ladite halle, si ce n'est en cas de nécessité, conformément à la sentence de police du 11 août 1776.

7. Pareilles défenses sont faites auxdits marchands forains ou autres, d'apporter, ni exposer en vente, au marché ou partout ailleurs, si ce n'est au marché du parvis Notre-Dame, le mardi de la semaine sainte, aucun jambon, lard salé, boudin, saucisse, andouille, cervelas, langue ou autre marchandise de pareille nature, crues, cuites ou salées, comme aussi d'apporter ni exposer au marché du porc frais qui serait gâté ou défectueux; le tout sous les peines portées en l'article précédent.

8. Lesdits marchands ne pourront hausser, dans l'après-midi, le prix de la marchandise établi dans la matinée; celle qui n'aura pas été vendue ne pourra être remportée ni déposée pour être mise en vente au marché suivant, mais sera mise au rabais à la fin du marché.

Défenses sont faites auxdits forains de contrevenir aux dispositions du présent article et à tout particulier de recevoir lesdites marchandises en dépôt, sous les peines portées en l'article 6 ci-dessus, tant contre les forains que contre lesdits particuliers.

9. Lesdits forains seront tenus de vendre par eux-mêmes ou par leurs domestiques les marchandises qu'ils apporteront au marché, sans pouvoir se servir de l'entremise de facteurs ou factrices résidant à Paris, et ce, sous peine de 100 livres d'amende, tant contre lesdits forains que contre les facteurs ou factrices.

10. Défenses sont faites aux maîtres de la communauté

aux marchands forains et à tous autres, de colporter ou faire colporter dans les rues, places ou marchés ou de maisons en maisons, aucunes marchandises dépendantes du commerce de ladite communauté, pour les y offrir, vendre et débiter, et ce, sous les peines portées en l'article ci-dessus.

11. Les arrêts et règlements concernant la tenue des marchés des porcs frais et des porcs vivants, le temps de leur durée, les heures fixées pour l'entrée desdits marchés, tant pour les bourgeois que pour les débitants, la police qui doit s'observer dans lesdits marchés, tant de la part des débitants que de celle des marchands forains, et enfin ceux qui concernent l'établissement et la tenue des tueries ou échaudoirs seront exécutés selon leur forme et teneur ; défenses sont faites d'y contrevenir sous les peines portées par lesdits arrêts et règlements.

13. Défenses sont faites aux maîtres et agrégés de ladite communauté, à leurs veuves, d'acheter des marchandises de ladite profession dans les environs et à une distance moindre de vingt lieues de Paris, et de faire le commerce de porcs en vie, ni en vendre dans les marchés ; comme aussi aux marchands forains et à tous autres d'acheter dans les foires et marchés qui se tiendront dans ladite étendue, aucuns porcs pour les regratter et revendre dans lesdits marchés ou sur les routes, le tout sous les peines portées en l'article 6 ci-dessus.

14. Les maîtres seront tenus de faire imprimer leurs noms en gros caractères à l'extérieur et à l'endroit le plus apparent de leur boutique, sans pouvoir prendre directement ni indirectement l'enseigne de ceux de leurs confrères, qui habitent la même rue ou celles adjacentes ; ils seront pareillement tenus, lorsqu'ils changeront de demeure, d'en faire, dans la huitaine, leur déclaration et d'y indiquer leur nouveau domicile, le tout sous peine

de dix livres d'amende, de même de plus grande peine si le cas y échet.

15. Défenses sont faites à tous apprentis et garçons de la profession, lorsqu'ils voudront se faire recevoir maîtres et s'établir, même dans les trois années qui suivront leur sortie de chez un maître, de prendre à loyer la boutique occupée par le maître chez lequel ils demeureront ou auront demeuré, comme aussi de s'établir, avant l'expiration desdites trois années, à la proximité des maisons qu'ils auront quittées, desquelles ils seront tenus de s'éloigner de manière qu'il y ait au moins quatre boutiques de la profession entre les maisons dans lesquelles ils auront demeuré, et celle de leur établissement, à moins que ce ne soit du consentement des maîtres intéressés, ou pour prendre l'établissement d'une veuve ou fille de maître qu'ils auront épousées ; le tout sous peine de fermeture de boutique, de dommages-intérêts et d'amende.

ORDONNANCE DE POLICE PORTANT RÈGLEMENT POUR LA VENTE DES PORCS

Du 22 novembre 1727.

Disons que l'ordonnance du 14 novembre 1724 sera exécutée selon sa forme et teneur ; en conséquence, faisons très expresses et itératives défenses à tous marchands forains, maîtres charcutiers faisant le commerce de porcs, amidonniers, nourrisseurs de porc, et à tous autres de vendre des porcs dans les hôtelleries où il y a des étables à porcs, dans les étables ni dans les cabarets, et partout ailleurs, si ce n'est dans le marché établi en cette ville de Paris, à peine de confiscation et de trois cents livres d'amende qui demeurera encourue à la première contravention. Défendons à tous maîtres charcutiers, sous pareilles peines, d'acheter des porcs ailleurs que dans le marché. Ordonnons en outre que par un premier coup de cloche (pour l'ouverture du marché) les marchands forains et amidonniers, nourrisseurs de porcs et autres faisant commerce de ladite marchandise, qui auront des porcs dans les étables, hôtelleries et cabarets des environs du marché, en état d'y être vendus, seront avertis et tenus de les faire sortir sur-le-champ des étables et de les faire conduire audit marché, à l'effet d'y être vendus, et ce, sous les peines ci-dessus portées.

Faisons défenses à tous marchands forains, amidonniers, nourrisseurs de porcs, et aux maîtres charcutiers de vendre et acheter aucuns porcs après le marché fini. Ordonnons que les porcs restant seront conduits et renfermés dans les étables pour être vendus au jour du marché suivant; et à cet effet, disons que les marchands forains, leurs facteurs et commissionnaires seront tenus de déclarer, par un état certifié d'eux, aux commis préposés, le nombre de porcs conduits au marché qui n'y auront pas été vendus, afin d'en pouvoir connaître le renvoi ; le tout sous les mêmes peines.

Enjoignons aux commis-inspecteurs de se transporter dans lesdites hôtelleries et étables pour constater et vérifier le renvoi desdits porcs qui leur aura été déclaré ; leur enjoignons en outre de tenir la main à l'exécution de notre présente ordonnance, et de dresser procès-verbal des contraventions.

ORDONNANCE CONCERNANT LE COMMERCE DES PORCS
ET DE LA CHARCUTERIE. — *Extrait.*

Du 25 *septembre* 1815.

Considérant que depuis longtemps les charcutiers de Paris ne peuvent se procurer les marchandises dont ils ont besoin pour leur approvisionnement habituel que par l'intermédiaire d'un petit nombre de charcutiers, soit forains, soit de Paris, exerçant en gros le commerce de viandes de porcs ;

Qu'il résulte de cet état de choses que le prix de cette espèce de viande a dû augmenter pour le consommateur dans la proportion du bénéfice que produit aux charcutiers en gros ce commerce intermédiaire; considérant, en outre, qu'au mépris des règlements sur la matière, les charcutiers en gros établis à Paris font le commerce de porcs abattus, même de porcs sur pied, dans leurs abattoirs ; qu'ils diminuent, d'autant par cette contravention journalière, l'approvisionnement de la halle de Paris et donnent lieu par là au renchérissement de la marchandise ; vu les lettres patentes du 26 novembre 1754 et 26 août 1783, l'arrêt du parlement du 22 août 1769 la sentence du Châtelet du 7 mars 1778, ensemble les arrêtés du gouvernement du 12 messidor an VIII et brumaire an IX,

Ordonnons ce qui suit :

1. Il est défendu d'acheter et vendre des porcs vivants, dans le ressort de la préfecture de police, ailleurs qu'au marché de la Maison-Blanche, commune de Gentilly, et dans les foires de Champigny, Brie-sur-Marne et Saint-Ouen, à peine de 300 francs d'amende. (Ordonnance de police du 22 novembre 1727.)

2. Les porcs achetés pour l'approvisionnement de Paris sur le marché et dans les foires, mentionnés en l'article précédent, ne pourront être introduits que de jour et par les barrières ci-après désignées.

4. Les conducteurs des porcs achetés sur le marché de la Maison-Blanche, devront être munis d'un certificat du préposé à la surveillance du marché. Les conducteurs des porcs achetés aux foires établies dans le département de la Seine et dans les foires et marchés situés hors de ce département, seront tenus de justifier d'un certificat déli-

vré par le maire du lieu, constatant l'achat et la quantité de porcs achetés et confiés au même conducteur.

Ces certificats seront visés aux barrières par les employés de la direction de l'octroi et représentés aux agents et préposés de la préfecture de police à toute réquisition.

5. Il est défendu de faire le commerce de porcs vivants dans Paris, à peine de confiscation et de 200 francs d'amende. (Lettres pat. du 26 août 1783, art. 13.)

10. Il est défendu aux maîtres d'abattoirs de faire le commerce des porcs et de la charcuterie.

11. En conséquence, et à partir de la même époque, il ne pourra être introduit dans Paris aucune viande de porc abattu.

12. Les charcutiers détaillants à Paris, ne pourront, sous aucun prétexte, faire abattre leurs porcs dans l'abattoir affecté aux charcutiers exerçant le commerce en gros.

13. Les porcs abattus et préparés dans l'abattoir affecté au commerce en gros, ne pourront en être retirés que pour être transportés directement à la halle, les jours de marché.

Ils seront préalablement coupés en quartiers à deux côtes au-dessus du rognon. (Arrêt du parlement du 22 août 1769 et lettres patentes du 26 août 1783.)

14. La vente du porc frais amené à la halle devra être faite dans le jour.

Il est défendu, sous aucun prétexte, d'en remporter ou resserrer à peine de confiscation et de 200 francs d'amende. (Lettres patentes du 26 août 1783, art. 6 et 8.)

ORDONNANCE CONCERNANT LES MESURES DE SALUBRITÉ
A OBSERVER DANS LES HALLES ET MARCHÉS. — (*Extrait.*)

Du 11 octobre 1831.

1. Il est enjoint à tous les détaillants établis dans les

halles et marchés d'entretenir dans un état constant de propreté l'intérieur et les abords de leurs places.

2. Il leur est défendu de jeter, dans les passages réservés pour la circulation, des pailles ou débris quelconques. Tous les débris doivent être rassemblés dans des seaux ou paniers, pour être déposés aux endroits affectés à ces dépôts dans chaque marché.

3. Il est enjoint aux détaillants de n'avoir que des étalages ou ustensiles mobiles ou transportables. Il leur est expressément défendu de les fixer aux poteaux par des clous ou aux murs par des scellements.

6. Il est défendu de conserver dans les étalages des marchandises avariées impropres à la consommation.

14. Il est enjoint aux bouchers et charcutiers sur les marchés de gratter et nettoyer leurs tables et notamment les ais sur lesquels ils coupent leurs viandes, de manière qu'il n'y reste aucun débris de chair, de graisse et d'os.

ARRÊTÉ CONCERNANT LE COMMERCE DE LA VIANDE

Paris, 9 germinal an VIII (30 mars 1800). — Extrait.

Le préfet de police,

Informé qu'au mépris des règlements, il s'est établi sur les divers points de cette commune des détaillants de viande de toute espèce, qu'il arrive journellement qu'on en colporte dans les rues; que la plupart du temps cette viande provient d'animaux morts naturellement ou n'ayant pas l'âge requis pour entrer dans la consommation, ou de vaches et de brebis pleines ou propres à la propagation ou de *porcs ladres*; que les détaillants de viande étant ainsi disséminés, trouvent plus de facilité pour se soustraire à l'action de la police, et qu'il en résulte que, sous prétexte du bas prix, le public est souvent trompé et sur la qualité et sur le poids des viandes.

Considérant que si l'intérêt général exige impérieusement qu'il soit pris de mesures efficaces pour empêcher la dépopulation des différentes espèces de bestiaux, ainsi que pour ménager et mettre à profit toutes les ressources qu'ils peuvent fournir, il n'est pas moins instant pour la santé des consommateurs, et surtout dans les circonstances actuelles, où des maladies épidémiques se sont manifestées dans plusieurs cantons de la République, de faire cesser les funestes désordres qui se sont introduits dans l'abatage des bestiaux, et les pertes qui résultent de la putréfaction des viandes, dans les temps des grandes chaleurs, d'autant que ces inconvénients graves ont excité des plaintes universelles; que le plus sûr moyen d'obtenir un résultat aussi salutaire est de soumettre la vente de la viande à une surveillance active et rigoureuse;

Considérant que si l'exercice d'une industrie légale mérite une protection spéciale, les fraudes, la mauvaise foi et les abus de tous genres ne peuvent être trop sévèrement proscrits et réprimés,

Arrête ce qui suit :

1° On ne peut exercer le commerce de la boucherie et de la charcuterie que dans des établissements propres à cet usage, et spécialement autorisés par le préfet de police.

2° Il est expressément défendu de débiter aucune espèce de viande quelconque dans les rues, aux portes des promenades, des établissements publics, dans les allées, sous des portes cochères et sur des éventaires.

3° Les seuls bouchers et charcutiers forains munis de patentes, et les détaillants commissionnés par le préfet de police, auront le droit, savoir : les premiers, de vendre en gros de la viande et du porcs frais, et les autres d'en débiter sur les places publiques, et aux conditions ci-après indiquées.

4° La principale partie de l'ancienne halle au blé est le seul marché affecté, dans la commune de Paris, pour la vente en gros de la viande de boucherie et du porc frais et salé.

12° Il sera fait l'inspection la plus exacte des viandes exposées en vente, ainsi que des balances et poids, dont les marchands bouchers et détaillants sont tenus de se servir.

ORDONNANCE CONCERNANT LE COMMERCE DE LA CHARCUTERIE

Paris, le 4 floréal au XII (24 avril 1804).

1° La vente du porcs frais et salé et des issues de porc continuera d'avoir lieu à l'ancienne halle au blé, et au marché Saint-Germain, dans les emplacements affectés à cette déclaration.

2° La vente en gros et en détail du porc et des issues de porc aura lieu les mercredis et samedis.

Elle sera ouverte à sept heures du matin, du 1er vendémiaire au 1er germinal, et à six heures pendant le reste de l'année.

La vente en gros cessera à midi, et celle en détail à cinq heures.

3° L'ouverture et la fermeture de la vente seront annoncées au son d'une cloche.

4° La visite des viandes exposées en vente sera faite avant l'ouverture de la vente. (Lettres patentes du 26 août 1783, art. 6 et 13.)

6° Il est défendu de colporter et de vendre dans les rues et places, ou de maison en maison, du porc frais et salé, ainsi que toute espèce de viande de charcuterie, sous peine de saisie et de deux cents francs d'amende. (Lettres patentes du 26 août 1783, art. 6 et 10.)

7. Les charcutiers établis dans le ressort de la préfecture de police auront seuls la faculté d'amener et de vendre sur les marchés le porc frais et salé et les issues de porc.

8. Il ne peut être formé, dans le ressort de la préfecture de police, aucun établissement de charcuterie, sans une permission spéciale du préfet.

9. Il est défendu d'abattre et de brûler des porcs ailleurs que dans des échaudoirs autorisés à cet effet. (Lettres patentes du 26 août 1783.)

10. Il est enjoint aux charcutiers de tenir leurs chaudières et autres ustensiles dans la plus grande propreté, sous peine de saisie des ustensiles et d'amende. (Lettres patentes du 26 août 1783, art. 5.)

11. Les charcutiers ne peuvent acheter des issues de bœufs, veaux et moutons que pour les employer dans la préparation des viandes de charcuterie.

12. La foire aux jambons aura lieu, comme par le passé, le mardi de la semaine sainte, sur le parvis Notre-Dame, division de la Cité.

Les charcutiers peuvent y exposer en vente toute espèce de marchandises de leur profession, à l'exception du porc frais. (Lettres patentes du 26 août 1783, art. 7.)

13. Les garçons charcutiers sont tenus de se pourvoir de livrets, dans un mois, à compter du jour de la publication de la présente ordonnance. Les livrets seront délivrés par le commissaire de police de la division des marchés.

14. Aucun garçon charcutier ne pourra quitter le maître chez lequel il travaille, sans l'avoir averti au moins huit jours d'avance. Le maître devra lui en donner un certificat. En cas de refus, le garçon charcutier se retirera devant le commissaire de police, qui recevra sa déclaration. S'il survient des difficultés, le commissaire de police statuera, sauf le recours au préfet de police, s'il y a lieu.

15. Il sera pris envers les contrevenants aux dispositions ci-dessus telles mesures de police administrative qu'il appartiendra, sans préjudice des poursuites à exercer

contre eux par devant les tribunaux, conformément aux lois et aux règlements qui leur sont applicables.

ORDONNANCE CONCERNANT LE COMMERCE DES PORCS ET DE LA CHARCUTERIE. — *Extrait.*

30 *avril* 1806.

1. Dans le ressort de la préfecture de police, il est défendu de vendre et d'acheter des porcs vivants partout ailleurs que sur le marché de la Maison-Blanche, commune de Chantilly, et dans les foires de Champigny, Brie-sur-Marne et Saint-Ouen, à peine de 300 francs d'amende.

2. Les porcs achetés pour l'approvisionnement de Paris sur le marché et dans les foires, mentionnés en l'article précédent, ne pourront être introduits à Paris que de jour et par les barrières ci-après désignées.

5. Il est défendu d'abattre et de brûler des porcs ailleurs que dans des échaudoirs autorisés. (Lettres patentes du 26 août 1783, art. 11.)

6. La vente du porc frais et salé continuera d'avoir lieu les mercredis et samedis, sur le carreau de la halle et sur le marché Saint-Germain-des-Prés.

7. Le porc frais et salé devra être apporté directement sur ces marchés. Le porc frais sera coupé au moins par quartiers, à la seconde côte au-dessus du rognon ; le tout à peine de 200 francs d'amende.

8. La vente du porc frais devra être faite, dans le jour, sur le marché où il aura été apporté, sans que, sous tel prétexte que ce soit, on puisse en remporter ou mettre en resserre, à peine de confiscation et de 200 francs d'amende. (Lettres patentes précitées, art. 6 et 8.)

ORDONNANCE CONCERNANT LE COMMERCE DES PORCS.

Paris, 3 juillet 1806.

1° Il est défendu aux charcutiers établis dans le ressort

de la préfecture de police de faire le commerce des porcs vivants, à peine de confiscation et de 200 francs d'amende. (Lettres patentes du 26 août 1783, art 13.)

2° Les contraventions seront constatées par des procès-verbaux qui seront transmis au préfet de police.

3° Il sera pris envers les contrevenants telles mesures de police administrative qu'il appartiendra, sans préjudice des poursuites à exercer contre eux devant les tribunaux.

LOI RELATIVE AUX MAUVAIS TRAITEMENTS EXERCÉS ENVERS LES ANIMAUX DOMESTIQUES.

Paris, 2 juillet 1850.

Au nom du Peuple français,

L'Assemblée nationale a adopté la loi dont la teneur suit : Seront punis d'une amende de 5 à 15 francs, et pourront l'être d'un à cinq jours de prison, ceux qui auront exercé publiquement et abusivement de mauvais traitements envers les animaux domestiques.

La peine de prison sera toujours appliquée en cas de récidive.

L'article 483 du Code pénal sera toujours applicable.

Délibéré en séance publique, à Paris, les 15 mars, 13 juin et 2 juillet 1850.

La présente loi sera promulguée et scellée du sceau de l'Etat.

Le président de la République,

Signé : Louis-Napoléon Bonaparte.

CODE PÉNAL

Art. 423. Quiconque aura trompé l'acheteur sur le titre des matières d'or ou d'argent, sur la qualité d'une pierre fausse vendue pour fine, *sur la nature de toutes mar-*

chandises; quiconque, par de faux poids ou de fausses mesures, aura trompé sur la quantité des choses vendues, sera puni de l'emprisonnement pendant trois mois au moins, un an au plus, et d'une amende qui ne pourra excéder le quart des restitutions et dommages-intérêts, ni être au-dessous de 50 francs.

Les objets du délit ou leur valeur, s'ils appartiennent encore au vendeur, seront confisqués ; les faux poids et les fausses mesures seront confisquées et, de plus, seront brisés.

Le tribunal pourra ordonner l'affichage du jugement dans les lieux qu'il désignera, le tout aux frais du condamné. (Loi du 13 mai 1863.)

Art. 387. (Modié par la loi du 13 mai 1863.)

Les voituriers, bâteliers ou leurs préposés qui auront altéré ou tenté d'altérer les vins, ou toute autre espèce de marchandise dont le transport leur avait été confié, et qui auront commis ou tenté de commettre cette altération par le mélange de substances malfaisantes, seront punis d'un emprisonnement de deux à cinq ans et d'une amende de 25 à 500 francs. Ils pourront, en outre, être privés des droits mentionnés en l'article 42 du présent code, pendant cinq ans au moins et dix au plus ; ils pourront aussi être mis, par l'arrêt ou le jugement, sous la surveillance de la haute police pendant le même nombre d'années.

S'il n'y a pas eu mélange de substances malfaisantes, la peine sera un emprisonnement d'un mois à un an et une amende de 16 à 100 francs.

Art. 319. Quiconque, par maladresse, imprudence ou inobservation des règlements, aura commis involontairement un homicide ou en aura involontairement été la cause, sera puni d'un emprisonnement de trois mois à deux ans et d'une amende de 50 à 600 francs.

Art. 320. S'il n'est résulté du défaut d'adresse ou de

précaution que des blessures ou coups, le coupable sera puni de six jours à deux mois d'emprisonnement et d'une amende de 16 à 100 francs ou de l'une de ces deux peines seulement.

Art. 424. La fraude dans les livraisons en se servant d'anciens poids et d'anciennes mesures ou qui ne soient pas reconnus par les lois et règlements, entraîne les mêmes peines mentionnées à l'article 423.

CODE DE JUSTICE MILITAIRE
Du 9 juin 1857.

Art. 265. Est puni de la réclusion tout militaire, tout administrateur ou comptable militaire qui falsifie ou fait falsifier des substances, matières, denrées ou liquides confiés à sa garde ou placés sous sa surveillance, ou qui, sciemment, distribue ou fait distribuer lesdites substances, matières, denrées ou liquides falsifiés.

La peine de la réclusion est également prononcée contre tout militaire, tout administrateur ou comptable militaire qui, dans un but coupable, distribue ou fait distribuer des viandes provenant d'animaux atteints de maladies contagieuses, ou de matières, substances, denrées ou liquides corrompus ou gâtés.

S'il existe des circonstances atténuantes, la peine de la réclusion sera réduite à celle de l'emprisonnement d'un an à cinq ans, avec destitution si le coupable est officier.

LOI TENDANT A LA RÉPRESSION PLUS EFFICACE DE CERTAINES FRAUDES DANS LA VENTE DES MARCHANDISES ALIMENTAIRES, DES 10, 19, 25 MARS 1851.

Art. 1er. Seront punis des peines portées par l'article 423 du Code pénal :

1° Ceux qui falsifieront des substances ou denrées alimentaires ou médicamenteuses destinées à être vendues.

2° Ceux qui vendront ou mettront en vente des substances ou denrées alimentaires ou médicamenteuses qu'ils sauront être falsifiées ou corrompues.

3° Ceux qui auront trompé ou tenté de tromper, sur la quantité des choses livrées, les personnes auxquelles ils vendent ou achètent, soit par l'usage de faux poids ou de fausses mesures, ou d'instruments inexacts servant au pesage ou mesurage, soit par des manœuvres ou procédés tendant à fausser l'opération du pesage ou mesurage, ou à augmenter frauduleusement le poids ou le volume de la marchandise, même avant cette opération ; soit, enfin, par des indications frauduleuses tendant à faire croire à un pesage ou mesurage antérieur et exact.

Art. 2. Si, dans les cas prévus par l'article 423 du Code pénal ou par l'article 1er de la présente loi, il s'agit d'une marchandise contenant des mixtions nuisibles à la santé, l'amende sera de 50 à 500 francs, à moins que le quart des restitutions et dommages-intérêts n'excède cette dernière somme ; l'emprisonnement sera de deux mois à deux ans.

Le présent article sera applicable même au cas où la falsification nuisible serait connue de l'acheteur ou consommateur.

Art. 3. Sont punis d'une amende de 16 francs à 25 francs, et d'un emprisonnement de six à dix jours, ou de l'une de ces deux peines seulement, suivant les circonstances, ceux qui, sans motifs légitimes, auront dans leurs magasins, boutiques, ateliers ou maisons de commerce, ou dans les halles, foires ou marchés, soit des poids ou mesures faux, ou d'autres appareils inexacts servant au pesage ou au mesurage, soit des substances alimentaires ou médicamenteuses qu'ils sauront être falsifiées ou corrompues.

Si la substance falsifiée est nuisible à la santé, l'amende pourra être portée à 50 francs, et l'emprisonnement à quinze jours.

Art. 4. Lorsque le prévenu, convaincu de contravention à la présente loi ou à l'article 423 du Code pénal, aura, dans les cinq années qui ont précédé le délit, été condamné pour infraction à la présente loi ou à l'article 423, la peine pourra être élevée jusqu'au double du maximum ; l'amende prononcée par l'article 423 et par les articles 1 et 2 de la présente loi, pourra même être portée jusqu'à 1,000 francs, si la moitié des restitutions et dommages-intérêts n'excède pas cette somme, le tout sans préjudice de l'application, s'il y a lieu, des articles 57 et 58 du Code pénal.

Art. 5. Les objets dont la vente, usage ou possession constitue le délit, seront confisqués, conformément à l'article 423 et aux articles 477 et 481 du Code pénal.

S'ils sont propres à un usage alimentaire ou médical, le tribunal pourra les mettre à la disposition de l'administration pour être attribués aux établissements de bienfaisance.

S'ils sont impropres à cet usage ou nuisibles, les objets seront détruits ou répandus aux frais du condamné.

Le tribunal pourra ordonner que la destruction ou effusion aura lieu devant l'établissement ou le domicile du condamné.

Art. 7. L'article 463 du Code pénal sera applicable aux délits prévus par la présente loi.

Art. 8. Les deux tiers du produit des amendes seront attribués aux communes dans lesquelles les délits auront été constatés.

Art. 9. Sont abrogés les articles 475, n° 14, et 479, n° 5, du Code pénal.

LOI DES 22 JANVIER, 5 ET 22 FÉVRIER 1851, RELATIVE AUX CONTRATS D'APPRENTISSAGE.

De la nature et de la forme du contrat.

Art. 1ᵉʳ. Le contrat d'apprentissage est celui par lequel un fabricant, un chef d'atelier ou un ouvrier s'oblige à enseigner la pratique de sa profession à une autre personne qui s'oblige, en retour, à travailler pour lui, le tout à des conditions et pendant un temps convenus.

Art. 2. Le contrat d'apprentissage est fait par acte public ou par acte sous seing privé.

Il peut aussi être fait verbalement, mais la preuve testimoniale n'en est reçue que conformément au titre du code civil des contrats ou des obligations conventionnelles en général.

Les notaires, les secrétaires des conseils de prud'hommes et les greffiers de justice de paix peuvent recevoir l'acte d'apprentissage.

Cet acte est soumis pour l'enregistrement au droit fixe d'un franc, lors même qu'il contiendrait des obligations de sommes ou valeurs mobilières ou des quittances.

Les honoraires dus aux officiers publics sont fixés à 2 francs.

Art. 3. Le contrat d'apprentissage contiendra :

1º Les nom, prénoms, âge, profession et domicile du maître ;

2º Les nom, prénoms, âge et domicile de l'apprenti ;

3º Les noms, prénoms, professions et domicile de ses père et mère, de son tuteur ou de la personne autorisée par les parents, et, à leur défaut, par le juge de paix ;

4º La date et la durée du contrat ;

5º Les conditions de logement, de nourriture, de prix ou toutes autres arrêtées entre les parties.

Il devra être signé par le maître et par les représentants de l'apprenti.

Des conditions du contrat.

Art. 4. Nul ne peut recevoir un apprenti mineur s'il n'est âgé de vingt et un ans au moins.

Art. 5. Aucun maître, s'il est célibataire ou en état de veuvage, ne peut loger, comme apprenties, des jeunes filles mineures.

Art. 6. Sont incapables de recevoir les apprentis :

Les individus qui ont subi une condamnation pour crime ;

Ceux qui ont été condamnés pour attentat aux mœurs ;

Ceux qui ont été condamnés à plus de trois mois d'emprisonnement pour les délits prévus par les articles 388, 401, 495, 406, 407, 408, 423 du code pénal.

Art. 7. L'incapacité résultant de l'article 6 pourra être levée par le préfet, sur l'avis du maire, quand le condamné, après l'expiration de sa peine, aura résidé pendant trois ans dans la même commune. A Paris, les incapacités seront levées par le préfet de police.

Devoirs des maîtres et des apprentis.

Art. 8. Le maître doit se conduire envers l'apprenti en bon père de famille, surveiller sa conduite et ses mœurs, soit dans la maison, soit au dehors, et avertir ses parents ou leurs représentants des fautes graves qu'il pourrait commettre ou des penchants vicieux qu'il pourrait manifester.

Il doit aussi les prévenir, sans retard, en cas de maladie, d'absence ou de tout autre fait de nature à motiver leur intervention.

Il n'emploiera l'apprenti, sans conventions contraires, qu'aux travaux et services qui se rattachent à l'exercice de sa profession. Il ne l'emploiera jamais à ceux qui seraient insalubres ou au-dessus de ses forces.

Art. 9. La durée du travail effectif des apprentis âgés de moins de quatorze ans ne pourra dépasser dix heures par jour.

Pour les apprentis de quatorze à seize ans, elle ne pourra dépasser douze heures.

Aucun travail de nuit ne pourra être imposé aux apprentis âgés de moins de seize ans.

Est considéré comme travail de nuit tout travail fait entre neuf heures du soir et cinq heures du matin. Les dimanches et jours de fêtes reconnues et légales, les apprentis, dans aucun cas, ne peuvent être tenus, vis-à-vis de leur maître, à aucun travail de leur profession.

Dans le cas où l'apprenti serait obligé, par suite de conventions ou conformément à l'usage, de ranger l'atelier aux jours ci-dessus marqués, ce travail ne pourra se prolonger au delà de dix heures du matin.

Il ne pourra être dérogé aux dispositions contenues dans les trois premiers paragraphes du précédent article, que par un arrêté rendu par le préfet, sur l'avis du maire.

Art. 10. Si l'apprenti âgé de moins de seize ans ne sait pas lire, écrire et compter, ou s'il n'a pas encore terminé sa première éducation religieuse, le maître est tenu de lui laisser prendre, sur la journée du travail, le temps et la liberté nécessaires pour son instruction.

Néanmoins ce temps ne pourra pas excéder deux heures par jour.

Art. 11. L'apprenti doit à son maître fidélité, obéissance et respect : il doit l'aider, par son travail, dans la mesure de son aptitude et de ses forces.

Art. 12. Le maître doit enseigner à l'apprenti, progressivement et complètement, l'art, le métier, ou la profession spéciale qui fait l'objet du contrat.

Il lui délivrera, à la fin de l'apprentissage, un congé

d'acquit, ou certificat constatant l'exécution du contrat.

Art. 13. Tout fabricant, chef d'atelier ou ouvrier, convaincu d'avoir détourné un apprenti de chez son maître, pour l'employer en qualité d'apprenti ou d'ouvrier, pourra être passible de tout ou partie de l'indemnité à prononcer au profit du maître abandonné.

De la résolution du contrat.

Art. 14. Les deux premiers mois de l'apprentissage sont considérés comme un temps d'essai pendant lequel le contrat peut être annulé par la seule volonté de l'une des parties. Dans ce cas, aucune indemnité ne sera allouée à l'une ou à l'autre partie, à moins de conventions expresses.

Art. 15. Le contrat d'apprentissage sera résolu de plein droit :

1° Par la mort du maître ou de l'apprenti ;

2° Si l'apprenti ou le maître est appelé au service militaire ;

3° Si le maître ou l'apprenti vient à être frappé d'une des condamnations prévues en l'article 6 de la présente loi ;

4° Pour les filles mineures, dans le cas de décès de l'épouse du maître, ou de toute autre femme de la famille qui dirigeait la maison à l'époque du contrat.

Art. 16. Le contrat peut être résolu sur la demande des parties ou de l'une d'elles ;

1° Dans le cas où l'une des parties manquerait aux stipulations du contrat ;

2° Pour cause d'infraction grave ou habituelle de la présente loi ;

3° Dans le cas d'inconduite habituelle de la part de l'apprenti ;

4° Si le maître transporte sa résidence dans une autre

commune que celle qu'il habitait lors de la convention. Néanmoins, la demande en résolution de contrat fondée sur ce motif, ne sera recevable que pendant trois mois à compter du jour où le maître aura changé de résidence ;

6° Dans le cas où l'apprenti viendrait à contracter mariage.

Art. 17. Si le temps convenu pour la durée de l'apprentissage dépasse le maximum de la durée consacrée par les usages locaux, ce temps peut être réduit ou le contrat résolu.

De la compétence.

Art. 18. Toute demande à fin d'exécution ou de résolution de contrat, sera jugée par le conseil des prud'hommes dont le maître est justiciable, et à défaut, par le juge de paix du canton.

Les réclamations qui pourraient être dirigées contre les tiers, en vertu de l'article 13 de la présente loi, seront portées devant le conseil de prud'hommes ou devant le juge de paix du lieu de leur domicile.

Art. 19. Dans les divers cas de résolution prévus en la section IV du titre Ier, les indemnités ou les restitutions qui pourraient être dues à l'une ou à l'autre des parties seront, à défaut de stipulations expresses, réglées par le conseil des prud'hommes, ou par le juge de paix dans les cantons qui ne ressortissent point à la juridiction d'un conseil de prud'hommes.

Art. 20. Toute contravention aux articles 4, 5, 6, 9 et 10 de la présente loi, sera poursuivie devant le tribunal de police, et punie d'une amende de 5 à 15 francs.

Pour les contraventions aux articles 4, 5, 9 et 10, le tribunal de police pourra, dans le cas de récidive, prononcer, outre l'amende, un emprisonnement d'un à cinq jours.

En cas de récidive, la contravention à l'article 6 sera poursuivie devant les tribunaux correctionnels, et punie d'un emprisonnement de quinze jours à trois mois, sans préjudice d'une amende qui pourra s'élever de 50 à 300 francs.

Art. 21. Les dispositions de l'article 463 du Code pénal sont applicables aux faits prévus par la présente loi.

Art. 22. Sont abrogés les articles 9, 10 et 11 de la loi du 22 germinal an II.

Délibéré en séance publique, à Paris, les 22 janvier, 3 et 22 février 1851.

DISPOSITION RELATIVE A TOUT GARÇON CHARCUTIER D'AVERTIR SON MAITRE HUIT JOURS AVANT SA SORTIE.

Extrait de l'arrêté du 9 frimaire an XI (1er décembre 1803).

Art. 14. Aucun garçon charcutier ne pourra quitter le maître chez lequel il travaille, sans l'avoir averti au moins huit jours à l'avance; le maître devra lui en donner un certificat. En cas de refus, le garçon charcutier se retirera devant le commissaire de police, qui recevra sa déclaration.

S'il survient des difficultés, le commissaire de police statuera, sauf le recours au préfet de police, s'il y a lieu.

LOI DU 25-27 MAI 1864.

Ouvriers et patrons.

Art. 1er. Les articles 414, 415 et 416 du Code pénal sont abrogés; ils sont remplacés par les articles suivants :

Art. 414. Sera puni d'un emprisonnement de six jours à trois ans, et d'une amende de 16 à 300 francs, ou l'une de ces deux peines seulement, quiconque, à l'aide de violences, voies de fait, menaces ou manœuvres frauduleuses, aura amené ou maintenu, tenté d'amener ou de maintenir une cessation concertée de travail, dans le but de forcer la hausse ou la baisse des salaires, ou de porter atteinte au libre exercice de l'industrie ou du travail.

Art. 415. Lorsque les faits punis par l'article précédent auront été commis par suite d'un plan concerté, les coupables pourront être mis, par l'arrêt ou le jugement, sous la surveillance de la haute police pendant deux ans au moins et cinq ans au plus.

Art. 416. Seront punis d'un emprisonnement de six jours à trois mois et une amende de 16 à 300 francs, ou de l'une de ces deux peines seulement, tous ouvriers, patrons et entrepreneurs d'ouvrages qui à l'aide d'amendes, défenses, prescriptions, interdictions prononcées par suite d'un plan concerté, auront porté atteinte au libre exercice de l'industrie ou du travail.

Art. 11. Les articles 414, 415 et 416 ci-dessus sont applicables aux propriétaires et fermiers, ainsi qu'aux moissonneurs, domestiques et ouvriers de la campagne.

Les articles 19 et 20 du titre II de la loi des 28 septembre et 6 octobre 1801 sont abrogés.

Extrait de l'article 9 de la loi du 19 mai 1874 concernant les apprentis.

Aucun enfant ne pourra, avant l'âge de quinze ans acccomplis, être admis à travailler plus de six heures par jour, s'il ne justifie, par la production d'un certificat de l'instituteur ou de l'inspecteur primaire, visé par le maire, qu'il a acquis l'instruction primaire élémentaire. Ce certificat sera délivré sur papier libre et gratuitement.

Circulaire du préfet de police relative à l'application de l'article 9 de la loi du 19 mai 1874.

Pour faciliter aux enfants employés dans l'industrie le moyen de satisfaire aux prescriptions ci-dessus, l'administration municipale de Paris a décidé la création de classes spéciales pour les apprentis dans les écoles des divers arrondissements. Elles auront lieu tous les jours, excepté le jeudi et le dimanche, de 4 heures et demie à 7 heures.

Une classe sera ouverte quand le nombre des apprentis susceptibles d'y être admis, c'est-à-dire domiciliés à proximité d'une école, aura atteint le chiffre 20.

Des affiches ont été apposées ou vont l'être par les soins de MM. les maires pour inviter soit les industriels occupant des enfants âgés de moins de quinze ans, et non pourvus du certificat d'instruction, soit les parents de ces enfants, à les faire inscrire sans retard dans les mairies.

J'ai l'honneur de vous prier de vouloir bien faire en sorte que ces dispositions soient rappelées aux industriels, avec recommandation expresse de réclamer l'inscription des enfants qu'ils emploient et auxquels l'article 9 de la loi du 19 mai 1874 est applicable.

Je vous serai obligé de m'accuser réception de la présente circulaire, qu'il importerait de porter à la connaissance des membres de la commission locale que vous présidez, lors de la première réunion.

EXTRAIT DE L'ORDONNANCE DE POLICE CONCERNANT LES PERSONNES QUI ÉLÈVENT DANS PARIS DES PORCS, PIGEONS, LAPINS, POULES, ET AUTRES VOLAILLES.

3 *décembre* 1829.

Art. 1er. Il est défendu d'élever et nourrir, sous quelque

prétexte que ce soit, des porcs dans la ville et les faubourgs de Paris, sans une autorisation délivrée dans les formes prescrites par le décret du 15 octobre 1810 et l'ordonnance royale du 14 janvier 1815.

Art. 2. Les porcs élevés et nourris en contravention à l'article précédent seront saisis à la diligence des commissaires de police, des inspecteurs généraux et des inspecteurs généraux adjoints de la salubrité et des halles et marchés.

Les porcs saisis seront conduits soit au marché des halles centrales, s'il sont âgés de moins de six semaines, soit au marché de la Villette, pour y être vendus, marché tenant, par les soins de l'inspecteur général des halles et marchés.

Les fonds provenant de la vente, déduction faite des frais, seront déposés à la caisse de la préfecture de police, pour y rester jusqu'à ce qu'il ait été statué sur la contravention.

ORDONNANCE CONCERNANT L'ÉLEVAGE D'ANIMAUX DOMESTIQUES DANS PARIS.

25 *août* 1880.

1. Il est interdit de conserver dans Paris, sans autorisation, des porcs, des vaches ou autres animaux, tels que boucs, chèvres, lapins.

2. Il est également interdit d'élever, sans autorisation, des pigeons, poules et autres oiseaux de basse-cour, qui peuvent être une cause d'insalubrité ou d'incommodité.

3. Toute demande ou autorisation d'avoir, dans les dépendances d'une habitation, un ou plusieurs des animaux désignés dans les articles précédents, sera adressée au préfet de police.

4. La permission ne sera délivrée, qu'après visite des lieux et rapport constatant qu'il ne peut en résulter aucun inconvénient pour le voisinage.

5. Les locaux autorisés, dans lesquels seront placés les animaux, devront être maintenus en constant état de propreté.

Les autorisations seront toujours révocables en cas de plainte reconnue fondée.

6. Les autorisations ci-dessus ne pourront être données, en ce qui concerne les porcs et les vaches, que pour deux animaux.

Au delà de ce nombre, il y aura lieu d'appliquer la législation spéciale sur les établissements dangereux, incommodes ou insalubres.

7. Il est interdit d'élever et d'entretenir à Paris, dans l'intérieur des habitations, un nombre de chiens ou de chats, tel que la sûreté et la salubrité des habitations voisines se trouvent compromises.

8. Défense est faite de laisser vaguer des poules et autres oiseaux domestiques dans les rues, places, halles et marchés ; enfin, sur aucun point de la voie publique.

9. L'ordonnance de police du 3 novembre 1862 est rapportée.

ORDONNANCE DE POLICE CONCERNANT LES ÉTABLISSEMENTS DE CHARCUTERIE DE LA VILLE DE PARIS.

19 décembre 1835.

Art. 1er. A compter de la publication de la présente ordonnance, aucun établissement de charcutier ne sera autorisé dans la ville de Paris qu'après qu'il aura été constaté par les personnes que nous commettrons à cet effet, que les diverses localités où l'on se propose de le former réunissent toutes les conditions de sûreté publique et de salubrité prescrites dans l'instruction ci-après annexée.

Art. 2. Il est défendu de faire usage dans les établissements de charcutiers, de saloirs, pressoirs et autres ustensiles qui seraient revêtus de feuilles de plomb ou de tout autre métal. Les saloirs et pressoirs seront construits en pierres, en bois ou en grès.

Art. 3. L'usage des vases et ustensiles de cuivre, même étamés, est expressément défendu dans les établissements de charcutiers. Ces vases et ustensiles seront remplacés par des vases en fonte ou en fer battu.

Art. 4. Il est défendu aux charcutiers de se servir de vases en poterie vernissée. Ces vases seront remplacés par des vases en grès ou par toute autre poterie dont la couverte ne contient pas de substances métalliques.

Art. 5. Il est défendu aux charcutiers d'employer dans leurs salaisons et préparations de viandes des sels de morue, de varech et de salpêtriers.

Art. 6. Les charcutiers ne pourront laisser séjourner les eaux de lavage dans les cuvettes destinées à les recevoir.

Ces cuvettes devront êtres vidées et lavées tous les jours.

Art. 7. Il est défendu aux charcutiers de verser avec les eaux de lavage, qu'il devront diriger sur l'égout le plus voisin, des débris de viande ou de toute autre nature.

Ces débris seront réunis et jetés chaque jour dans les tombereaux du nettoiement au moment de leur passage.

Art. 8. Les dispositions de l'article premier ne seront applicables aux établissements dûment autorisés qui existent actuellement que lorsqu'ils seront transférés dans d'autres lieux, ou lorsqu'ils changeront de titulaires.

Art. 9. Les contraventions aux dispositions de la présente ordonnance seront constatées par des procès-verbaux ou rapports qui nous seront adressés pour être transmis au conseil compétent.

Art. 10. La présente ordonnance sera imprimée et affichée.

ORDONNANCE CONCERNANT LE TRANSPORT DES MATIÈRES INSALUBRES. — (*Extrait.*)

1ᵉʳ *septembre* 1853.

Titre VI. Art. 21. — Les résidus des fabriques de gaz, ceux d'amidonnerie, ceux de féculerie passés à l'état putride, ceux des boyauderies et des triperies, les eaux provenant de la cuisson des os pour en retirer la graisse; celles qui proviennent des fabriques de peignes et d'objets de corne macérée; les eaux grasses destinées aux fondeurs de suif et aux nourrisseurs de porcs; les résidus provenant des fabriques de colle-forte et d'huile de pieds de bœufs; le sang provenant des abattoirs, les urines provenant des urinoirs publics et particuliers; les vases et eaux extraites des puisards et des puits infectés; les eaux de cuisson de têtes et de pieds de mouton; les eaux de *charcuterie* et *de triperie;* les raclures de peaux infectes; les résidus provenant de la fonte des suifs, soit liquides, soit solides, soit mi-solides, et en général toutes les matières qui pourraient compromettre la salubrité, ne pourront à l'avenir être transportées dans Paris que dans des tonneaux hermétiquement fermés et lutés.

Toutefois, les résidus de féculerie qui ne seront pas passés à l'état putride pourront être transportés dans des voitures parfaitement étanches, et les débris frais des abattoirs, des boyauderies et des triperies, dans des voitures garnies en tôle ou en zinc, étanches également, mais, de plus, couvertes.

Art. 23. Les tonneaux servant au transport des peaux en vert et des engrais secs de diverses natures devront être clos et couverts.

LÉGISLATION

ORDONNANCE RELATIVE A LA SUPPRESSION DES HAYONS POUR L'INTRODUCTION DES PORCS DANS PARIS

Du 18 février 1859.

1. A l'avenir les éleveurs et propriétaires de porcs auront la faculté d'envoyer directement leurs animaux aux abattoirs spéciaux de Paris, sans être tenus de les faire accompagner de certificat d'achat (dits hayons), attestant qu'ils proviennent des marchés autorisés.

2. Les règlements antérieurs, et notamment les dispositions des doronnances du 1er avril 1821, 17 juin 1851 et 23 octobre 1854, sont et demeurent rapportés, en ce qu'ils ont de contraire à la présente ordonnance, qui recevra son exécution à partir du lundi 21 de ce mois.

DÉCRET IMPÉRIAL QUI AUTORISE LES PRÉFETS A STATUER SUR LES PROPOSITIONS D'ÉTABLIR DES ABATTOIRS

Du 1er août 1863.

1. Les préfets statueront sur les propositions d'établir des abattoirs.

2. Les taxes d'abatage seront calculées de manière à ne pas dépasser les sommes nécessaires pour couvrir les frais annuels d'entretien et de gestion des abattoirs, et pour tenir compte à la commune de l'intérêt du capital dépensé pour leur construction et de la somme qui serait affectée à l'amortissement de ce capital.

3. Ces taxes ne pourront dépasser le maximum de un centime cinq millièmes (0 fr. 015) par kilogramme de toute espèce.

4. Toutefois, lorsque les communes seront forcées de recourir à un emprunt ou à une concession temporaire pour couvrir les frais de construction des abattoirs, les

taxes pourront être portées à deux centimes (0 fr. 02) par kilogr. de viande nette, si ce taux est nécessaire pour pourvoir à l'amortissement de l'emprunt ou indemniser le concessionnaire de ses dépenses.

5. Lorsque l'amortissement indiqué dans les articles 2 et 4 sera effectué, les taxes seront ramenées au taux nécessaire pour couvrir seulement les frais d'entretien et de gestion.

6. Si des circonstances exceptionnelles nécessitaient des taxes supérieures à celles qui ont été indiquées, elles ne pourront être autorisées que par décret impérial rendu en conseil d'État.

7. Notre ministre secrétaire d'État au département de l'agriculture, du commerce et des travaux publics est chargé de l'exécution du présent décret qui sera inséré au *Bulletin des lois*.

NÉCESSITÉ DE FAVORISER LA CRÉATION D'ABATTOIRS PUBLICS

Circulaire préfectorale aux maires des communes comprises dans le ressort de la préfecture de police.

Du 16 avril 1881.

Messieurs,

M. le ministre de l'agriculture et du commerce a appelé mon attention sur les nombreux inconvénients que présente, au point de vue de la salubrité, de la sécurité et de la santé publique, l'existence dans beaucoup de communes de tueries particulières d'animaux.

L'ouverture de ces établissements est subordonnée à une autorisation préalable et à une réglementation sévère, mais leur nombre même rend leur surveillance difficile.

L'écoulement des eaux sanguinolentes, le défaut de lavages fréquents et les dépôts prolongés de matières putrescibles, constituent souvent dans l'espèce un état de choses nuisible aux propriétaires et locataires en voisinage.

D'autre part, en l'absence d'un contrôle assidu, on peut conduire dans ces établissements, pour y être abattus et dépecés, des animaux malades que les inspecteurs ne laisseraient pas livrer à la consommation s'ils étaient amenés dans un abattoir municipal.

Dans cette situation, M. le ministre ne voit de remède que dans la création d'abattoirs publics qui peuvent être facilement et activement surveillés et dont l'existence, aux termes de l'ordonnance royale du 15 avril 1838, entraîne la suppression des tueries particulières formées dans la localité. Il m'engage donc « à inviter les municipalités des communes ayant une certaine importance et qui sont dépourvues d'abattoir public, à étudier les voies et moyen d'en doter la localité ».

M. le ministre ajoute que l'on ne peut objecter, dans la plupart des cas, le défaut de ressources nécessaires, l'expérience ayant démontré qu'une ville est loin de compromettre ses finances en créant ces sortes d'établissements.

Je ne puis qu'insister auprès de vous, Messieurs, pour que votre administration s'efforce de se conformer aux instructions ministérielles dont je viens de donner connaissance.

Dans le département de la Seine, où, par suite de la densité de la population, la question présente un intérêt exceptionnel, il est à désirer que l'édification d'abattoirs publics ne tarde pas à devenir en quelque sorte une mesure générale.

ABATTOIR AUX PORCS

RÈGLEMENT

Art. 1er. L'abattoir aux porcs de la Villette sera livré au public le jeudi 6 août 1874, à 5 heures du matin.

L'abattoir de Château-Landon sera fermé le samedi 8 du même mois, à minuit.

L'abattoir des Fourneaux est provisoirement maintenu.

Art. 2. L'abattoir aux porcs de la Villette sera ouvert de 6 heures du matin à 8 heures du soir du 1er novembre au 31 mars; de 5 heures du matin à 9 heures du soir du 1er avril au 31 octobre.

En dehors des heures ci-dessus indiquées, aucune personne étrangère ne pourra s'introduire dans l'abattoir sans une permission spéciale de l'administration.

Art. 3. Tout propriétaire de porcs qui voudra obtenir la concession de chevilles dans le pendoir, de places dans les dégraissoirs, de porcheries, de greniers, de vestiaires devra en faire la demande par écrit au préfet de la Seine.

En attendant son classement, le demandeur pourra faire ses abatages dans les localités spécifiées dans le paragraphe précédent, qui resteront banales.

Art. 4. Les localités désignées en l'article 3 ne pourront être concédées sans qu'au préalable la vacance en ait été déclarée et affichée dans l'abattoir pendant un délai de cinq jours.

Art. 5. Les localités déclarées vacantes seront accordées au marchand charcutier, au propriétaire ou tueur de porcs le plus anciennement classé dans l'abattoir si, dans le délai de cinq jours à partir de la déclaration de vacance, il les réclame par écrit en échange des siennes. Ces demandes de mutation devront être remises au chef du service des perceptions municipales, dans l'abattoir.

Les demandes d'admission, faites en conformité de l'article 3, ne prendront rang qu'après les demandes de mutation.

Les localités restées vacantes par suite de mutation, seront aussitôt affichées et concédées dans le délai ci-dessus stipulé.

Art. 6. Les localités concédées ne pourront être exploitées que par des titulaires.

Elles ne seront transmissibles en aucun cas.

Art. 7. L'administration déclassera d'office :

1° Le titulaire qui pendant un mois n'aura fait aucun abatage.

2° Le titulaire qui aura traité à prix d'argent ou de toute autre manière de la sous-location des localités qui lui auront été concédées.

3° Le titulaire qui aura enfreint les règlements de l'abattoir.

Le titulaire déclassé d'office perd ses droits résultant de son ancienneté de classement.

Il est provisoirement autorisé à faire ses abatages dans les localités banales.

Art. 8. Des décisions de l'administration détermineront les localités désignées en l'article 3, qui resteront banales.

Ces localités seront affectées à l'abatage des porcs appartenant aux marchands non classés.

Le service des perceptions municipales délivrera dans l'abattoir le permis d'occuper temporairement ces localités banales. Aussitôt le travail terminé, ces localités banales devront être laissées disponibles, en parfait état de propreté.

Art. 9. Des décisions de l'administration régleront, pour un abatage de vingt porcs par jour en moyenne, l'étendue des localités désignées en l'article 3 qui seront attribuées à tout titulaire faisant cette moyenne d'abatages.

L'étendue des localités concédées à des titulaires faisant des abatages plus élevés ou moindre sera augmentée ou réduite proportionnellement à leur moyenne d'abatages.

La moyenne des abatages sera établie d'après le relevé des opérations d'un mois.

Art. 10. L'entrée des greniers affectés au commerce de la charcuterie sera permanente.

Art. 11. Le nettoiement de tous les locaux faisant l'objet de chaque concession sera à la charge des titulaires ; ceux-ci devront, en outre, entretenir en bon état de réparation locative les localités dont ils auront la jouissance.

Art 12. La garde et la conservation des porcs est à la charge des occupants.

Art. 13. Il est défendu de placer des enseignes ou des écriteaux tant à l'intérieur qu'à l'extérieur des bâtiments.

Il ne pourra être apposé d'affiches qu'avec l'autorisation de l'administration et seulement dans les endroits spéciaux qui auront été indiqués.

Art. 14. Le présent arrêté sera affiché partout où besoin sera. Ampliation en sera adressée :

1° A M. le préfet de police ;
2° A la direction de l'administration générale ;
3° A la direction des travaux de Paris ;
4° A la direction de l'octroi de Paris.

ORDONNANCE DE POLICE

CONCERNANT L'ENTRÉE A PARIS DES VIANDES A SOUMETTRE A L'INSPECTION DE LA BOUCHERIE. — (*Extrait.*)

13 *octobre* 1879.

1. A partir de ce jour, aucune viande de boucherie ou de charcuterie fraîche, salée ou fumée, ne pourra être introduite dans Paris sans avoir été, au préalable, soumise à la visite des inspecteurs spécialement chargés de ce service.

Toutefois, il est fait exception pour toute introduction de viande ne pesant pas au total plus de 3 kilos en viande fraîche et 5 kilos viande salée ou fumée.

4. Les approvisionneurs qui voudront introduire des viandes dans Paris, en dehors des heures ci-dessus fixées

ou par des portes autres que celles indiquées, ou encore par les gares des chemins de fer, ou les rivières et les canaux, auront la faculté de le faire ; mais dans ce cas les viandes devront être conduites sous escorte de l'octroi (et aux frais des intéressés) soit à l'abattoir le plus voisin, soit au pavillon n° 3 des Halles Centrales pour y être soumises à la visite de l'inspecteur de service.

5. Toute viande reconnue impropre à la consommation sera immédiatement saisie et détruite aux frais du propriétaire, sans préjudice des poursuites qui pourraient être intentées, conformément à la loi du 27 mars 1851.

Toutefois, si les propriétaires des viandes saisies en demandent la remise pour la fonte ou pour des usages industriels, elles pourront leur être livrées, mais après avoir été au préalable, en présence de l'inspecteur et aux frais du réclamant, incisées dans tous les sens, puis arrosées d'essence de térébenthine ou d'eau ammoniacale additionnée de poudre de charbon.

6. Dans le cas où le propriétaire de la viande protesterait contre la saisie, et demanderait une contre-expertise, la marchandise sera conduite sous escorte et à ses frais au pavillon n° 3 des Halles Centrales, où elle sera soumise à l'examen d'un expert choisi par lui sur la liste des vétérinaires accrédités près la préfecture de police.

Les frais de cette expertise, fixés conformément au décret du 18 juin 1881, seront, en cas de confirmation totale ou partielle de la saisie, à la charge du propriétaire de la viande.

7. Les viandes mises en vente dans les abattoirs, marchés, étaux, seront également visitées par le service spécial d'inspection.

Les dispositions de cette ordonnance ont été appliquées aux gares de chemins de fer où se tiennent, à des heures variables suivant les besoins du trafic de chaque gare, des inspecteurs de la boucherie.

QUATRIÈME PARTIE

LES TARIFS DE DOUANE

LOI PORTANT MODIFICATION AU TARIF GÉNÉRAL DES DOUANES SUR LES BESTIAUX

Du 5 avril 1887.

Art. 1er. A partir de la promulgation de la présente loi, le tableau A du tarif général des douanes, établi par les lois des 7 et 8 mai 1881 et du 28 mars 1885, est modifié ainsi qu'il suit.

Bœufs	par tête	38 fr.	»
Vaches.	—	20	»
Veaux	—	8	»
Béliers, brebis, moutons.	—	5	»
Viande fraîche.	par 100 kilos	12	»

Art. 2. Il sera établi à la frontière un service d'inspection sanitaire ayant pour objet d'examiner les viandes fraîches abattues avant leur entrée en France. Un droit de visite, qui sera ultérieurement fixé par le gouvernement, sera payé par l'importateur.

Art. 3. Un règlement d'administration publique pourvoira à l'application de la présente loi.

ORDONNANCE CONCERNANT LA POLICE DES ABATTOIRS DE PARIS.
(*Extrait.*)

Du 29 août 1879.

1. Les animaux de boucherie et de charcuterie à Paris, en vue de l'alimentation publique, ne pourront être abattus et préparés que dans les abattoirs spécialement créés et autorisés à cet effet, et sous la surveillance des préposés de la préfecture de police.

3. Les bestiaux à pied seront toujours menés au pas et sans mauvais traitement.

4. Les animaux arrivant à l'abattoir sur voiture devront en être descendus au moyen de déchargeoirs, de façon à leur éviter toutes souffrances inutiles.

8. Il est défendu de sortir des abattoirs les porcs atteints de ladrerie.

Les langueyeurs de porcs ne pourront exercer leur industrie dans l'intérieur de ces établissements.

9. Les animaux de boucherie et de charcuterie morts naturellement en cours de trajet ou abattus à la suite d'accidents, soit sur le marché à bestiaux, soit dans les gares de chemins de fer, soit sur la voie publique, soit enfin chez les nourrisseurs ou les particuliers, pourront être transportés à l'abattoir le plus voisin à l'effet d'y être dépouillés et préparés sous la surveillance des inspecteurs de la boucherie, qui prononceront sur la destruction ou la mise en consommation de la viande en provenant.

Dans tous les cas, la chair des animaux morts naturellement, sans effusion de sang, sera de droit saisie et détruite aux frais des propriétaires.

12. Il ne sera conduit aux échaudoirs et dans les cours de travail que les animaux destinés à être abattus immédiatement; tous les autres resteront dans leurs étables, bergeries ou porcheries.

Les portes des brûloirs seront fermées pendant l'abatage des porcs.

13. Aucun animal ne sera abattu dans les bouveries, cours, étables ou porcheries, à moins d'être d'une urgence constatée par l'inspecteur de la boucherie de service dans l'établissement.

14. Il est défendu de laisser couler, dans les ruisseaux et les égouts, le sang des animaux abattus.

Le sang destiné à être transformé en produit alimentaire devra être recueilli dans des récipients en bon état de propreté.

18. Les bestiaux suspects qui, pour cette raison, auront été consignés dans les bouveries des abattoirs, ne devront être abattus qu'en présence d'un inspecteur de la boucherie qui en suivra l'habillage et en fera l'autopsie.

19. Il est interdit de déposer les viandes et abats partout ailleurs que dans les locaux à ce destinés, et de les soustraire d'une façon quelconque à l'examen des inspecteurs de la boucherie.

Toutes les viandes provenant des animaux abattus seront visitées par ces inspecteurs.

Celles qui seront reconnues insalubres ou impropres à la consommation seront saisies.

En cas de protestation, elles seront transportées dans une réserve spéciale, où l'expert en fera l'examen, ainsi que des organes intérieurs, qui devront être conservés à cet effet, à peine, pour le propriétaire de l'animal, d'être déchu de sa protestation.

Passé le délai de vingt-quatre heures sans protestation, les viandes jugées insalubres seront saisies et détruites aux frais du propriétaire.

Toute viande saisie ou consignée par les inspecteurs de la boucherie restera à leur disposition et ne pourra être enlevée ou détruite que par leur ordre.

DROIT D'OCTROI. — RÈGLEMENT

Art. 1er. A partir du 1er janvier 1847, les droits d'octroi établis par tête, au profit de la ville de Paris, sur les bœufs, vaches, veaux, moutons, porcs et sangliers, ainsi que les droits de la caisse de Poissy perçus sur les quatre premières espèces de ces bestiaux, seront remplacés par des droits au poids, auxquels seront soumis également les boucs et chèvres.

Ces droits, ainsi que ceux dus pour la viande dite à la main, apportée de l'extérieur, pour la charcuterie, les abats et issues, les suifs et autres provenances des bestiaux ci-dessus désignés, seront perçus conformément au tarif ci-annexé et aux dispositions réglementaires qu'il renferme.

Art. 2. Les bestiaux ci-dessus désignés seront déclarés aux barrières, et l'entrée en sera permise sous l'engagement de les conduire soit aux abattoirs publics, soit au marché de l'intérieur, ou, à défaut, d'acquitter par tête un droit fixe représentant ceux d'octroi et d'abattoir que les diverses autres parties des animaux auraient pu produire, savoir :

>   Par bœuf. 53
>   Par vache 35
>   Par veau de 11
>   Par mouton, bouc ou chèvre de . . . 4
>   Par porc de 14

Toutefois, le cautionnement ou la consignation de ce droit ne seront point exigés pour les bestiaux destinés aux abattoirs et déclarés par les bouchers eux-mêmes, par les charcutiers, les agents des uns et des autres accrédités par eux auprès de l'octroi, et dont ils se reconnaîtront responsables, mais la consignation devra toujours être effectuée quand il s'agira de bestiaux destinés au marché public.

Art. 3. A leur arrivée dans les abattoirs, les bestiaux seront reconnus et comptés, et décharge sera donnée de l'engagement pris à la barrière d'introduction pour tous ceux qui auront été représentés.

Le droit fixé par l'article qui précède sera exigé immédiatement pour les bestiaux manquants, sous préjudice des procès-verbaux de saisie, qui pourront toujours être rapportés en cas de soustraction frauduleuse.

Art. 4. Les consignations effectuées pour des bestiaux conduits au marché seront remboursées par le receveur dépositaire sur la remise de la quittance et la présentation d'un certificat délivré par les employés de l'octroi près du marché, constatant l'engagement pris par l'acquéreur de faire arriver les bestiaux à l'abattoir, ou, sinon, d'acquitter le droit fixe déterminé par l'article 2 ci-dessus.

En cas de non-vente ou d'enlèvement pour l'extérieur, le remboursement aura lieu sur un certificat constatant le départ du marché, suivi de la constatation de la sortie des bestiaux de Paris.

Art. 5. Les abattoirs publics affectés au service de la boucherie de Paris sont déclarés entrepôts pour les viandes, suifs et pieds de bœufs ou de vaches.

Les bouchers pourront faire des envois à l'extérieur en franchise du droit d'octroi, à la charge de justifier de la sortie de Paris des quantités par eux déclarées.

Art. 6. Le préfet de la Seine, sur la proposition de l'administration, déterminera les bureaux de sortie ainsi que le minimum des quantités qui pourront être enlevées à destination de l'extérieur. En cas d'escorte, à défaut d'autre garantie, l'indemnité à payer par l'expéditeur sera d'un franc par conduite ou voiture, comme il est réglé par le passe-debout.

Art. 7. Les portes et grilles des abattoirs sont assimilées aux barrières. Les employés en ont la garde et peuvent opérer sur les chargements toutes les vérifications et recherches que les lois et règlements autorisent à faire aux entrées de Paris.

Ils ont accès dans toutes les parties des abattoirs pour s'assurer qu'il ne s'y prépare aucune tentative frauduleuse. Ils en gardent et surveillent l'enceinte, peuvent constater dans ces établissements toutes les contraventions qui s'y commettraient, et y sont placés également sous la protection de la loi.

Art. 8. Les porteurs ou conducteurs de viandes ou autres objets soumis aux droits, à leur enlèvement des abattoirs, sont tenus de faire au bureau de l'octroi la déclaration prescrite par les articles 10 de la loi du 27 vendémiaire an VI et 28 de l'ordonnance royale du 9 décembre 1814; de représenter les notes de pesage et autres pièces contenant l'indication des objets et quantités dont se composent les changements, et, s'ils sont destinés pour Paris, d'en acquitter les droits avant de les pouvoir faire sortir des abattoirs, sous les peines portées par la loi du 29 mars 1832, en raison des quantités non déclarées. Ils sont tenus aussi, comme le prescrit l'article 28 précité, de faciliter toutes les opérations nécessaires aux vérifications des employés.

Art. 9. Afin de rendre plus rapide l'enlèvement de la viande destinée aux étaux des bouchers et de charcutiers on pourra, exceptionnellement à la règle posée dans l'article 8 ci-dessus, admettre ceux de ces redevables qui fourniront un cautionnement ou une caution agréée par l'administration de l'octroi, à n'acquitter les droits qu'à des jours indiqués.

Les conditions de ce délai seront déterminées par le préfet de la Seine, sur la proposition de l'administration de l'octroi.

Art. 10. Si l'administration de l'octroi le reconnaît praticable, elle pourra faire vérifier les déclarations de sortie par le pesage des voitures et de leur chargement, mais sous la condition que, préalablement, les voitures seront pesées à vide, que les diverses parties en seront poinçonnées et qu'elles porteront les numéros et autres indications nécessaires pour les faire reconnaître.

Tout changement apporté dans la construction des voitures ou des pièces qui les composent, sans en avoir fait la déclaration aux employés et demandé un nouveau pesage, toute altération des marques précédemment apposées, feront perdre aux contrevenants les avantages de ce mode de vérification, lequel d'ailleurs n'exclut ni n'atténue en rien le droit qu'ont toujours les employés de l'octroi de faire peser les viandes isolément à la sortie des abattoirs, ainsi que les autres objets imposés au poids.

Art. 11. Un arrêté du préfet de la Seine, concerté avec le préfet de police, déterminera, sur la proposition de l'administration de l'octroi, les heures de sortie des abattoirs des viandes et autres produits soumis aux droits, ainsi que de toute autre voiture chargée.

Art. 12. Les taureaux, vaches laitières et autres bestiaux dénommés dans l'article 1er du présent règlement, entretenus dans Paris ou admis en transit momentané ou en passe-debout, seront commis à la consignation fixée par l'article 3.

Ces consignations seront remboursées soit sur la justification de la sortie de ces bestiaux de Paris, soit après la vente qui en aurait eu lieu sur le marché de l'intérieur, et en produisant les justifications mentionnées par l'article 4.

Art. 13. Les droits d'abattoir par espèce et par tête de bétail, établis par l'ordonnance royale du 16 août 1815, sont remplacés par une taxe unique de deux centimes par kilogramme de viande, laquelle sera perçue à la sortie des abattoirs, comme le droit d'octroi, sur la viande provenant de tous les animaux compris au tarif.

Le droit de fonte des suifs est réduit à 1 franc par 100 kilogrammes de suif fondu, et sera payé également à la sortie de l'abattoir, quelle que soit sa destination.

Il n'est rien changé à la quotité ni au mode de perception des droits de cuisson ou de préparation des tripées de bœuf, vache ou mouton.

Il continuera à être tenu un compte distinct des produits de ces divers droits qui, n'étant pas passibles du dixième revenant au Trésor sur les recettes nettes de l'octroi, ne doivent pas être confondus avec ces dernières.

MARCHÉ AUX BESTIAUX DE LA VILLETTE

HALLE AUX VEAUX ET AUX PORCS. — RÈGLEMENT

Art. 1er. Les parquets de la halle aux veaux et aux porcs du marché aux bestiaux de la Villette, compris entre les sept premières rangées de colonnes, à partir de la façade principale, sont affectés à l'exposition en vente de peaux.

Les autres parquets sont affectés à la vente des porcs.

Lorsqu'il y aura un excédent d'arrivages, soit de veaux, soit de porcs, les agents des deux préfectures détermineront de concert le nombre de parquets réservés à l'une de ces espèces de bétail qui pourront être attribués au placement de l'autre espèce.

Art. 2. Des parquets pour les porcs et des places pour les veaux seront attribués, pour un trimestre, aux marchands qui en feront la demande par écrit avant l'époque du tirage, et qui justifieront qu'ils ont amené au moins vingt-cinq veaux ou vingt-cinq porcs en moyenne par jour de grands marchés, soit pendant le trimestre précédent, soit pendant le trimestre correspondant de l'année précédente.

Le nombre de parquets ou de demi-parquets attribués à un même marchand, ou le nombre des places, sera déterminé d'après les apports constatés, ainsi qu'il est dit au paragraphe précédent.

Nul marchand ne pourra être titulaire de plus de dix parquets pour la vente des porcs, ou de places pour plus de cent veaux.

Art. 3. La sous-location des parquets et des places est formellement interdite.

Tout marchand titulaire de parquets ou de places qui en aura trafiqué directement ou indirectement, en sera immédiatement exclu et ne pourra plus obtenir de concession sans une décision de l'administration.

Art. 4. Tout marchand titulaire d'un parquet ou de places qui ne les occupera pas pendant un mois, sera déchu de sa concession.

Art. 5. Il ne pourra être fait de concession de parquets pour les porcs que dans l'espace compris entre la septième et la quinzième rangée de colonnes, à partir de la façade principale; pour les veaux, que dans l'espace compris entre le quai de débarquement du côté de la halle aux bœufs et la voie centrale de la halle aux veaux et aux porcs.

Art. 6. Les places et les parquets concédés, restés vacants après l'ouverture des ventes, seront donnés aux marchands qui les réclameront.

Si plusieurs marchands les réclament, le sort prononcera entre eux.

Art. 7. Le dernier jeudi de mars, de juin, de septembre et de décembre, à trois heures de relevée, le sort déterminera l'ordre dans lequel chaque marchand remplissant les conditions fixées par l'article 2 du présent règlement choisira immédiatement les parquets ou les places qu'il aura droit d'occuper pendant le trimestre suivant.

Les agents de la régie ne pourront procéder au tirage qu'en présence des agents de la préfecture de la Seine et de la préfecture de police.

Les résultats du tirage et les places choisies par les marchands seront immédiatement indiqués sur le tableau figuratif des emplacements du marché; ce tableau sera tenu constamment à la disposition des intéressés.

Art. 8. Le tirage des autres places sera fait chaque jour conformément aux dispositions de l'article 6 du règlement du 8 mai 1869, dont les autres prescriptions restent en vigueur.

Art. 9. La litière déposée sous la halle ne pourra être enlevée sous aucun pretexte, soit par les marchands, soit par leurs ouvriers.

RÈGLEMENT GÉNÉRAL DE LA CHARCUTERIE DE PARIS.
(*Extrait.*)

Du 19 novembre 1869 et 4 décembre 1877.

1. Les services en commun des abattoirs sont administrés par les trois mandataires généraux en fonctions, avec le concours d'une commission d'administration composée de trois commissaires pour chaque abattoir.

10. Les marchands charcutiers en gros et en détail autorisés par M. le préfet de police, pour le compte desquels le bureau du commerce de la charcuterie de Paris jugera possible d'opérer les services d'amenage, abatage et transports doivent se conformer au présent règlement.

11. Ces marchands devront faire connaître, avant de quitter le marché de la Villette, par écrit, la quantité de porcs qu'il voudront faire amener et abattre par les soins et avec l'assistance des garçons d'abattoir aux gages du bureau du commerce de la charcuterie de Paris. A cet effet, ils feront inscrire leur déclaration sur un bulletin spécial signé par l'écrivain.

12. A défaut de cette déclaration, par écrit, les porcs non déclarés ne seront point compris dans les amenages.

13. Le bureau du commerce de la charcuterie ne répond point des animaux qui n'auront point reçu la marque au fer du propriétaire avant leur départ du marché. Ces porcs devront, en outre, porter le numéro de la porcherie aux abattoirs.

14. Les charcutiers en gros et en détail qui paieront le tarif des services, des fournitures, de l'amenage, de

l'abatage et du transport, et pour le compte desquels le bureau du commerce aura consenti à faire ces mêmes services, auront le droit de se faire assister, dans leurs opérations, par les garçons d'abattoirs, de la manière suivante :

Si les charcutiers veulent faire de l'abatage par eux-mêmes ou par leurs garçons munis de livrets, les garçons d'abattoir seront obligés à leur tenir la poêle et à tourner le sang, ou bien à assommer et saigner les porcs, aux choix des charcutiers ou de leurs garçons ; en outre, les garçons d'abattoir leur prêteront assistance pour couvrir les porcs, les mettre sur le traîneau et pour les pendre.

15. Les soins et la nourriture nécessaires aux porcs remisés, pour le compte des charcutiers, auront lieu par l'administration du bureau, conformément à l'article 8 de l'ordonnance de police du 23 octobre 1854.

Ces soins consisteront : à faire sortir chaque jour, à 4 heures du soir, les animaux des porcheries suivant l'ordre numérique. Chaque bande de porcs sera laissée dans la cour le temps nécessaire pour les laisser boire, etc... Il leur sera donné, et ce deux fois par semaines, par chaque porc, un kilogramme de pain au moins, ou tout autre aliment dans une proportion équivalente.

20. Tout garçon convaincu d'avoir maltraité les porcs confiés à sa garde sera responsable du dégât occasionné par ces mauvais traitements.

Il sera, en outre, passible d'une amende de 2 à 5 francs, de la mise à pied de deux à cinq jours, et même renvoi immédiat, en cas de récidive ou de mauvais propos.

22. Le garçon chargé de la surveillance fera, de jour comme de nuit, toutes les visites nécessaires aux porcheries de trois heures en trois heures.

Il fera une contremarque aux porcs trouvés suspects de maladie ; il en donnera avis aux charcutiers ou à leurs garçons, et veillera à ce que, pendant le jour, ces animaux ainsi contremarqués soient abattus les premiers par les charcutiers ou leurs garçons.

En cas de refus par ces derniers d'opérer cet abatage, le garçon chargé de la surveillance l'opérera lui-même.

Pendant la nuit, dans le cas où des porcs seraient trouvés dans la nécessité d'être abattus, le garçon chargé de la surveillance sera tenu d'y pourvoir immédiatement sous peine d'être responsable du dommage.

24. L'assommage des porcs aura lieu porc par porc, suivi immédiatement de la saignée, de la manière suivante :

Un coup de masse bien asséné devra suffire pour faire tomber le porc et lui faire perdre sa force ; un deuxième coup est toléré lorsque le premier a frappé à faux.

Si le deuxième coup est encore manqué, on saisira l'animal et trois garçons le saigneront sans lui asséner aucun autre coup ; toute autre manière d'opérer pourra donner lieu à l'application des dispositions de la loi du 2 juillet 1850, répressive des mauvais traitements envers les animaux et à toute indemnité contre le garçon assommeur, en cas de plainte du propriétaire du porc, si la tête est abîmée par l'assommage.

36. La conduite des voitures de transport des viandes à domicile est placée sous la surveillance et la direction du premier garçon ; tous les autres garçons seront tenus de lui obéir.

37. Les garçons qui conduiront les attelages de viandes devront être propres et soigneux pour la viande.

40. Il est défendu aux conducteurs des voitures de trotter à charge, de maltraiter les chevaux, sous peine d'une amende de 2 à 5 francs et de la mise à pied, s'il y a lieu, et même de renvoi.

Tout garçon qui ramènerait ses chevaux en sueur serait passible des mêmes peines.

41. Au moment de leur rentrée, les chevaux devront

être, par les soins de leur conducteur, dételés, bouchonnés, les pieds lavés, et mis à leur place garnis de leurs couvertures.

42. En cas d'accident occasionné, soit aux voitures ou aux chevaux, par des tiers ou par les garçons conducteurs de ces voitures, aux devantures de boutique ou à toute autre propriété appartenant à autrui, ou sur la personne des passants, les garçons d'abattoir sont tenus d'en avertir immédiatement l'écrivain économe sous peine de toute responsabilité. Il en sera de même de toute citation en justice à eux signifiée par suite de l'accident, ou en cas de toute contravention.

Les garçons d'abattoir sont tenus de se soumettre à tous les règlements des autorités publiques concernant le régime intérieur des abattoirs, la police des voitures particulières, celle des halles et marchés, et généralement à toutes les dispositions des ordonnances qui régissent le commerce de la charcuterie.

RÉGLEMENTATION

DE LA TENUE DES ÉTABLISSEMENTS DE CHARCUTERIE DANS LA VILLE DE PARIS

20 *avril* 1887.

Art. 1. Toute personne qui voudra exercer le commerce de la charcuterie dans la ville de Paris devra en faire préalablement la déclaration à la préfecture de la Seine, et indiquer les locaux dans lesquels elle se propose d'installer son établissement.

Cette déclaration devra être renouvelée à chaque changement de titulaire.

Art. 2. L'autorisation d'exercer le commerce de la charcuterie ne sera accordée qu'après qu'il aura été constaté que les locaux dans lesquels on se propose d'exercer ce commerce remplissent les conditions suivantes :

1° Les laboratoires et les cuisines affectés à la préparation des viandes de charcuterie ne pourront être installés que dans des voies pourvues d'égout et d'une canalisation d'eau de source, et il devra être justifié d'un abonnement d'eau de source d'au moins 500 litres par jour pour le service de l'établissement.

2° Les laboratoires et les cuisines devront avoir au moins $2^m,80$ de hauteur et des dimensions suffisantes pour que les diverses préparations de la charcuterie y puissent être faites avec propreté ; le sol de ces locaux sera établi en surélévation de la voie publique, avec revêtement imperméable et pente en rigole dirigée vers un orifice muni d'un siphon obturateur conduisant les eaux par une canalisation souterraine à l'égout public. Cet orifice sera en outre muni d'un grillage pour arrêter la projection des corps solides.

Ces locaux ne pourront contenir de soupentes ni servir de chambres à coucher, et ils ne devront pas renfermer de pierres d'extraction de fosses d'aisances ni de tuyaux aboutissant à ces fosses.

Les murs ou cloisons de ces locaux seront en maçonnerie pleine et revêtus dans toute leur hauteur de matériaux imperméables et à surface lisse.

3° Les laboratoires et les cuisines devront être ventilés au moyen d'un tuyau d'une section minima de 4 décimètre carrés prolongé jusqu'à la hauteur du faîtage de la maison ou des maisons contiguës si elles sont plus élevées.

Ces locaux seront suffisamment éclairés par la lumière du jour.

4° Les fourneaux et les chaudières devront être pourvus d'une hotte de dégagement conduisant à la cheminée les buées et les émanations, de manière qu'aucune odeur ne puisse se répandre ni dans l'établissement de charcuterie ni dans la maison.

5° Les fumoirs des viandes seront construits en matériaux incombustibles avec portes en fer et seront placés sous la hotte de dégagement dans les conditions déterminées pour les fourneaux et les chaudières.

6° Les chaudières destinées à la cuisson des grosses pièces de charcuterie et à la fonte des graisses seront engagées dans des fourneaux en maçonnerie.

7° Les boutiques exclusivement affectées à la vente des produits de la charcuterie seront établis dans les conditions indiquées au paragraphe 2.

Elles devront être ventillés au moyen de deux ouvertures grillées d'au moins 2 centimètres carrés chacune, dont l'une sera pratiquée sous le plafond du côté de la voie publique et l'autre au bas de la porte d'entrée du mur de face.

8° Les caves et autres locaux destinés aux salaisons devront avoir au moins $2^m,60$ de hauteur et des dimensions suffisantes pour permettre d'y circuler facilement.

Ils devront être convenablement aérés et ventilés.

Le sol des caves et autres locaux destinés aux salaisons devra être établi dans les mêmes conditions que le sol des laboratoires et des cuisines, et de manière à conduire les eaux de lavage par une canalisation souterraine à l'égout public. Dans le cas où, par suite de la disposition des lieux, les eaux de lavage ne pourraient pas être envoyées directement à l'égout public, l'administration pourra tolérer que ces eaux de lavage soient reçues provisoirement dans des cuvettes qui devront être vidées dans l'égout et vidées tous les jours.

Art. 3. Il est interdit de faire usage dans les établissements de charcuterie :

1° De saloirs, pressoirs et autres ustensiles qui seraient revêtus de feuilles de plomb ou de tout autre métal. Les saloirs et pressoirs seront construits en pierre, en bois ou en grès ;

2° De vases et ustensiles de cuivre même étamé. Ces vases et ustensiles seront en fonte ou en fer battu ;

3° De vases en poterie vernissée. Ces vases seront en grès ou en poterie, dont la couverte ne contient pas de substances métalliques.

Art. 4. Il est interdit aux charcutiers d'employer dans leurs salaisons et préparations de viandes des sels de morue, de verech et de salpêtriers.

Art. 5. Les débris de viande ou autres déchets de la charcuterie ne devront pas séjourner dans l'établissement. Ils seront enlevés tous les jours avant huit heures du matin.

Art. 6. L'ordonnance de police du 19 décembre 1835 est rapportée.

POIDS ET MESURES

EXÉCUTION DE LA LOI DU 4 JUIN 1837

Extrait de l'ordonnance du 16 juin 1839.

Art. 1er. A dater du 1er janvier 1840, les poids, mesures et instruments de pesage et de mesurage ne seront reçus à la vérification première qu'autant qu'ils réuniront les conditions d'admission indiquées dans les tableaux annexés à la présente ordonnance.

Art. 2. Les poids, mesures et instruments de pesage portant la marque de vérification première, et qui réuniront d'ailleurs les conditions exigées jusqu'ici, seront admis à la vérification périodique, savoir :

Les mesures décimales de longueur, après qu'on aura fait disparaître les divisions et les noms relatifs aux anciennes dénominations ;

Les mesures décimales pour les matières sèches, quelle que soit l'espèce de bois dont elles seront construites ;

Les mesures décimales en étain, quel que soit leur poids ;

Les poids décimaux en fer et en cuivre, quelle que soit leur forme, après qu'on aura fait disparaître l'indication relative aux anciennes dénominations, et pourvu qu'ils portent sur la surface supérieure les noms qui leur sont propres.

Les poids décimaux en fer et en cuivre, portant uniquement leurs noms exprimés en myriagrammes, kilogrammes, hectogrammes ou décagrammes.

Enfin, les romaines, dont on aura fait disparaître les anciennes divisions et dénominations, pourvu qu'elles soient graduées en divisions décimales et reconnues oscillantes.

Les poids et mesures décimaux placés dans une des catégories qui précèdent ne pourront être conservés par les assujettis qu'autant qu'ils auront subi, avant l'époque de la vérification périodique de l'année 1840, les modifications exigées. Ces poids et mesures pourront être rajustés, mais ils ne devront pas être remontés à neuf.

Art. 3. Tous les poids et mesures autres que ceux qui sont provisoirement permis par l'article 2 de la présente ordonnance seront mis hors de service à partir du 1er janvier 1840.

Il sera déposé dans les bureaux de vérification des modèles ou des dessins des poids et mesures légalement autorisés, pour être communiqués à tous ceux qui voudront en prendre connaissance.

INSTRUCTIONS ANNEXÉES A L'ORDONNANCE DU 19 JUIN 1839.

Poids en fer.

Les poids devront être construits en fonte de fer ; leurs noms sont indiqués ci-après, ainsi que la dénomination abréviative qui devra être inscrite sur chacun d'eux en caractères lisibles.

Les poids en fer de cinquante et de vingt kilogrammes devront être établis en forme de pyramide tronquée, arrondie sur les angles et ayant pour base un parallélogramme.

Les autres poids en fer, depuis celui de dix kilogrammes jusqu'au demi-hectogramme inclusivement, devront être établis en forme de pyramide tronquée, ayant pour base un hexagone régulier.

Les anneaux dont les poids sont garnis devront être placés de manière à ne pas dépasser l'arête des poids.

Chaque anneau devra être en fer forgé rond et soudé à chaud.

Chaque anneau, attaché par un lacet, devra entrer sans difficulté dans la rainure pratiquée sur le poids pour le recevoir.

Chaque lacet devra être en fer forgé et construit solidement, tant au sommet qui embrasse l'anneau qu'aux extrémités de ses branches, lesquelles doivent être rabatues et enroulées par-dessous, pour retenir le plomb nécessaire à l'ajustage.

Les poids en fer ne doivent présenter à leur surface ni bavures, ni soufflures, et la fonte ne doit être ni aigre ni cassante.

Chaque poids doit être garni, aux extrémités du lacet, d'une quantité suffisante de plomb coulé d'un seul jet, destiné à recevoir les empreintes des poinçons de vérification première et périodique, ainsi que la marque du fabricant qui doit y être apposée.

Poids en cuivre.

Les poids en cuivre sont indiqués ci-après, ainsi que la dénomination qui devra être inscrite sur chacun d'eux. La forme des poids en cuivre, depuis et compris celui de 20 kilogrammes jusqu'au gramme, sera celle d'un cylindre surmonté d'un bouton. La hauteur du cylindre sera égale à son diamètre pour tous les poids jusqu'à celui de 5 grammes inclusivement ; la hauteur de chaque bouton sera égale à la moitié du diamètre du cylindre qui le supporte. Ces dispositions ne seront pas applicables aux poids d'un et de 2 grammes, qui auront le diamètre plus fort que la hauteur.

Les poids, depuis et compris le 5 décigrammes jusqu'au milligramme, se feront avec des lames de laiton minces coupées carrément.

Les poids en cuivre cylindriques et le bouton pourront être massifs ou contenir dans leur intérieur une certaine quantité de plomb, mais ils devront toujours présenter le même volume. Ces poids peuvent être faits d'un seul jet, ou formés de deux pièces seulement, savoir le cylindre et le bouton ; mais, dans ce dernier cas, le bouton devra être monté à vis sur le corps du poids et fixé invariablement par une cheville ou petite vis à fleur de la surface. Cette cheville sera en cuivre rouge, afin de la distinguer facilement.

On pourra aussi construire des poids en cuivre d'un kilogramme ou d'un des sous-multiples, dans la forme de gobelets coniques qui s'empilent les uns sur les autres, et se trouvent ainsi renfermés dans une boîte qui est elle-même un poids légal.

La surface des poids en cuivre devra être nette et ne laisser apercevoir aucun corps étranger qu'on aurait chassé dans le cuivre, ni aucune soufflure qui permettrait d'en introduire.

Les dénominations seront inscrites en creux et en caractères lisibles sur la surface supérieure des poids.

Chaque poids devra porter le nom ou la marque du fabricant.

Les instruments de pesage sont :

1° Les balances à bras égaux ;

2° Les balances bascules ;

3° Les romaines.

Les balances à bras égaux, désignées sous le nom de balances de magasin ou de comptoir, devront être solidement établies. Les fléaux devront être plus larges qu'épais, principalement au centre occupé par les couteaux ou pivots qui les traversent perpendiculairement, et dont les arrêts devront former une ligne droite.

Les points extrêmes de suspension devront être placés à égale distance de ces couteaux. Les fléaux ne devront pas vaciller dans les chapes.

Les balances devront être oscillantes. Leur sensibilité demeure fixée à 1 ou 2 millièmes du poids d'une portée.

Tout instrument de pesage devra porter le nom et la marque du fabricant.

EXTRAIT DE L'ORDONNANCE DE POLICE CONCERNANT
LES USTENSILES ET VASES DE CUIVRE ; SELS DE SALPÊTRE
ET DE VARECH ; PAPIERS PEINTS

28 *février* 1853.

Art. 8. Il est expressément défendu à tous fabricants, raffineurs, marchands en gros, épiciers et autres, faisant le commerce de sel marin (sel de cuisine) dans le ressort de la préfecture de police, de vendre et débiter comme sel de table et de cuisine du sel retiré de la fabrication de salpêtre ou extrait des varechs, ou des sels provenant de diverses opérations chimiques.

Il est également défendu de vendre du sel altéré par le mélange des sels précédents ou par le mélange de toutes autres substances étrangères.

Art. 10. Les commissaires de police de Paris et les maires ou commissaires de police dans les communes rurales, feront, à des époques indéterminées, avec l'assistance des hommes de l'art, des visites dans les ateliers, magasins et boutiques des fabricants, marchands et débitants de sel et de comestibles quelconques, à l'effet de vérifier si les denrées dont ils sont détenteurs sont de bonne qualité et exemptes de tout mélange.

Art. 11. Le sel et toutes substances alimentaires ou denrées falsifiées seront saisis, sans préjudice des poursuites à exercer, s'il y a lieu, contre les contrevenants, conformément aux dispositions de la loi du 27 mai 1851.

Art. 12. Il est défendu d'envelopper aucune substance alimentaire quelconque avec les papiers peints, et notamment avec ceux qui sont défendus par l'article 2 de la présente ordonnance.

Art. 14. L'emploi du plomb, du zinc et du fer galvanisé est interdit dans la fabrication des vases destinés à préparer ou à contenir les substances alimentaires et les boissons.

Art. 20. Il est défendu aux vinaigriers, épiciers, marchands de vin, traiteurs et autres, de préparer, de déposer, de transporter, de mesurer et de conserver dans des vases de cuivre et de ses alliages, non étamés, de plomb, de zinc, de fer galvanisé, ou dans des vases faits avec un alliage dans lequel entrerait l'un des métaux désignés ci-dessus, aucuns liquides ou substances alimentaires susceptibles d'être altérés par l'action de ces métaux.

Art. 26. Il n'est rien changé aux dispositions de l'ordonnance de police du 19 décembre 1835, spécialement applicable aux charcutiers, et qui continuera de recevoir sa pleine et entière exécution.

Art. 27. Les fabricants et les marchands désignés en la présente ordonnance sont personnellemet responsables des accidents qui pourraient être la suite de leurs contraventions aux dispositions qu'elle renferme.

ORDONNANCE CONCERNANT LA FABRICATION DES BOITES DE CONSERVES ALIMENTAIRES

21 *mars* 1879.

1. Il est interdit aux fabricants de boîtes de conserves alimentaires de pratiquer les soudures à l'intérieur des boîtes et de se servir, pour la confection desdites boîtes, d'autres fers-blancs que celui étamé à l'étain fin.

2. Les contrevenants seront poursuivis devant le tribunal pour y être punis conformément aux lois.

CIRCULAIRE DU PRÉFET DE POLICE RELATIVE AUX PAPIERS PEINTS DONT L'USAGE EST INTERDIT

28 *novembre* 1855.

L'application de ma circulaire du 3 octobre dernier relative à l'emploi, par les charcutiers, de papiers de couleur pour la couverture des pots à rillettes et pour les manches de jambons, a suscité des réclamations de la part des marchands de papiers de couleur.

L'affaire a été examinée de nouveau par le conseil d'hygiène publique et de salubrité, et il résulte de cet examen qu'il n'y a pas lieu de proscrire l'usage de certains papiers dans la fabrication desquels il n'entre aucune matière métallique, minérale et toxique. Je citerai, par exemple, le papier bleuâtre, dont les rognures servent à parer les étalages des charcutiers. Ce papier est teint dans la pâte avec une substance qui ne contient aucune partie de cendres bleues (oxyde ou carbonate hydraté de cuivre).

Au surplus, pour vous faciliter l'exécution de la mesure en question, je vous adresse, messieurs les commissaires, une carte-spécimen contenant des échantillons des papiers coloriés dangereux dont le contact avec les substances alimentaires, surtout lorsqu'elles sont humides, molles ou grasses, présenterait les plus graves inconvénients.

Comme vous le remarquerez, les papiers dangereux sont généralement coloriés en vert clair, en orange, en jaune, lissés blancs ou dorés faux. Ils sont très souvent lissés et coloriés des deux côtés. Les verts sont coloriés avec l'arsénite de cuivre ; les oranges, les jaunes, les lissés blancs avec des oxydes ou des sels de plomb. Les papiers dorés faux sont faits avec du chrysocalque, qui est un alliage de cuivre et de zinc.

L'emploi de ces divers papiers et de tous les autres semblables (car les nuances sont très variables) devra être formellement interdit pour faire des sacs, des enveloppes, des manchettes, des boites ou des étiquettes, non seulement aux charcutiers, mais encore à tous les marchands ou débitants de denrées alimentaires quelconques, comme les bouchers, les confiseurs, les chocolatiers, les marchands de comestibles, de beurre et de fromages les pâtissiers, les épiciers, les fruitiers, etc...

Les échantillons de la carte-spécimen ci-jointe ne doivent être considérés que comme des modèles ; car, je le répète, les nuances des couleurs sont très variées. En cas de doute, vous devrez regarder comme dangereux tout papier brunissant, lorsqu'on le touche avec de l'hydrosulfate de potasse ou avec de l'eau de Barèges non altérée.

(L'eau de Barèges non altérée dégage l'odeur d'œufs pourris.)

Ne perdez pas de vue, Messieurs, que l'emploi des papiers dangereux constitue une contravention à l'ordonnance de police du 28 février 1853 concernant les substances alimentaires et les vases de cuivre (art. 12, § 2, de l'instruction annexée à ladite ordonnance).

Je vous recommande donc, le cas échéant, de dresser des procès-verbaux et de me les transmettre.

LÉGISLATION

EXTRAIT DE L'INSTRUCTION AU CONSEIL D'HYGIÈNE PUBLIQUE ET DE SALUBRITÉ DU DÉPARTEMENT DE LA SEINE CONCERNANT L'ÉTAMAGE, ÉTAIN, FER GALVANISÉ, ZINC, ETC...

Ce n'est pas seulement en laissant séjourner des aliments dans les vases de cuivre mal étamés que le cuivre peut se mêler à ces aliments et causer des empoisonnements; ce mélange peut se produire même pendant la cuisson de certains aliments, et la précaution de les retirer de ces vases immédiatement après leur coction ne produire qu'une fausse sécurité.

Dans tous les cas, il n'est jamais prudent de laisser séjourner des aliments dans les vases de cuivre, même les mieux étamés; car il est certains condiments qui peuvent attaquer l'étamage et le cuivre qui est au-dessous; des accidents ont été déterminés par cette négligence.

Il est surtout fort dangereux de faire bouillir du vinaigre dans des bassines de cuivre, ou de laisser dans ces bassines du vinaigre bouillant, dans le but de donner aux légumes ou fruits que contient cette bassine une belle couleur verte; il est plus dangereux encore, ainsi que cela se pratique souvent, de faire rougir d'abord la bassine, d'y introduire le vinaigre et de l'y faire bouillir.

Dans l'un et l'autre cas, il se forme des sels solubles de cuivre qui s'introduisent dans les produits et qui peuvent déterminer des accidents.

Les observations qui précèdent s'appliquent également aux vases de maillechort et d'argent au second titre.

Les substances acides et le sel de cuisine qui sont mêlés aux aliments peuvent les altérer par la formation des composés de cuivre qui, tous, sont de véritables toxiques.

Le plaqué d'argent lui-même ne doit inspirer de sécurité qu'autant que la couche d'argent est d'une épaisseur convenable et qu'aucun point rouge n'apparaît dans l'intérieur des vases.

Le zinc et le fer galvanisé ne peuvent être employés pour les usages alimentaires, parce que le zinc forme, avec les acides, des sels émétiques dont l'usage est dangereux.

DE LA GARANTIE DANS LES VENTES D'ANIMAUX DE BOUCHERIE.

La loi de 1884 a abrogé les arrêts de règlement du Parlement de Paris de 1673 et de 1699 qui avaient établi la garantie nonaire. Cette loi d'exception en faveur des bouchers et charcutiers de Paris n'aurait eu sa raison d'être que si elle avait été étendue aux commerçants de la province.

La nouvelle loi établit l'équité entre tous en régissant les intéressés d'une manière uniforme.

Désormais le commerce de la boucherie et de la charcuterie est régi par le droit commun, c'est-à-dire par les articles 1641 et suivants du code civil, savoir :

Art. 1641. Le vendeur est tenu de la garantie à raison des défauts cachés de la chose vendue qui la rendent impropre à l'usage auquel on la destine, ou qui diminuent tellement cet usage, que l'acheteur ne l'aurait pas acquise, ou n'en aurait donné qu'un moindre prix s'il les avait connus.

Art. 1642. Le vendeur n'est pas tenu des vices apparents et dont l'acheteur a pu se convaincre lui-même.

Art. 1643. Il est tenu des vices cachés, quand même il ne les aurait pas connus, à moins que, dans ce cas, il n'ait stipulé qu'il ne sera obligé à aucune garantie.

Art. 1644. Dans le cas des articles 1641 et 1643, l'acheteur a le choix de rendre la chose et de se faire restituer le prix, ou de garder la chose et de se faire rendre une partie du prix, telle qu'elle sera arbitrée par experts.

Art. 1645. Si le vendeur connaissait les vices de la chose, il est tenu, outre la restitution du prix qu'il en a reçu, de tous les dommages et intérêts envers l'acheteur.

Art. 1646. Si le vendeur ignorait les vices de la chose, il ne sera tenu qu'à la restitution du prix, et à rembourser à l'acquéreur les frais occasionnés par la vente.

Art. 1647. Si la chose qui avait des vices a péri par suite de sa mauvaise qualité, la perte est pour le vendeur, qui sera tenu envers l'acheteur à la restitution du prix, et autres dédommagements expliqués dans les deux articles précédents.

Mais la perte arrivée par cas fortuit sera pour le compte de l'acheteur.

Art. 1648. L'action résultant des vices rédhibitoires doit être intentée par l'acquéreur, dans un bref délai, suivant la nature des vices rédhibitoires et l'usage du lieu où la vente a été faite.

Art. 1649. Elle n'a pas lieu dans les ventes faites par autorité de justice.

LOI DU 6 AOUT 1884 CONCERNANT LA VENTE DES ANIMAUX DOMESTIQUES. — (*Extrait*.)

Art. 1ᵉʳ. L'action en garantie, dans les ventes ou échanges d'animaux domestiques, sera régie, à défaut de conventions contraires par les dispositions suivantes, sans préjudice des dommages et intérêts qui peuvent être dus s'il y a dol.

Art. 2. Sont réputés vices rédhibitoires et donneront seuls ouverture aux actions résultant des articles 1641 et suivants du Code civil...

Pour l'espèce porcine : la ladrerie.

Art. 4. Aucune action en garantie, même en réduction

de prix, ne sera admise pour les ventes ou pour les échanges d'animaux domestiques, si le prix en cas de vente ou la valeur en cas d'échanges ne dépasse pas 100 francs.

Art. 10. Si l'animal vient à périr, le vendeur ne sera pas tenu de la garantie, à moins que l'acheteur n'ait intenté une action régulière dans le délai légal, et ne prouve que la perte de l'animal provient de l'une des maladies spécifiées dans l'article 2.

Art. 12. Sont abrogés tous règlements imposant une garantie exceptionnelle aux vendeurs d'animaux destinés à la boucherie.

Sont également abrogés la loi du 28 mai 1838 et toutes les dispositions contraires à la présente loi.

LOI DU 21 JUILLET 1881 SUR LA POLICE SANITAIRE DES ANIMAUX. — (*Extrait.*)

1. Les maladies des animaux qui sont réputées contagieuses et qui donnent lieu à l'application des dispositions de la présente loi sont :

La peste bovine, dans toutes les espèces de ruminants ;

La péripneumonie contagieuse dans l'espèce bovine ;

La clavelée et la gale, dans les espèces ovine et caprine ;

La fièvre aphteuse, dans les espèces bovine, ovine, caprine et porcine ;

La morve, le farcin, la dourine, dans les espèces chevaline et asine ;

La rage et le charbon, dans toutes les espèces.

3. Tout propriétaire, toute personne ayant, à quelque titre que ce soit, la charge des soins ou la garde d'un animal atteint ou soupçonné d'être atteint d'une maladie contagieuse, est tenu d'en faire sur-le-champ la déclaration au maire de la commune où se trouve cet animal.

Sont également tenus de faire cette déclaration tous les vétérinaires qui seraient appelés à le soigner.

L'animal atteint ou soupçonné d'être atteint de l'une des maladies spécifiées dans l'article 1er devra être immédiatement, et avant même que l'autorité administrative ait répondu à l'avertissement, séquestré, séparé et maintenu isolé autant que possible des autres animaux susceptibles de contracter cette maladie.

Il est interdit de le transporter avant que le vétérinaire délégué par l'administration l'ait examiné. La même interdiction est applicable à l'enfouissement, à moins que le maire, en cas d'urgence, n'en ait donné l'autorisation spéciale.

10. La rage, lorsqu'elle est constatée chez les animaux de quelque espèce qu'ils soient, entraîne l'abatage, qui ne peut être différé sous aucun prétexte.

13. La vente ou la mise en vente des animaux atteints ou soupçonnés d'être atteints de maladies contagieuses est interdite.

Le propriétaire ne peut s'en dessaisir que dans les conditions déterminées par le règlement d'administration publique prévu à l'article 5.

14. La chair des animaux morts de maladies contagieuses quelles qu'elles soient, ou abattus comme atteints de la peste bovine, de la morve, du farcin, du charbon et de la rage, ne peut être livrée à la consommation.

Les cadavres ou débris des animaux morts de la peste bovine et du charbon, ou ayant été abattus comme atteints de ces maladies, devront être enfouis avec la peau tailladée, à moins qu'ils ne soient envoyés à un atelier d'équarrissage régulièrement autorisé.

15. La chair des animaux abattus comme ayant été en contact avec des animaux atteints de la peste bovine peut être livré à la consommation, mais leurs peaux, abats

et issues ne peuvent être sortis du lieu d'abatage qu'après avoir été désinfectés.

16. Tout entrepreneur de transport par terre ou par eau qui aura transporté des bestiaux devra, en tout temps, désinfecter, dans les conditions prescrites par le règlement d'administration publique, les véhicules qui auront servi à cet usage.

24. Les animaux des espèces chevaline, asine, bovine, ovine, caprine et porcine sont soumis, en tout temps, aux frais des importateurs, à une visite sanitaire au moment de leur entrée en France, soit par terre, soit par mer.

26. Le gouvernement peut prohiber l'entrée en France ou ordonner la mise en quarantaine des animaux susceptibles de communiquer une maladie contagieuse, ou de tous les objets pouvant présenter le même danger.

Il peut, à la frontière, prescrire l'abatage, sans indemnité, des animaux malades ou ayant été exposés à la contagion, et, enfin, prendre toutes les mesures que la crainte de l'invasion d'une maladie rendrait nécessaires.

29. Le gouvernement est autorisé à prescrire à la sortie les mesures nécessaires pour empêcher l'exportation des animaux atteints de maladies contagieuses.

31. Seront punis d'un emprisonnement de deux mois à six mois et d'une amende de 100 à 1,000 francs :

1° Ceux qui, au mépris des défenses de l'administration, auront laissé leurs animaux infectés communiquer avec d'autres ;

2° Ceux qui auront vendu ou mis en vente des animaux qu'ils savaient atteints ou soupçonnés d'être atteints de maladies contagieuses ;

3° Ceux qui, sans permission de l'autorité, auront déterré ou sciemment acheté des cadavres ou débris d'animaux morts de maladies contagieuses, quelles qu'elles soient, ou abattus comme atteints de la peste bovine, du charbon, de la morve, du farcin et de la rage ;

4° Ceux qui, même avant l'arrêté d'interdiction, auront importé en France des animaux qu'ils savaient atteints de maladies contagieuses ou avoir été exposés à la contagion.

32. Seront punis d'un emprisonnement de six mois à trois ans et d'une amende de 100 à 2,000 francs :

1° Ceux qui auront vendu ou mis en vente de la viande provenant d'animaux qu'ils savaient morts de maladies contagieuses quelles qu'elles soient, ou abattus comme atteints de la peste bovine, du charbon, de la morve, du farcin et de la rage ;

2° Ceux qui se sont rendus coupables des délits prévus par les articles précédents, s'il est résulté de ces délits une contagion parmi les animaux.

33. Tout entrepreneur de transports qui aura contrevenu à l'obligation de désinfecter son matériel sera passible d'une amende de 100 à 1,000 francs.

Il sera puni d'un emprisonnement de six jours à deux mois, s'il est résulté de cette infraction une contagion parmi les autres animaux.

37. Les frais d'abatage, d'enfouissement, de transport, de quarantaine, de désinfection, ainsi que tous autres frais auxquels peut donner lieu l'exécution de mesures prescrites en vertu de la présente loi, sont à la charge des propriétaires ou conducteurs de bestiaux.

En cas de refus des propriétaires ou conducteurs d'animaux de se conformer aux injonctions de l'autorité administrative, il y est pourvu d'office à leur compte.

RÈGLEMENT D'ADMINISTRATION PUBLIQUE DU 22 JUIN 1882.

Charbon.

Art. 86. Concernant les mesures à appliquer lorsque le charbon est constaté dans une foire ou un marché.

Les animaux malades sont mis en fourrière et séquestrés. Ce propriétaire peut soumettre à l'inoculation les animaux qui sont sous le coup du charbon.

Pendant la durée de la séquestration, le propriétaire peut faire abattre ses animaux malades, qui sont enfouis ou livrés à l'atelier d'équarrissage. Le transfert à l'atelier d'équarissage a lieu sous la surveillance d'un gardien spécial.

Les animaux qui ont été en contact avec les bêtes reconnues malades sont signalés aux maires des communes où ils sont envoyés.

Fièvre aphteuse.

Art. 30. Interdiction de vendre les animaux malades, si ce n'est pour la boucherie, auquel cas ils doivent être conduits directement à l'abattoir par des voies indiquées à l'avance.

SURVEILLANCE DES ABATTOIRS

Art. 90 du même règlement.

Les abattoirs publics et les tueries particulières sont placés d'une manière permanente sous la surveillance d'un vétérinaire délégué à cet effet.

Lorsque l'ouverture d'un animal fait reconnaître les lésions propres à une maladie contagieuse, le maire de la commune d'où provient cet animal en est immédiatement avisé afin qu'il prenne les dispositions nécessaires.

DÉCRET DU 26 DÉCEMBRE 1876 PORTANT RÈGLEMENT SUR LE SERVICE VÉTÉRINAIRE DE L'ARMÉE. — (*Extrait.*)

Visite des viandes consommées par les corps de troupe.

Art. 47. Dans les camps ou garnisons où sont installées des boucheries militaires, un vétérinaire est désigné pour visiter les animaux abattus et examiner la viande distribuée.

Ce service roule sur tous les vétérinaires du camp ou de la place ; ils sont désignés à tour de rôle par le chef d'état-major du camp ou le commandant de place ou d'armes.

Le vétérinaire de service doit faire sa visite aux mêmes heures que celles de l'officier supérieur chargé de la surveillance de ces boucheries et lui rendre compte de ses observations.

Un semblable service est organisé dans toutes les garnisons où l'autorité juge à propos de faire examiner, dans les boucheries civiles, les viandes vendues aux ordinaires des corps.

ARRÊTÉ CONCERNANT LA TENUE DE LA FOIRE AUX JAMBONS

Paris, 8 germinal an VIII (29 mars 1800)

Le préfet de police,
Considérant qu'il importe pour le commerce de la charcuterie et pour les consommateurs que la foire aux jambons, lard et autres viandes de cochon qui, depuis un temps immémorial, tient sur la place de la Cité, soit fixée à une époque qui concilie les avantages de tous,

Arrête :

1° La foire aux jambons aura lieu tous les ans, du 11 au 19 germinal ;

2° Le commissaire de police de la division de la Cité et le contrôleur en chef des marchés sont chargés de l'exécution du présent arrêté.

Le préfet de police,
DUBOIS.

ORDONNANCE CONCERNANT LA FOIRE AUX JAMBONS

Du 21 mars 1887.

1. La foire aux jambons se tiendra, suivant l'usage, pendant trois jours consécutifs, les mardi, mercredi et

jeudi de la semaine sainte, depuis 6 heures du matin jusqu'à 7 heures du soir.

L'ouverture et la clôture des ventes seront annoncées à son de cloche.

2. La foire aura lieu sur le boulevard Richard-Lenoir, à partir de la place de la Bastille, en se prolongeant, suivant les besoins, vers la rue Saint-Sébastien.

Les baraques auront chacun 2 mètres de façade sur 2 mètres de profondeur. Celles qui auraient des dimensions plus grandes seront rigoureusement refusées.

Elles seront accotées l'une à l'autre, par groupe de douze, en réservant entre les groupes un passage de 6 mètres.

Les baraques seront placées :

De la place de la Bastille à la hauteur de la rue Boule, sur deux rangées au milieu du terre-plein, les façades en dehors et à l'alignement des corbeilles. Un passage de deux mètres sera réservé entre les deux rangées.

A partir de la rue Boule, sur deux rangées de chaque côté du terre-plein, les façades en dedans et de façon que les deux rangées se terminent à la même hauteur ; elles seront alignées de manière à laisser un espace de 3 mètres entre la bordure du trottoir et le fond des boutiques.

Les voitures qui amènent les marchandises ou qui servent de dépôt aux marchands, seront placées sur un seul rang. Elles seront rangées contre la bordure du trottoir, à la hauteur de chaque boutique, mais sur la partie pavée de la chaussée qui n'est pas occupée par les rails.

Les marchands qui voudraient vendre sur voitures sans occuper de baraque, placeront leurs voitures en nombre égal à la suite de chaque rangée de baraques et sur l'alignement de celles-ci.

Ils ne pourront placer en ligne qu'une seule voiture.

Les articles de charcuterie fabriqués avec la viande de cheval ne pourront être exposés en vente qu'aux places situées à l'extrémité du champ de foire, du côté de la rue Saint-Sébastien.

Les marchands devront apposer à la devanture de leur étal un écriteau portant ces mots en gros caractères : *Charcuterie de viande de cheval.*

3. Les marchands qui voudront approvisionner la foire devront en faire la déclaration au préposé chargé de sa surveillance, dont le bureau sera établi sur le champ de foire, savoir :

1° Les marchands de Paris, le dimanche 3 avril, depuis 8 heures du matin jusqu'à midi ;

2° Les marchands des départements, le lundi 4 avril, également depuis 8 heures du matin jusqu'à midi.

La déclaration de chaque marchand devra être accompagnée du dépôt :

1° De sa patente ou d'un certificat de domicile délivré par les autorités du lieu de sa résidence ;

2° De la quittance d'octroi, constatant le paiement du droit, à Paris, pour les marchandises de provenance extérieure.

4. Immédiatement après la clôture des inscriptions, qui aura lieu le lundi 4 avril, à midi, un tirage au sort déterminera l'emplacement à occuper par chaque marchand, auquel il sera délivré un numéro indicatif de cet emplacement.

L'installation ne pourra s'effectuer qu'après justification, au préposé chargé de la surveillance de la foire, du paiement du droit de place fixé à 20 centimes par mètre superficiel, aux termes de la délibération du conseil municipal du 4 décembre 1862, et de l'arrêté préfectoral du 19 du même mois.

Les marchands consigneront, entre les mains de l'inspecteur de la foire, une somme de 0 fr. 35 représentative de la valeur matérielle du numéro de place, et cette somme sera remboursée à chacun d'eux sur la remise qu'il devra faire de ce numéro après la clôture de la foire.

Il ne sera donné qu'une place à chaque marchand étalagiste, et chaque place ne pourra être tenue que par le titulaire lui-même, sa femme ou ses enfants âgés de plus de seize ans.

5. Sous aucun prétexte, les marchands ne pourront échanger les numéros qui leur seront échus par le sort, ni les prêter ou céder à qui que ce soit.

6. Les places dont les titulaires n'auront pas pris possession le premier jour de la foire, à midi, seront déclarées vacantes, et l'inspecteur de la foire les fera occuper par les marchands classés à l'extrémité du champ de foire, à l'exclusion des marchands de viande de cheval.

7. Les marchands seront tenus de placer au point le plus apparent de leur étalage :

1° Le numéro qui leur aura été délivré après le tirage au sort des places;

2° Un écriteau indiquant leur nom et le département dans lequel ils sont domiciliés.

8. Les marchandises seront reçues à la foire, dès le lundi 4 avril, toute la journée et les jours de la foire jusqu'à midi seulement, même le dernier jour.

L'espèce et la quantité de ces marchandises devront être déclarées au fur et à mesure de leur apport.

9. Les marchands pourront mettre en vente toute espèce de marchandises de charcuterie, à l'exception du porc frais.

10. Toute exposition en vente de comestibles gâtés, corrompus ou nuisibles, toute tromperie envers le public, soit sur le poids, soit sur la qualité ou la nature de la marchandise, seront poursuivies devant les tribunaux.

Chaque marchand devra être pourvu des instruments nécessaires au pesage de ses denrées, et il devra les placer en évidence sur son étalage.

Il est défendu de faire usage de balances et de poids qui n'auraient pas reçu la marque de vérification annuelle.

12. Il est défendu aux marchands de planter aucun clou dans les arbres ou tuteurs, d'y faire des dégradations quelconques, de s'en servir pour y attacher des cordes, des toiles, d'y suspendre des objets de quelque nature qu'ils soient. Il est également défendu de déposer des ordures ou des immondices sur les points affectés à la tenue de la foire.

13. Il ne pourra s'établir sur le champ de foire aucun débitant de menus comestibles ou boissons à consommer sur place.

14. La clôture de la foire devra être effectuée le jeudi 7 avril à 7 heures du soir, conformément à l'article 1er de la présente ordonnance ; il est défendu aux marchands de continuer leur vente après cette heure, soit sur l'emplacement de la foire, soit sur tout autre point de la voie publique.

15. Il est également défendu aux marchands de se réunir pour opérer leurs ventes et constituer des marchés illicites dans des auberges, cours de maisons particulières et autres lieux, clos ou non, soit pendant la tenue de la foire, soit avant ou après.

Il est défendu aux aubergistes et à tous autres de se prêter à de telles réunions et ventes, ou de les tolérer.

16. Les contraventions seront constatées par des procès-verbaux ou rapports qui nous seront adressés pour être déférés au tribunal compétent.

LOI ANGLAISE SUR LA VENTE DES ALIMENTS ET DE LA DROGUERIE.
(*Extrait.*) — *Août* 1875.

1. A partir de l'entrée en vigueur de cette loi, tous les statuts relatifs à la vente des produits alimentaires et de la droguerie sont abrogés.

Mais toutes les poursuites qui ont pu être entamées au cours de la précédente législation seront exercées conformément à son esprit.

2. Le terme « drogues » signifie toute sorte de médecine pour l'usage interne ou l'usage externe.

3. Le terme « aliment » signifie tout ce qui se mange ou se boit autre que les drogueries et l'eau.

Nomenclature des contraventions.

3. Personne ne mélangera, colorera, teindra, poudrera un article alimentaire quelconque avec des substances de nature à nuire à la santé.

Celui qui aura vendu cet article alimentaire sera passible d'une amende de 50 livres sterling pour la première contravention ; le récidiviste sera condamné à six mois de prison en plus.

4. Sera passible de la même peine, en cas de récidive, celui qui mélangera, teindra, colorera, poudrera un produit pharmaceutique quelconque avec une substance pouvant nuire à la qualité ou à l'efficacité de cette drogue.

Il y a exception en ce qui concerne la fabrication des remèdes composés.

5. La personne qui contreviendrait aux dispositions contenues dans les deux articles précédents ne saurait être condamnée à l'amende et à la prison dans le cas où elle pourrait démontrer, d'une façon suffisante et conforme à l'appréciation du juge, qu'elle ne pouvait avoir raisonnablement connaissance de l'altération des produits alimentaires qui lui est imputée.

6. Il est défendu, sous peine d'une amende qui ne pourra dépasser deux livres sterling, de vendre un produit alimentaire ou pharmaceutique qui ne soit pas con-

forme, comme nature, substance et qualité, à celui demandé par l'acheteur.

Mais les cas suivants ne sauraient être compris dans cette disposition :

1° Lorsqu'un ingrédient quelconque, inoffensif pour la santé, a été additionné à un produit alimentaire pour en faire un article de commerce, pour permettre qu'on puisse le transporter ou le consommer, pourvu qu'on n'ait pas cherché à en augmenter frauduleusement le poids ou le volume ou qu'on n'ait pas cherché à en cacher la qualité inférieure ;

2° Lorsqu'une drogue est la propriété spéciale d'un industriel ou lorsqu'elle est brevetée et dans les conditions spécifiées dans le brevet ;

3° Lorsqu'une drogue est composée comme il est expliqué dans cet acte ;

4° Lorsqu'une drogue se trouve mêlée forcément avec des matières étrangères par suite de la façon dont elle est cueillie ou fabriquée.

7° Il est interdit, sous peine d'une amende qui ne pourra, pour chaque contrefaçon, être supérieure à 20 livres sterling, de vendre des produits alimentaires ou pharmaceutiques composés qui ne seraient pas conformes à ceux demandés par l'acheteur.

8° Les marchands se mettront à l'abri des contraventions résultant de la vente des produits alimentaires et pharmaceutiques, mélangés avec des ingrédients inoffensifs pour la santé, et dont ils n'auront pas cherché à augmenter le volume ou le poids, ou caché la qualité inférieure, en délivrant à l'acheteur une étiquette écrite lisiblement pour indiquer le mélange qu'ont subi ces produits.

9. Il est interdit, sous peine d'une amende qui ne dépassera pas 20 livres sterling, de vendre, sans en prévenir l'acheteur, un produit alimentaire quelconque dont il

a été retranché une partie et dont la qualité peut être altérée par cette suppression.

LOI ALLEMANDE CONCERNANT LE COMMERCE DES DENRÉES ALIMENTAIRES, DES ÉPICES ET DES OBJETS DE CONSOMMATION.

1. Le trafic des denrées alimentaires et des objets de consommation, ainsi que des jouets, tapisseries, couleurs, de la vaisselle, de la gobeletterie, de la batterie de cuisine et du pétrole, est soumis à une surveillance dans la mesure de cette loi.

2. Les employés de la police sont autorisés à pénétrer dans les locaux où se vendent les objets désignés au paragraphe 1er pendant les heures ordinaires des affaires ou pendant que les locaux sont ouverts au commerce.

Ils sont autorisés à prendre, à leur choix, en vue de la vérification, et en remettant un reçu, des échantillons des objets de l'espèce désignée ci-dessus, lorsque ces objets se trouvent dans les locaux susdits, lorsqu'ils sont vendus ou mis en vente dans les endroits publics, les places, les rues, ou offerts par des marchands ambulants. Sur demande, une partie de l'échantillon, officiellement fermée ou cachetée, sera abandonnée au propriétaire. Une indemnité, s'élevant au prix d'achat ordinaire, sera accordée pour l'échantillon qui aura été prélevé sur la marchandise.

3. Les employés de la police sont autorisés à pratiquer, pendant les heures indiquées au paragraphe 2, chez les personnes qui ont été condamnées à la prison, par application des paragraphes 10, 12, 13 de la présente loi, l'inspection des locaux qui servent à la vente, à la conservation ou à la production des objets susdits destinés à être vendus.

Cette autorisation commence aussitôt que le jugement rendu entre en vigueur, et elle s'éteint dans un délai de trois ans à partir du jour où l'emprisonnement a été accompli, prescrit ou remis.

4. La participation des autorités et des employés aux mesures paragraphes 2 et 3, est réglée par les dispositions spéciales de droit local.

Les dispositions de droit local, qui donnent à la police les pouvoirs plus étendus que ceux désignés aux paragraphes 2 et 3, demeurent intactes.

5. Peuvent être promulguées, pour l'Empire, par ordonnance impériale, avec adhésion du Bundesrath, en vue de la protection de la santé, des prescriptions qui interdissent :

1° De produire, conserver et empaqueter, selon les procédés déterminés, certaines substances alimentaires et certains objets de consommation destinés à la vente ;

2° De vendre et mettre en vente, par profession, des objets d'alimentation et de consommation d'une nature déterminée ou dans un état ne répondant pas à leur véritable nature ;

3° De vendre et mettre en vente, pour être abattus, des animaux affectés de maladies déterminées, ainsi que de vendre et mettre en vente de la viande d'animaux qui étaient atteints de maladies déterminées ;

4° D'employer des matières et couleurs déterminées pour produire des objets d'habillement, des jouets, des tapisseries, de la vaisselle, de la gobeletterie et des ustensiles de cuisine, ainsi que de vendre et mettre en vente, par profession, des objets contrairement à cette dépense ;

5° De vendre et mettre en vente, par profession, du pétrole d'une nature déterminée ;

6° Il peut être interdit ou limité, pour l'Empire, par ordonnance impériale avec adhésion du Bundesrath, de, par profession, fabriquer, vendre et mettre en vente des objets destinés à falsifier des objets d'alimentation ou de consommation.

7° Les ordonnances impériales édictées en vertu des paragraphes 5, 6, doivent être présentées immédiatement au Reichstag dès qu'il est réuni ; dans le cas contraire, à sa plus proche réunion. Elles doivent être mises hors de vigueur, dès que le Reichstag le demande.

8. Celui qui contreviendra aux ordonnances édictées en vertu des paragraphes 5, 6, sera puni d'une amende pouvant s'élever jusqu'à 150 marcs ou de la prison.

Les prescriptions de droit local ne doivent pas menacer de peines plus graves.

9. Celui qui, contrairement aux prescriptions des paragraphes 2, 3, 4, refusera l'entrée dans les locaux, la prise d'un échantillon ou l'inspection, sera puni d'une amende variant de 50 à 150 marcs ou de l'emprisonnement.

10. Sera puni d'un emprisonnement pouvant durer jusqu'à six mois et d'une amende pouvant s'élever jusqu'à 1,500 marcs ou de l'une de ces peines :

1° Celui qui, pour tromper dans le commerce ou le trafic, imite ou falsifie des objets d'alimentation ou de consommation ;

2° Celui qui vend sciemment des objets d'alimentation ou de consommation corrompus, ou adultérés ou falsifiés, en célant cette circonstance, ou en les mettant en vente sous une dénomination propre à tromper.

11. Si l'acte spécifié dans le paragraphe 10 numéro 2 a été commis par négligence, il peut être puni d'une amende susceptible d'être élevée jusqu'à 150 marcs ou de la prison.

12. Sera puni de la prison, en outre, pourra être privé de ses droits civils honorifiques :

1° Celui qui, a dessein, aura préparé des objets destinés à servir à autrui d'objets d'alimentation ou de consommation, de telle sorte que leur absorption puisse nuire à la santé humaine ;

2° Celui qui, à dessein, aura préparé des vêtements, des jouets, des tapisseries, de la vaisselle, de la gobeletterie ou de la batterie de cuisine, ou du pétrole, de telle sorte que l'emploi, effectué par destination ou possible à prévoir, de ces objets puisse compromettre la santé humaine; de même celui qui sciemment aura préparé, mis en vente ou en circulation de tels objets.

La tentative est punissable.

Lorsque la contravention aura déterminé une grave lésion corporelle ou la mort d'un homme, l'emprisonnement correctionnel pourra être porté jusqu'à cinq années.

13. Si dans les cas visés par le paragraphe 12, la consommation ou l'usage de l'objet était propre à détruire la santé humaine, et si cette propriété était connue des contrevenants, l'emprisonnement correctionnel pourra monter jusqu'à dix années, et lorsque la contravention aura occasionné mort d'homme, l'emprisonnement correctionnel ne durera pas moins de dix ans et pourra être perpétuel.

A la peine pourra s'ajouter la surveillance de la police.

14. Lorsque l'une des contraventions mentionnées aux paragraphes 12, 13, aura été commise par négligence, la personne incriminée pourra être condamnée à une amende montant jusqu'à 1,000 marcs, ou à un emprisonnement dont la durée pourra se prolonger jusqu'à six mois; lorsque l'acte incriminé aura porté préjudice à la santé d'un homme, l'emprisonnement pourra être d'une année; lorsque cet acte aura causé la mort d'un homme, la durée de l'emprisonnement pourra varier d'un mois à trois ans.

15. Dans le cas des paragraphes 12, 13, 14, à la condamnation s'ajoutera la confiscation des objets qui auront été produits, vendus, mis en vente ou en circulation sans qu'il soit distingué si ces objets appartiennent ou non au

condamné ; dans les cas des paragraphes 8, 10, 11, il pourra y avoir confiscation.

Lorsque dans les cas visés aux paragraphes 12, 13, 14, la poursuite ou la condamnation d'une personne déterminée ne pourra être effectuée, la confiscation pourra être prononcée d'elle-même.

16. Dans le jugement ou le commandement de condamnation, il pourra être ordonné que la condamnation soit publiée aux frais du coupable.

A la demande de l'accusé déclaré innocent, le tribunal peut ordonner la publication officielle de l'innocence ; la caisse d'Etat supportera les frais, en tant qu'ils n'auront pas été imposés au dénonciateur.

Le mode de publication devra être déterminé dans l'ordonnance.

18. Lorsque le lieu de l'action possédera un établissement public pour l'examen technique des objets d'alimentation et de consommation, les amendes prononcées en vertu de la présente loi seront, en tant qu'elles appartiendront à l'Etat, versées à la caisse à laquelle incombent les frais d'entretien de l'établissement.

TABLE DES MATIÈRES

Au Lecteur.   I
Introduction.   II

PREMIÈRE PARTIE. — ÉTUDE DU PORC

CHAPITRE PREMIER

Historique.   1

CHAPITRE II

Organisation du porc.   22
Intelligence du porc.   32

CHAPITRE III

Les races porcines.   37

CHAPITRE IV

Multiplication du porc.   4

CHAPITRE V

De l'engraissement.   62

CHAPITRE VI
Production du porc. 73

CHAPITRE VII
Maniements 85
Rendement. 89

CHAPITRE VIII
Abatage et préparation. 92

CHAPITRE IX
Caractères de la viande. 103

CHAPITRE X
Altérations de la viande. 125

CHAPITRE XI
Influence des aliments sur la production du porc. . 141

CHAPITRE XII
Propriétés des substances alimentaires 153

DEUXIÈME PARTIE. — MALADIES

Mort naturelle. 176
Asphyxie. 180
Foudre. 182
Angine. 184
Parotidite. 184
Soyon. 185
Entérite. 186
Leucocythémie. 186
Hydroémie. 188
Ictère. 189

TABLE DES MATIÈRES

Inflammation des muscles.	190
Atrophie musculaire.	191
Paralysies.	192
Sclérodermie.	194
Scrofulose.	196
Médicaments.	197
Actynomycose.	205
Psorospermie.	207
Parasites divers.	209
Trichinose.	210
Ladrerie.	235
Charbon.	249
Fièvre aphteuse.	253
Rouget.	254
Septicémie.	257
Tuberculose.	260
Rage.	269

TROISIÈME PARTIE. — LA CHARCUTERIE

CHAPITRE PREMIER

Historique.	271

CHAPITRE II

Charcuteries parisiennes.	287

CHAPITRE III

Utilisation de la viande.	298
Produits frais	299
Le sang	304
Produits manipulés.	306
Chair à saucisses	307
Saucisses.	308
Saucisses plates et longues.	309

TABLE DES MATIÈRES

Saucisses larges au foie. 309
Saucisses rondes 310
Saucisses truffées 310
Saucisses de ménage 310
Saucisses fumées. 311
Chipolatas. 311
Saucisses de Strasbourg. 312
Saucisses de Francfort 312
Saucisses anglaises 313
Saucisses espagnoles 313
Saucisses hollandaises 314
Saucisses allemandes. 314
Boudin ancien. 314
Boudin noir. 316
Boudin blanc. 318
Boudin du Mans. 318
Boudin à la Richelieu. 318

CHAPITRE IV

Des andouilles. 320
Andouillettes. 321
Andouillette de Troyes. 321
Andouillette truffée. 323
Rillettes et rillons. 323
Rillettes de Tours. 324
Rillettes d'oies. 324
Rillons. 324
Des saucissons. 325
Saucisson ordinaire. 326
Saucisson moelle de bœuf. 328
Saucisson aux truffes. 328
Saucisson d'Arles. 328
Saucisson de foie gras. 328
Chorizos. 328

TABLE DES MATIÈRES

Saucisson d'Italie. 330
Saucisson de volaille. 331
Saucisson de sanglier. 331
Saucisson de poisson. 331
Des cervelas. 332
Mortadelle de Paris. 333
Mortadelle de Lyon. 333
Mortadelle de Bo'ogne. 833

CHAPITRE V

Les jambons. 334
Jambon de Fougères. 337
Jambon blanc de Paris. 338
Jambon de Lorraine. 338
Jambon de Reims. 338
Jambon de Bayonne. 338
Jambon d'York. 339
Jambon allemand. 340
Jambon suisse. 341
Jambon d'Italie. 341
Jambons américains. 341
Jambon de sanglier. 342
Jambonneaux. 342
Hures de porc. 343
Hure aux pistaches. 343
Hure truffée. 344
Hure de Troyes. 344
Fromage de cochon. 344
Fromage d'Italie. 345
Têtes. 346
Langue de porc. 347
Langue de veau. 347
Langue de bœuf. 347
Langue de Troyes. 348
Langue des Ardennes. 349

TABLE DES MATIÈRES

Oreilles. 349
Groins 349
Queues. 349
Pieds. 350
Pieds à la Sainte-Menehould 351
Des galantines. 351
Galantine de volaille. 351
Les pâtés. 353
Pâté de porc frais. 354
Pâté de veau. 354
Terrines 355

CHAPITRE VI

Des graisses. 356
Le lard. 361
Du saindoux. 365
Le flambart 367

CHAPITRE VII

Les salaisons 369
Des salaisons de la viande 371
Jambons anglais. 380
Jambons d'Alsace 381
Jambons de Mayence 381
Jambons de Strasbourg. 381
Petit salé. 382
Lard. 382

CHAPITRE VIII

Salaisons américaines. 383
Boucanage et fumage. 390

CHAPITRE IX

La foire aux jambons. 394

TABLE DES MATIÈRES

CHAPITRE X

Les condiments	408
Condiments sucrés	410
— salins	413
— acides	416
— âcres	420
— sulfurés	422
— aromatiques	425
— gras	429
— alimentaires	432

CHAPITRE XI

Conservation des viandes de boucherie et de charcuterie	435
Dessication	436
Réfrigération	444
Substances isolantes et antiseptiques	452

CHAPITRE XII

Dangers des viandes porcines insalubres	464

QUATRIÈME PARTIE. — LÉGISLATION

Loi du 16-24 août 1790	483
Arrêté portant nomination du préfet de police	483
Arrêté qui règle les attributions du préfet de police	484
Arrêté portant que l'autorité du préfet de police s'étendra sur tout le département de la Seine	485
Loi du 7-14 août 1850	486
Loi du 19-22 juillet 1791	486
Lettres patentes sur le commerce de la charcuterie	487
Ordonnance pour la vente des porcs	491
Ordonnance concernant la charcuterie	492

TABLE DES MATIÈRES

Ordonnance concernant les halles et marchés. . . .	494
Arrêté concernant le commerce de la viande. . . .	495
Ordonnance concernant le commerce de la charcuterie.	497
Ordonnance relative au commerce des porcs. . . .	499
Loi relative aux mauvais traitements exercés envers les animaux domestiques.	500
Code pénal.	500
Code de justice militaire.	502
Loi pour la répression de certaines fraudes dans la vente des marchandises alimentaires.	502
Loi relative aux contrats d'apprentissage.	505
Extrait de l'arrêté du 9 frimaire an XI	510
Loi du 25-27 mai 1864.	510
Extrait de la loi concernant les apprentis.	511
Circulaire relative à la loi du 19 mai 1874.	512
Ordonnance concernant l'élevage dans Paris, des porcs, pigeons, etc.	513
Ordonnance concernant les établissements de charcuterie de la ville de Paris.	514
Transport des matières insalubres.	516
Suppression des hayons.	517
Décret concernant la création des abattoirs. . . .	517
Nécessité de favoriser la création d'abattoirs publics.	518
Règlement de l'abattoir aux porcs de la Villette. . .	518
Ordonnance concernant l'entrée des viandes. . . .	519
Tarifs de douane.	522
Police des abattoirs de Paris.	524
Droits d'octroi.	525
Marché aux bestiaux de la Villette.	534
Règlement de la charcuterie de Paris.	535
Poids et mesures.	539
Ustensiles et vases de cuivre; sels de salpêtre et de varech. Papiers peints.	543
Étamage, étain, fer galvanisé, zinc, etc..	547

TABLE DES MATIÈRES

De la garantie dans les ventes d'animaux de boucherie. 348
Loi concernant la vente des animaux domestiques. . 349
Loi sur la police sanitaire des animaux. 350
Règlement d'administration publique du 22 juin 1882. 353
Décret portant règlement sur le service vétérinaire de l'armée. 354
Arrêté du 8 germinal an VIII concernant la tenue de la foire aux jambons. 355
Ordonnance du 21 mars 1887 relatif à la foire aux jambons. 355
Loi anglaise sur la vente des aliments. 359
Loi allemande concernant le commerce des denrées alimentaires. 562

TABLE ALPHABÉTIQUE GÉNÉRALE

A

Abatage.	92
Abattoirs (ordonnance concernant les).	524
Abattoirs (règlements concernant les).	519, 524
Abattoirs publics (règlements sur les).	518
Abattoirs (surveillance des).	553
Achards.	420
Acétate de soude.	459
Acide acétique.	459
— carbonique.	460
— chlorhydrique.	200
— oxalique.	201
— phénique.	461
— sulfureux.	462
— sulfurique.	199
Actynomycose.	205
Administration publique (règlement d').	553
Age du porc.	58
Agenais (porc).	47
Ail.	423
Alambic.	289
Alcool.	462
Aliments.	155
Altérations de la viande.	125
— frauduleuses.	137
Animaux (vente des).	548
Ammoniaque.	201
Angélique.	425
Angevin (porc).	43
Anis.	425
Aphteuse (fièvre).	253
Armée (service vétérinaire de l').	554
Arrêté sur les garçons charcutiers.	510
Asiatique (race).	37

TABLE ALPHABÉTIQUE GÉNÉRALE

Asphyxie. 180
Atrophie musculaire. 191
Attributions du préfet de police. 484
Au Lecteur. 1
Avoine. 160

B

Bacterium termo. 252
Baies de genièvre. 428
Basilic. 428
Bassines. 289
Batte. 290
Béarnais (porc). 47
Berskhires (porc). 39
Betterave. 158
Beurre. 433
— d'anchois. 434
— d'écrevisse. 434
— de homard. 434
Boite à chapelure. 290
Boite de conserves. 543
Boite cranienne. 27
Borax. 457
Boucanage. 390
Boutargue. 433
Bressan (porc). 46
Brosses. 290
Brûlage. 93

C

Cachou. 428
Calottes en fer. 290
Cannelle. 426
Câpres. 419
Capucines. 424
Caractères de la viande. 103
Carotte. 158
Carpe. 25
Carrés frais. 300
Casserolles. 289
Cassettes. 289
Caviar. 433
Celtique (race). 42
Cerfeuil. 423
Cervelle. 31, 302
Champignons. 432
Charbon de bois. 456
Charcuterie. 271
Charcuteries (lettres patentes). 487
Charcuteries parisiennes. 287
Charcuterie (règlement de la). 533
Chènevis. 163
Choucroute. 426
Chou-navet. 158
Circulaire sur les apprentis. 511, 512
— sur la création d'abattoirs. 518
Citron. 418
Cœcum. 28
Cœur. 31, 302
Clou de girofle. 427
Code de Justice militaire. 502

TABLE ALPHABÉTIQUE GÉNÉRALE

Code pénal.	500
Coleshill.	40
Colza.	163
Commerce de la charcuterie.	497
— des porcs.	492, 499
— de la viande.	75, 495
Condiments.	400
— acides.	416
— âcres.	420
— gras.	429
— huileux.	429
— salins.	413
— sucrés.	410
— sulfurés.	422
Contrats d'apprentissage.	505
Cornets.	289
Côtelette au beurre.	299
— au naturel.	299
— en papillotte.	299
Conservation par exclusion de l'air.	447
Conservation des viandes.	435
Cornichons.	423
Couteaux.	290
Craonnais (porc).	43
Cresson.	425
Croc.	490
Cuivre (vases de).	543
Curaçao.	429
Cystite.	193

D

Dangers des viandes insalubres.	464
Découpage.	100
Décret sur les abattoirs.	517
Dessalaison.	380
Dessiccation.	436
— à l'étuve.	438
Douve du foie.	209
Droits d'octroi.	526

E

Echalotes.	423
Echaudage.	97
Echinée.	301
Echinocoque.	210
Echinorynque.	209
Ecumoire.	289
Egouttoir.	290
Elevage des pigeons, porcs, etc.	512, 513
Engraissement.	63
Entérite.	186
Epaule.	25
Epiploon.	302
Erbswurst.	404
Essex (race d').	39
Extension de l'autorité du préfet de police.	485

TABLE ALPHABÉTIQUE GÉNÉRALE

Estomac. 28, 303
Estragon. 428
Etablissements de charcuteries. 514
Etablissements (réglementation des). 536
Etai en bois. 289
Etain. 547
Etamage. 547
Etude du porc. 1
Etuvée. 112
Extrait du Bellat. 443
— Liebig. 443

F

Fémur. 26
Fer galvanisé. 547
Flambart. 367
Fèves. 162
Féverolles. 162
Fleurs d'oranger. 429
Fiel. 303
Fièvre aphteuse. 253, 554
Filets frais. 300
Foie. 29, 302
Foire aux jambons. 394
— (ordonnances). 555
Foudre. 182
Fourchettes. 289
Fromage de cochon. 344
— d'Italie. 345
Fumage. 390

G

Galantines. 351
— de volailles. 351
Garantie des animaux de boucherie. 548, 549
Garum. 433
Gélatine. 453
Gesses. 163
Gingembre. 427
Girou. 158
Grains. 160
Graines. 162, 357
Graisses. 453
Gril. 290
Grillage. 111
Groin. 302, 349

H

Hachis. 112
Hamsphires. 40
Hattellets. 296
Hayons. 517
Hémopulvine. 306
Historique du porc. 1
— de la charcuterie. 271
Hongrois (porc). 45
Huile. 453
Huiles. 431
Hure. 26
Hures. 343
— aux pistaches. 343

TABLE ALPHABÉTIQUE GÉNÉRALE

Hures truffées. 344
— de Troyes. 344
Hydroémie. 188
Hygiène du porc. 58

I

Ictère. 189
Inflammation des muscles. 190
Influence des aliments. 141
Intelligence du porc. 32
Intestins. 28, 303

J

Jambonneaux. 301, 342
Jambons. 301
Jambon allemand. 340
— anglais. 380
— américain. 341
— d'Alsace. 381
— de Bayonne. 381
— d'Italie. 341
— de Mayence. 381
— de sanglier. 342
— de Strasbourg. 381
— de Suisse. 341
— d'York. 339
Justice militaire (Code de). 502

L

Ladrerie. 82, 235
Lait caillé. 454

Langue. 27, 302
Langues. 347
— des Ardennes. 349
— de bœuf. 348
— de porc. 347
— de veau. 347
— de Troyes. 348
Lard. 361, 382
Laurier. 426
Lèchefrite. 290
Légumineuses (graines). 163
Leucocythémie. 186
Limousin (porc). 46
Lin (graines de). 163
Liquides injectées. 463

M

Maïs. 161
Maladies. 174
Manceau (porc). 43
Maniements. 85
Marché aux bestiaux. 531
Marcs. 167
Marmites. 289
Marque du porc. 83
Matières animales. 171
— insalubres (transport des). 516
Mauvais traitements envers les animaux. 500
Métatarse. 26
Mesures et poids. 540
Meunerie. 166
Miel. 412, 454

582 TABLE ALPHABÉTIQUE GÉNÉRALE

Mort naturelle. 176
Mouche bleue. 130
— dorée. 131
— domestique. 131
— grise. 130
Moules à pâté. 290
Moutarde. 424
Multiplication du porc. 49
Muscade. 427

N

Napolitaine (race). 44
Navet. 159
— de Suède. 158
Navette (graines de). 163
Néphrite. 193
Nettoyage des intestins. 100
New-Leicesters. 39
Nomination du préfet de police. 483
Normand (porc). 43

O

Oléagineuses (graines). 163
Oreilles. 302, 349
Organisation du porc. 22
Orge. 161
Os. 303
Ouvriers et patrons (loi sur). 510

P

Pain à la viande. 439
Pancréas. 29
Paniers. 290
Papiers peints. 543, 545
Paralysies. 193
Parasites. 209
Parotidite. 184
Parun. 169
Pâtés. 353
— de boudin noir. 354
— de jambon. 354
— de porc. 354
— de veau. 354
Peau. 27, 303
Pelle à main. 290
Périgourdin (porc) 46
Persil. 423
Petit salé. 382
Pieds. 301, 350
— à la Sainte-Menehould. 350
Piment. 422
Pimprenelle. 428
Pistaches. 428
Plateaux. 290
Plantes vertes. 156
Poêle à frire. 290
Poids en cuivre. 540
— en fer. 541
Pois. 163
Poivre. 422
Police de la vente des porcs. 491

TABLE ALPHABÉTIQUE GÉNÉRALE 583

Police sanitaire des animaux. 550
Pommes de terre. 159
Porcs métis anglais. 38
Pompes à injecter. 289
Poudres de viande. 439
Poumon. 30, 302
Préparation du porc. 92
Procédé Appert. 447
— Dizé. 438
— Fustier. 449
— Lignac. 441, 550
Production du porc. 73
Produits manipulés. 306
Propriétés des aliments. 153
Psorospermose. 207

Q

Quercinois (porc). 47
Queue. 302, 349

R

Races porcines. 37
Racines. 157
Rage. 269
Ragoût. 113
Rate. 29, 302
Ratis. 303
Ratissoire. 290
Raves. 160, 425

Réfrigération. 444
Règlement d'administration publique. 553
Règlement des abattoirs. 519
Réglementation des charcuteries. 536, 553
Région digitée. 25
Reins. 30
Rendement. 89
Résidus. 168
Rhum. 429
Rognons. 302
Romaine. 290
Romarin. 428
Roseau aromatique. 428
Rôtissage. 111
Rotule. 26
Rouergue (porc). 47
Rouget. 255
Rouleau. 290

S

Safran. 424
Saindoux. 365
Salaisons. 113, 369
— américaines. 383
Salaison sèche. 371
Salubrité des halles et marchés. 494
Sang. 304
Sanitaire (police). 550
Sariette. 428

Sarrazin. 162
Sauge. 428
Saumure. 373
Scie. 290
Sclérodermie. 194
Scrofulose. 196
Seigle. 162
Sel de conserve. 458
Sel de cuivre. 202
Sel de salpêtre. 543
Septicémie. 257
Service vétérinaire de l'armée. 554
Soupe russe. 442
Soyon. 185
Strongle paradoxal. 209
Substances antiseptiques. 452
Substances isolantes. 452
Sucre. 410, 454
Surveillance des abattoirs. 553

T

Table alphabétique générale. 576
Table des matières. 566
Tablettes de bouillon. 440
Tarifs de douane. 524
Tarifs d'octroi. 296
Tarse. 62
Tasajo. 437
Teinture de la viande. 139

Terrines. 290, 355
Têtes. 346
Thym. 428
Tibia. 26
Tinettes. 290
Topinambour. 160
Toscan (porc). 45
Tranchets. 290
Trichinose. 210
Truffes. 432
Tubercules. 157
Tuberculose. 260

U

Urémie. 193
Utilisation de la viande. 298

V

Vanille. 428
Varech (sel de). 543
Vases de cuivre. 543
Vente des animaux (garantie des). 548
Vessie. 30, 303
Viandes malsaines. 464
— médicamentées. 197
— phosphorescentes. 481
Vinaigre. 416
Visite des viandes. 554

Y		Z	
Yorkshires (porcs).	39	Zinc (instruction concernant le).	347

J. CRUZEL

TRAITÉ PRATIQUE DES MALADIES
DE L'ESPÈCE BOVINE
DEUXIÈME ÉDITION
Par F. PEUCH
Professeur à l'École Vétérinaire de Toulouse

Un volume in-8° de 800 pages, avec figures intercalées dans le texte
CARTONNÉ A L'ANGLAISE. — Prix : 14 Francs.

PREMIÈRE ÉTUDE
SUR LE ROUGET DU PORC
Par M. Ch. CORNEVIN
Professeur à l'École Vétérinaire de Lyon.

Grand in-8° de 80 pages. — Prix : 3 Francs.

TRAITÉ DE L'ÉLEVAGE ET DES MALADIES
DES
ANIMAUX ET OISEAUX DE BASSE-COUR
ET DES OISEAUX D'AGRÉMENT

Par A. BENION, médecin-vétérinaire, à Angers

1 volume grand in-18, avec de nombreuses figures intercalées
dans le texte, cartonné à l'anglaise. — Prix : 7 francs.

TRAITÉ DE L'ÉLEVAGE
ET DES
MALADIES DE LA CHÈVRE

Par A. BÉNION, médecin-vétérinaire

1 volume grand in-18, avec figures ; cartonné à l'anglaise. — Prix : 3 fr.

TRAITÉ DE L'ÉLEVAGE
ET DES
MALADIES DU MOUTON
Par A. BÉNION, médecin-vétérinaire

Un vol. grand in-18, avec figures; cartonné à l'anglaise. 1874. — Prix : 9 fr.

DICTIONNAIRE USUEL
DE CHIRURGIE
ET DE
MÉDECINE-VÉTÉRINAIRE
Par BEUGNOT
Ancien Chef de service à l'École Vétérinaire d'Alfort

Manuel pratique où l'on trouve exposés avec clarté et dans un langage à la portée de tout le monde : 1° tout ce qui regarde l'histoire naturelle, la propagation, l'entretien et la conservation des animaux domestiques; — 2° la description de toutes les maladies auxquelles ces animaux sont sujets; — 3° les moyens de les traiter de la manière la plus efficace et la plus économique; — 4° la législation vétérinaire.

Nouvelle édition, complètement remaniée, et mise au courant de la science, d'après les travaux les plus récents des professeurs et praticiens français et étrangers de l'époque.

2 forts volumes grand in-8°, avec planches
Prix : 20 francs

Cet ouvrage est nécessaire aux propriétaires, aux fermiers, aux cultivateurs, aux officiers de cavalerie, aux maréchaux ferrants et aux vétérinaires.

ÉVREUX, IMPRIMERIE DE CHARLES HÉRISSEY

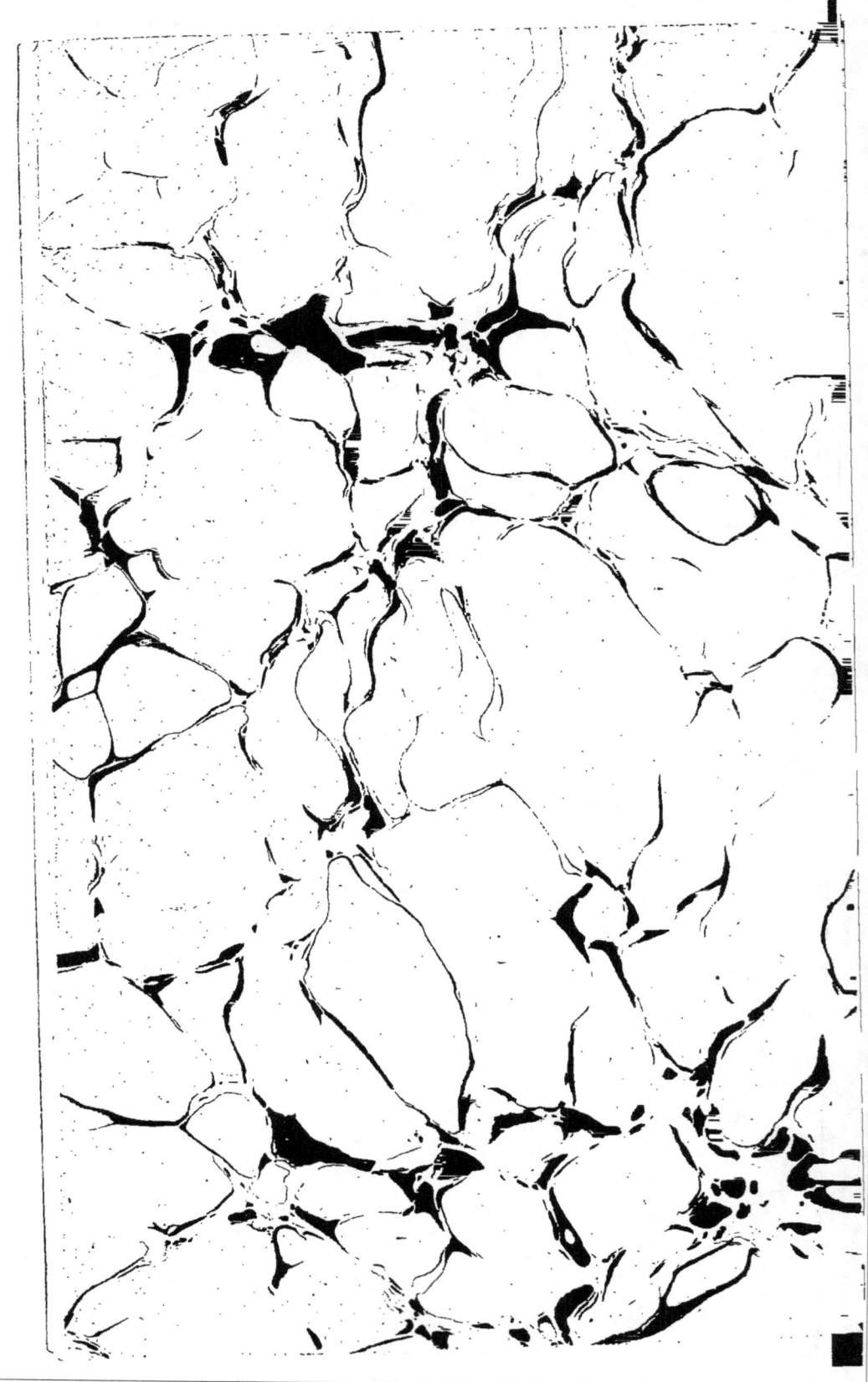

www.ingramcontent.com/pod-product-compliance
Lightning Source LLC
Chambersburg PA
CBHW060402230426
43663CB00008B/1357